Luisa Lenkeit • Wart auf mich, ich komm zurück

Luisa Lenkeit

Wart auf mich, ich komm zurück

Biografie

Bibliografische Information der Deutschen Nationalbibliothek
Die Deutsche Nationalbibliothek verzeichnet diese Publikation in der
Deutschen Nationalbibliografie; detaillierte bibliografische Daten sind
im Internet über http://dnb.dnb.de abrufbar.

www.medu-verlag.de

Luisa Lenkeit
Wart auf mich, ich komm zurück
Biografie
© 2022 MEDU Verlag
Dreieich bei Frankfurt/M.
Covermotiv: © Jürgen Marose
Bilder im Innenteil: © Luisa Lenkeit
Umschlaggestaltung: im Verlag

Printed in EU

ISBN 978-3-96352-089-1

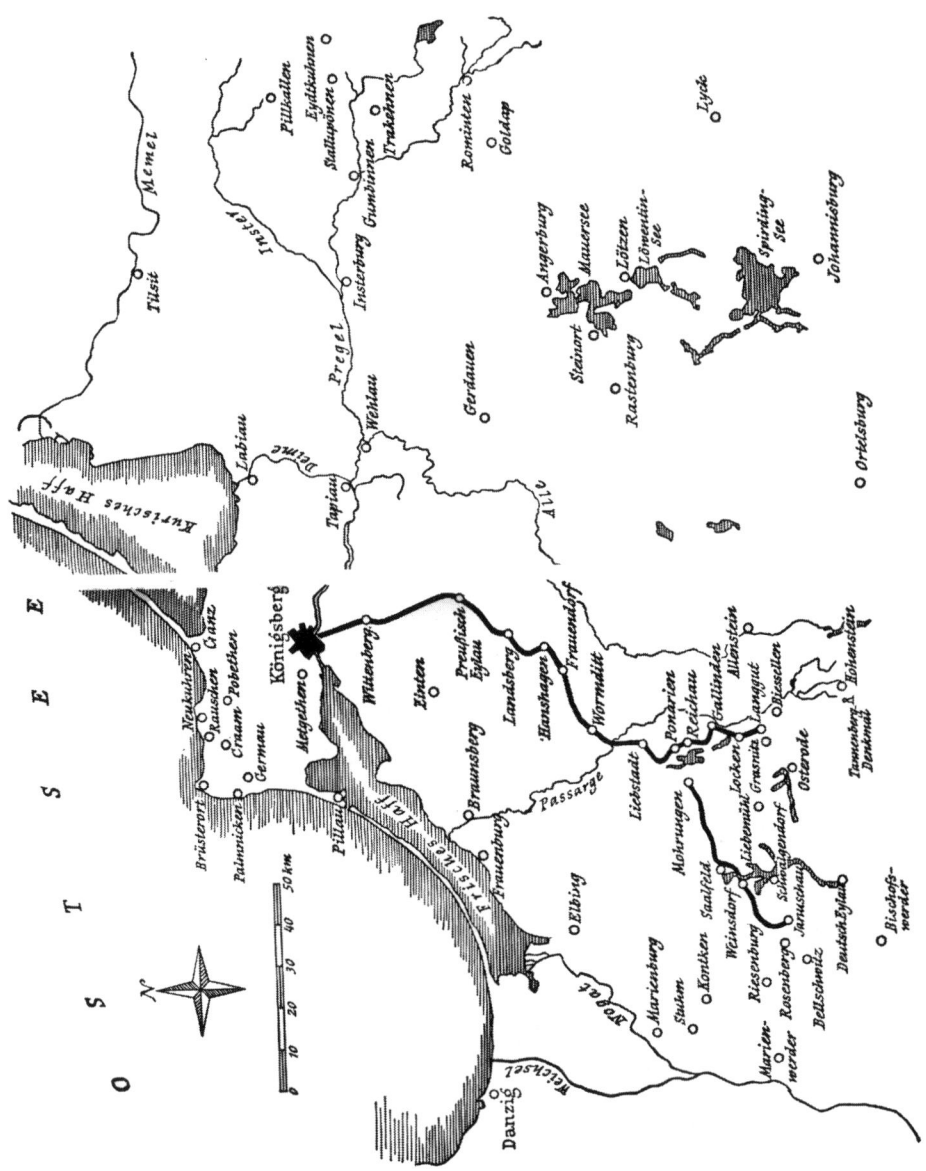

Karte Ostpreußen 1925

1

„Jetzt erst in Zimmer vier, Herr Geldermann, ein neuer Patient. Er ist schon nass geschwitzt."

Barbara hat ihn gerade ins Behandlungszimmer gesetzt. Ich öffne die mattierte Glastür. Da dreht er sich auf dem Behandlungsstuhl ruckartig zu mir herum und springt auf. Er streckt mir die Hand entgegen.

„Geldermann mein Name", murmelt er, die Stirn angespannt in Falten gelegt, und lässt sich gleich wieder in den Stuhl fallen. „Machen Sie auch Hypnose?"

Seine überstürzte Frage überrascht mich.

„Ich habe fürchterliche Angst. Heute Nacht habe ich schon von meinen Zähnen geträumt. Dass sie alle ausgefallen wären."

Auch wenn seine Worte hektisch und die Bewegungen verkrampft wirken, spüre ich besondere Sympathie.

Herr Geldermann ist groß gewachsen, sportlich drahtig, mit leicht ergrautem kurzgeschnittenem Haar, das etwas Gel vermuten lässt. Die Behandlungskarte zeigt mir sein Alter mit zweiundvierzig an, Lehrer von Beruf. Sein dunkelblaues Polohemd und die verwaschene Jeans unterstreichen sein jugendliches Aussehen. Dazu trägt er blank geputzte Lederschuhe. Einem geschulten Auge entgeht auch auf den ersten Blick nicht, dass zu der gepflegten Erscheinung der schlechte Zustand der Zähne überhaupt nicht passt.

Ich komme mit ihm ins Gespräch und schaue dabei in sein markantes Gesicht. ‚So schade! Was Zähne ausmachen!'

Als ob er meine Gedanken gelesen hätte, meint er: „Ich sehe schrecklich aus, ich weiß es selbst. Wäre auch schon viel eher gekommen, wenn nicht die panische Angst wäre!"

„Haben Sie denn einmal schlechte Erfahrungen gemacht?", frage ich, und da sprudelt es aus ihm heraus. „Vor etwa zwanzig Jahren ist mir ein Zahn gezogen worden … furchtbar …!

Immer wieder ist er abgebrochen. Der Zahnarzt hat gestöhnt und geschwitzt dabei, und es tat tierisch weh. Sechs Wochen noch habe ich Schmerzen gehabt. Seitdem die Panik!"

„Vieles hat sich in der Zahnheilkunde weiterentwickelt", beruhige ich ihn. „Ich verspreche, ganz vorsichtig zu sein."

Nach einem ausführlichen Befund schlage ich vor, mit einer Füllung zu beginnen. Herr Geldermann antwortet mit einem kurzen Nicken.

„Wir machen beim Bohren immer wieder eine Pause. Sie können durchatmen, auch ausspülen, wenn Sie möchten. Ich betäube erst einmal, und dann tut wirklich nichts mehr weh."

„Schon alles?", staunt Herr Geldermann kurz darauf. „Ich habe die Spritze nicht gemerkt."

Ich bin zufrieden. Absolut schmerzfreies Einspritzen schafft man als Zahnarzt nicht immer.

Hektisch spült er den Mund aus, seine Hand zittert.

„Alles in Ordnung?"

Er nickt charmant freundlich, aber angespannt.

„Bis gleich!"

Nach kurzer Einwirkzeit, in der ich nebenan eine Naht entferne, beginnen wir mit der Füllungstherapie.

Ich spüre, dass Herr Geldermann sich anstrengen muss, um ganz ruhig im Stuhl zu liegen. Seine Handknöchel sind fast weiß, blutleer, so krampfhaft klammert er sich an den Stuhllehnen fest. Tapfer versucht er, den Mund möglichst weit zu öffnen, um unsere Arbeit zu unterstützen.

„So macht das Behandeln richtig Spaß", lobe ich ihn. Er schlägt kurz die Augen auf und versucht zu lächeln.

Die Behandlung ist eine halbe Stunde später beendet. Herr Geldermann spült noch einmal um, schaut mich ungläubig aus wasserblauen Augen an. „Fertig?", fragt er und steht auf. Sein dunkelblaues Polohemd zeigt einen riesigen nassen Fleck am Rücken. Verlegen, aber sichtlich erleichtert drückt er meine Hand. Seine ist feucht, aber es ist für mich nicht unangenehm.

„Bis zum nächsten Mal", meint er lausbübisch grinsend und schlendert mit der wiedergekehrten Selbstsicherheit zum Empfang, wo er einen neuen Termin vereinbart.

„Total sympathisch", bemerkt Barbara, die assistiert hat, und ich stimme schmunzelnd zu. Barbara, einundvierzig Jahre, mit blonden gelockten Haaren, die sie in ihrer Arbeitszeit zu einem wippenden Pferdeschwanz bindet, ist seit drei Jahren geschieden. „Der könnte mir gefallen! Echt charmant."

Ich ertappe mich dabei, dass auch ich mich der Faszination dieses Mannes nicht entziehen konnte. Mein gutes Gefühl durch diese Begegnung war nicht nur der Wertschätzung gezollt, die Herr Geldermann mich spüren ließ, sondern es erinnert mich an schwärmerische Gedanken aus Zeiten, die schon viele Jahre zurückliegen.

Jetzt ist der Arbeitstag beendet. Herr Geldermann war mein letzter Patient für heute. Schnell den Kittel ausgezogen, die Praxishose durch die Jeans getauscht, Pulli an und mit einem „Tschüss, schönen Abend noch", bin ich aus der Praxistür heraus. Unsere Wohnung befindet sich darüber, im selben Haus. Beschwingt nehme ich zwei Stufen auf einmal und schließe voller Vorfreude die Tür auf.

Der Duft von Kerzen kommt mir aus der Küche entgegen. Mit geröteten Wangen, voller Eifer, „Guck mal, alles meine", sitzen unsere beiden Kurzen, Florian und Steffi, fünf und drei Jahre alt, am leicht bekritzelten Kieferntisch. Ihre Begrüßung fällt kurz aus, so vertieft sind sie. Während der Adventszeit basteln sie stundenlang, heute sind es wunderschöne Gold- und Silbersterne.

Meine Mutter sitzt zwischen beiden auf der Eckbank und strahlt den gleichen Eifer aus.

Sie hat ihre etwas zu große altmodische Brille aufgesetzt und hilft hier und da mit nimmermüder Geduld. Ihre knochigen flinken Hände begradigen in diesem Moment eine Zacke an Steffis Stern. Oma betrachtet ihn zufrieden. Steffi umschlingt sie dankbar mit ihren Ärmchen. „Und jetzt erzähl weiter von früher, Oma."

Ich setze mich mit auf die Bank, genieße den Anblick der funkelnden Kerzen auf dem Adventskranz, die heimelige Stimmung und lausche den Erinnerungen.

1922

Vor Weihnachten war bei uns eine spannende Zeit.
„Mutti hat sich wieder in der guten Stube eingeschlossen."
Meine Schwester Magda, zwei Jahre älter als ich, lünkerte durch das Schlüsselloch.
„Kannst du was erkennen?", flüsterte ich aufgeregt.
„Nein, Käthchen, sie sitzt mit dem Rücken zur Tür." Wir huschten zurück in die Küche.
„Vielleicht bekommt meine Berta ein neues Jäckchen!?"
Sie war meine Lieblingspuppe, die ich gerade mit großer Hingabe zum schönsten Puppenkind, das man sich vorstellen kann, ausstaffierte.
„Die beiden Kleider passen doch gar nicht übereinander", ärgerte mich Magda, die mich beobachtete.
„Berta ist es aber kalt", verteidigte ich kleiner Dotz entschlossen mein Handeln und suchte nach passenden langen Wollstrümpfen. Magda setzte sich zu mir auf die Bank und sortierte die Puppenkiste.
Da kam gerade unsere Mutter in die Küche, Nähgarnreste an ihrer Schürze, mit einem zufriedenen Gesichtsausdruck. Ich versuchte, ihr etwas zu entlocken.
Mutti schaute auf Berta und strich liebevoll über meinen Kopf.
„Lasst euch überraschen", sagte sie, verheißungsvoll schmunzelnd.

Ein Bruder meiner Mutter, Lehrer von Beruf, kam einen Tag vor Heiligabend mit seiner Familie zu uns, und Onkel Knuth, Tante Minna und Cousin Eberhard blieben während der gesamten Feiertage.

‚Schade, Eberhard ist nett, aber ein Langweiler', dachte ich.

Unseren Onkel hatte ich in mein Herz geschlossen. Er glich meiner Mutter in seiner warmherzigen Art, dem trockenen Humor, wie: „Besuch und Käse stinken nach drei Tagen", und der Vorliebe, spannende Geschichten aus ganz unterschiedlichen Zeitepochen zu erzählen, Erfahrungsberichte, die er als passionierter Lehrer weitergab, wobei wir Kinder dann mit glühenden Wangen um ihn herum hockten.

Am ersehnten Heiligen Abend wollten die Uhrzeiger überhaupt nicht vorrücken.

„Wo steckt denn Eberhard?", fragte ich Magda.

„Er scheint mit Erna ein Wettlesen zu veranstalten", meinte sie achselzuckend und grinsend, weil sie so viel Ausdauer und Gelassenheit unserer großen Schwester an einem solch spannenden Tag nicht nachvollziehen konnte.

„Ich bin auch viel zu aufgeregt", solidarisierte ich mich mit Magda und hatte sie schon an die Hand genommen, um in der Diele die warmen Stiefel anzuziehen und unsere dicken Lodenmäntel.

Wir wetzten über den feuchten Hof, hier und da Inseln von Weiß. Auf der Wiese ließ ich mich in den unberührten Schnee fallen, fester als erwartet, die Kälte zog an.

„Lass uns Engel machen", kam mir die Idee. Das hatten wir im letzten Jahr ausprobiert. Wir zauberten im Liegen mit Armen und Beinen geschwungene Halbkreise auf die Schneefläche, was auch jetzt wieder die Form eines schwebenden Engels ergab.

„Oh, guck mal, das sieht wunderschön aus, so weihnachtlich."

„Mutti und Papa werden morgen staunen!"

Magda nickte. „Wir verraten nichts."

Endlich war der Abend gekommen.

Wir hatten unsere Wollkleider gegen die festlichen getauscht, Eberhard war in einen feinen Knaben verwandelt, mit dunkelblauer Weste und Fliege. Voller Erwartung lauschten wir auf das leise Läuten des Glöckchens und stürmten in die festlich geschmückte Stube.

„Oooh!" Der Weihnachtsbaum schillerte mit den bunten Kugeln, den vergoldeten Nüssen, dem Lametta und glänzendem Engelshaar. Die weißen Kerzen ließen das Lametta wie Goldfäden glitzern. Die Geschenke, mit roten Schleifen verziert, lagen verheißungsvoll auf einer weinroten samtenen Decke unter dem Baum. Wie gern hätte ich schon ein Päckchen geöffnet, aber der Ablauf war festgelegt.

„Wer möchte als Erste ihr Gedicht vortragen?"

Magda hatte sich „Denkt euch, ich habe das Christkind gesehen" ausgesucht. Die Gedichte waren mit Tinte auf Leinenpapier geschrieben und mit weihnachtlichen Malereien verziert. Wir gaben unsere „Dokumente" feierlich den Eltern. An dem kleinen Tintenklecks erkannte ich von weitem meins. ‚Jetzt nicht noch einen Patzer machen', war mein sehnlicher Wunsch.

Die weihnachtliche Hochstimmung tauchte auch in späteren Jahren sofort wieder auf, wenn ich das Läuten des Glöckchens hörte und in die geschmückte Stube trat.

Nach der Feier schlichen wir Kinder um den Tannenbaum herum. Wir hatten es auf die Schokoladenfiguren abgesehen. Wenn eine Kerze eine Figur zum Schmelzen brachte, durften wir sie uns einverleiben. Ich schmunzelte vor mich hin und stieß

Magda an. Als sie sich zu mir drehte, versetzte ich den Schokoladenstern nach vorn in die Richtung der darunter stehenden Kerze. Magda hatte verstanden und tat es mir gleich.

Meine Mutter lächelt verschmitzt.
 Florian und Steffi sind fasziniert. Sie hören gern, wenn Oma von früher erzählt. „Wie viele Geschwister hattest du, wo habt ihr gewohnt, habt ihr euch oft gezankt, war deine Mama hübsch …?" Ihre vielen Fragen überschlagen sich. Meine Mutter lacht amüsiert und erzählt weiter.

Ich bin in Ostpreußen im Winter 1919 geboren und auf dem Land groß geworden. Als ich drei Monate alt war, kauften meine Eltern ein großes Gut in Dopönen, acht Kilometer von Stallupönen, der Kreisstadt, entfernt, im Osten Ostpreußens nahe der Grenze zu Russland [1]. *Der bisherige Besitz – das Elternhaus meines Vaters Hans – lag fünfundzwanzig Kilometer davon entfernt. Wir drei Töchter – ich war die Jüngste – sollten später zur „höheren Schule" gehen. Vom bisherigen Wohnort wäre das umständlich gewesen.*

 Bald wurde unser Zuhause ein kleines Paradies. Wir ließen überall elektrisches Licht legen, für das Jahr 1921 in unserer Gegend noch etwas Besonderes.

 Es wurde ein Badezimmer eingerichtet mit einem langen hohen Boiler, der mit Holz beheizt wurde und das Wasser erwärmte.

 „Vor jedesmaligem Heizen muss der mit warm bezeichnete Hahn so lange geöffnet bleiben, bis das Wasser in die Wanne läuft."

 Das habe ich, als ich mit fünf Jahren lesen lernte und bei jeder Gelegenheit übte, eines Tages stolz entziffern können. „Donnerwetter, Käthchen", staunte meine Mutter.

---

1 Zu Hitlers Zeiten wurden alle nicht deutsch klingenden Namen geändert. Dopönen = Grünweide; Stallupönen = Ebenrode

Ich liebte das Baden. „Bitte noch ein bisschen!", schließlich hob mich meine Mutter aus der Wanne und rubbelte mich ab.

„Papa!" Jetzt war er dran. Er kam angespurtet, um mich „huckepack" ins Bett zu tragen. „Auch schon als Baby hast du vor Freude gequiekt, wenn du in die Wanne durftest."

Steffi und Florian schauen mit großen Augen.

„Ja, ich war auch mal klein", sagt meine Mutter schmunzelnd.

Das Staunen der beiden geht in fröhliches Lachen über.

Als Erna, vier Jahre älter als ich, schulpflichtig wurde, bekamen wir eine Hauslehrerin. Zu der Zeit auf größeren Gütern nicht ungewöhnlich.

Fräulein Vera Lindenau wirkte streng mit dem korrekt frisierten Knoten und den nach unten gezogenen Mundwinkeln. Aber von einem auf den nächsten Moment strahlte sie durch ihr Lächeln eine solche Glückseligkeit aus, dass ich fasziniert war. Ihre auffällig groß geblümten Wollkleider und farblich passenden Perlenketten ließen die Lebensfreude erahnen, die in ihr steckte. Sie bewohnte ein großes Zimmer in unserem Haus.

„Ich will nicht immer allein bleiben", beschwerte ich mich, als Erna und Magda mit ihren braunen Ledermappen zum Unterricht losschoben.

Schließlich durfte ich mit fünf Jahren bei den „Großen" dabei sein, auch mit einer eigenen Mappe. Als ich merkte, dass ich sie mit meinem kurzen Arm noch nicht so umfassen konnte wie meine Schwestern, ließ ich mir nichts anmerken, drückte sie fest mit meinem dünnen Oberarm und dem Ellbogen an meinen kleinen Körper und stolzierte mit Erna und Magda los.

„Eine neue Schülerin, willkommen!", begrüßte mich Fräulein

Lindenau und zeigte mir meinen Platz an dem runden Holztisch. Magda und Erna nahmen mich in die Mitte.

"Ihr schreibt heute eine Fantasiegeschichte." Und als ich fragend schaute, lächelte sie mich an. "Das kommt für dich auch bald. Jetzt machst du erst einmal von jedem Buchstaben, den ich vorschreibe, eine Reihe."

Ich guckte ihr fasziniert zu, als sie den Griffel ganz ruhig auf der Schiefertafel hoch und runter bewegte.

"Jetzt bist du dran, Käthchen."

Fräulein Lindenau stand auf, holte ein selbstbehäkeltes Leinentaschentuch aus dem Wäscheschrank, um sich die Nase zu putzen, und ließ uns drei allein.

Neidisch schielte ich auf Ernas Heft, das sich so rasch mit Sätzen füllte, während ich mich mit den Buchstaben abquälte.

‚Es sieht leichter aus als es ist', merkte ich schnell, und das Stillsitzen fiel mir schwer.

Anscheinend fiel es auch Steffi und Florian schwer, denn während der Erzählung waren sie für kurze Zeit verschwunden und stürmen jetzt mit Schuhkartons wieder in die Küche.

„Das haben wir schon alles gebastelt", unterbrechen sie den Erzählfluss meiner Mutter.

Sie schütten ihre Schätze über die neu gefertigten Sterne und sortieren alles von neuem in ihre Kartons.

Ab und zu gucken sie auf zu Oma und hören eine Weile aufmerksam zu.

„Musikstunde!", rief Fräulein Lindenau aus der guten Stube. Ich hatte schon seit einiger Zeit bekannte Melodien im Hintergrund gehört und stürmte sofort los. Unsere Lehrerin saß am Klavier, als ich als Erste angehüpft kam und fröhlich nach Erna und Magda rief, die sich ungern von ihren Geschichten losreißen wollten.

„Gerade sitzen!" Fräulein Lindenau ermahnte heute streng.
‚Oh je! Schule habe ich mir schöner vorgestellt.'
Die Fingerübungen ließen mich ungeduldig auf dem Stuhl hin und her rutschen.
„Bald feiert euer Vater Geburtstag. Wir fangen schon heute mit dem Einstudieren eines Reigens an. Lass mich mal auf den Hocker."
Fräulein Lindenau schob Magda beiseite.
„Geh aus, mein Herz, und suche Freud"
Sie hatte eine kleine Choreografie vorbereitet, die sie kurz erklärte und vortanzte, dann begleitete sie unsere Bewegungen auf dem Klavier.
„Du musst mir auch die Hand hinhalten!", beschwerte Magda sich gereizt über meine fehlende Konzentration.
Als ich meiner Mutter später enttäuscht von dem ersten „Schultag" erzählte, nahm sie mich liebevoll in die Arme.
„Es ist noch kein Meister vom Himmel gefallen, Käthchen."

„Kennst du die Geschichten aus meiner Kindheit noch, Utchen?" Meine Mutter ist aufgekratzt.
Ja, es werden Erinnerungen wach an meine eigene Kinderzeit Anfang der Sechzigerjahre, an gemütliche Stunden, wenn Gudrun, meine drei Jahre ältere Schwester, und ich mit Mutti zusammenhockten und über Freunde, über die Schule, aber auch über Sorgen und Ängste redeten.
Am liebsten saß ich in der winzig kleinen Küche auf dem weißen Holzschemel, auf den meine Mutter schnell noch ein Frotteeküchentuch legte. „Warte, Utchen, es ist sonst zu hart."
Gudrun kam hinzu und holte einen Stuhl aus dem Wohnzimmer, der gerade noch Platz hatte. Meine Mutter hantierte herum, bereitete Essen vor für meinen Vater, der oft erst spät nach Hause kam, oder spülte das Geschirr des ganzen Tages, das wir abtrockneten und einräumen wollten. „Mach ich schon, es ist alles so eng", sagte meine Mutter aber.

Schließlich war die Arbeit getan, und wir klönten noch zusammen. „Aber nicht mehr lange, ich muss für die Versicherung ein Schreiben fertig machen", meinte meine Mutter damals.

Oft erzählte sie von „früher", auch von schweren Zeiten während des Krieges und der Flucht aus Ostpreußen. Ich spürte manchmal die Wehmut, die in den Erzählungen steckte.

Gebannt saßen wir da. Unvorstellbar, dass unsere Mutter solche „Abenteuer" selbst erlebt hatte.

„Wie war das noch mal mit den Soldaten?", fragten wir an diesem Abend.

Wir wollten die Geschichte erneut hören, die möglicherweise unserer Mutter das Leben gerettet hat. Als Kinder sahen wir nicht die politischen Hintergründe. Wir staunten nur über einzelne Episoden.

„So, jetzt ab in die Falle", beendete meine Mutter später die Erzählungen.

Sie kam an mein Bett. „Betest du, Utchen?" Es gehörte zum Gute-Nacht-Ritual.

Sie faltete ihre schmalen Hände und schloss die Augen. Ihre Ruhe und das zufriedene, angedeutete Lächeln berührten mich. Ich tat es ihr gleich und begann zu beten.

Im Laufe der Jahre kam immer häufiger der Wunsch in mir auf, mehr aus ihrem aufregenden Leben zu erfahren und die Erinnerungen an Ostpreußen zu erhalten.

Es war auch das Bedürfnis, die Bedeutung der eigenen Wurzeln zu erfassen.

2

2003

Jahre später, jetzt seit einigen Monaten, ist aus der Idee, die Lebensgeschichte meiner Mutter aufzuschreiben, Wirklichkeit geworden, ihre Geschichte mit den ihr eigenen Handlungsmustern und Wertevorstellungen, ihre Lebensphilosophie, die eng verwoben ist mit dem, wie ich selbst mein Leben versuche zu meistern.

Ich spüre in vielen Situationen, wie sehr auch ich noch von ihrer Vergangenheit geprägt bin, und das ist meistens hilfreich, mitunter aber belastend.

Steffi und Florian sind inzwischen sechzehn und siebzehn Jahre alt und eigenständig in vielen Bereichen. Wie stark sind auch sie noch von den Wertmaßstäben und Lebenserfahrungen ihrer Oma beeinflusst? Haben sie verinnerlicht, dass Glück und Zufriedenheit nichts zu tun haben mit Geld und Wohlstand und dass Menschen nicht nach Herkunft, Status und Vermögen zu beurteilen sind?

Mein Weihnachtsgeschenk für meine Mutter war im letzten Jahr eine dicke, leere Kladde, der Deckel in Pastelltönen mit Herzmotiv, die erste Seite in Schönschrift beschrieben: „Ich schenke dir ganz viel Zeit. Zeit zu erzählen, Zeit zu schreiben." Diese Kladde füllte sich in dem Tempo, wie der Alltag gemeinsame Erzählstunden zuließ.

„Möchtest du Tee oder Kaffee?"

Selbstgebackene Plätzchen stehen schon auf dem runden Couchtisch, als ich mich auf den Sessel setze und meine Mutter gegenüber Platz nimmt, auf der von uns an sie „vererbten" Couch. „Wunderbar, die kann man doch nicht wegtun."

Gespannt lausche ich ihren Erlebnissen, die sie erstaunlich detailgenau und flüssig wiedergeben kann.

Nur manchmal stockt sie, dann erinnert sie sich an traumatische Situationen, die sie fast vergessen hat. Ich sehe ihr an, dass sie zweifelt, ob sie es aus der Versenkung holen oder lieber übergehen soll.
„Wir können über alles reden", sagt sie. Meine Mutter ist entschlossen.
Es werden intensive Stunden, die uns, die wir immer offen und vertraut miteinander waren, noch näher zusammenbringen werden. Für mich bedeutet es Innehalten in meinem hektischen Alltag, Eintauchen in eine andere Zeitepoche.

Unsere Mutter war tagsüber mit der Hausarbeit beschäftigt und meist nur zu den Mahlzeiten für uns da.

Abends nahm sie sich die Zeit, um an unsere Betten zu kommen, zu reden, zu kuscheln, zu beten.

Und manchmal hat sie uns eines ihrer Lieblingsgedichte vorgetragen. „Wegweiser ist mein Konfirmationsspruch", erklärte sie an diesem Abend. „Von guten Mächten wunderbar geborgen, erwarten wir getrost, was kommen mag. Gott ist mit uns am Abend und am Morgen und ganz gewiss an jedem neuen Tag."

„Erst später habe ich gelesen", erklärt meine Mutter, „dass es Dietrich Bonhoeffer war, der das kleine Gedicht geschrieben hat, der evangelisch-lutherische Theologe, der am deutschen Widerstand gegen den Nationalsozialismus beteiligt war, ein Mensch, der für Zivilcourage eingestanden ist und dessen Einsichten auch heute noch von Bedeutung sind. 1945 wurde er als einer der letzten NS-Gegner hingerichtet."
„Das Gute-Nacht-Ritual hast du ja auch immer mit uns eingehalten und ich mit Steffi und Florian. Anders könnte ich es mir nicht vorstellen."

Tagsüber war es meist Fräulein Lindenau, die die Rolle der Ansprechperson hatte, wie auch die der Trösterin.

„Na Käthchen, wo drückt denn heute der Schuh?", fragte sie mich eines Tages, als ich mit hängendem Kopf durch das Haus schlich.
Meine Tränen konnte ich jetzt nicht mehr zurückhalten.
„Setz dich auf meinen Schoß", beruhigte sie mich.
„Ich habe gestern Ente Adele mit ihren sechs Küken zum kleinen Teich geführt", kam es schluchzend aus mir heraus. „Mutti freut sich, wenn ich das übernehme. Plötzlich tauchte eine Krähe auf. Sie kreischte fürchterlich und stürzte auf eines der Entchen und holte es hoch. Ich war so hilflos, Adele schrie panisch. Heute Nacht bin ich von ihrem Schreien wach geworden."
Fräulein Lindenau wischte meine Tränen aus dem Gesicht.
„Die Natur kann grausam sein, Käthchen. Aber du hast keine Schuld." Sie kramte zum Trost ein Kräuterbonbon hervor, das so roch wie ihre ganze Stube.
Mit ihrer Strenge kam ich inzwischen zurecht.
„Sie meint es gut mit euch", hatte mir meine Mutter erklärt.
„Ellenbogen vom Tisch, Käthchen", ermahnte unsere Lehrerin mich häufig. „Ist dein Kopf so schwer, dass du ihn stützen musst!?"
Sie achtete wie unsere Eltern auf Höflichkeit und gute Manieren. Das hat mir später viele Türen geöffnet.

Für Gudrun und mich war eine solche Sichtweise als Teenager nicht nachvollziehbar, und ich erinnere mich an meinen fünfzehnten Geburtstag.

Gudrun guckte mir beim Geschenkeauspacken zu.
„Hast du auch so ein komisches Buch bekommen?", amüsierte sie sich. „Was hat Mutti sich denn dabei gedacht!"
Ich las den Titel: „'Man wird dich lieber haben. Ein Benimmbuch'. Was soll das denn wohl?"
„Mir hat sie das Kniggebuch geschenkt. Als ob wir damit erfolgreicher werden! Wie antiquiert!"

„Ich muss gestehen, dass ich es in mein Regal geräumt und nicht wieder hineingeschaut habe", sage ich jetzt, nachdem ich meiner Mutter davon erzählt habe.

„Schade!" Meine Mutter guckt zweifelnd. „Ja, eine andere Zeit. Aber ich bin mit dem Ergebnis nicht unzufrieden."

Wir lachen entspannt.

„Heute sehe ich selbst vieles mit anderen Augen", bestärke ich meine Mutter. „Als Patienten sind die aus deiner Generation oft die besonders angenehmen, rücksichtsvoll, kooperativ und dankbar. Letztens hatte ich eine süße Oma auf dem Stuhl, die sich trotz ihrer Rückenprobleme anstrengte, damit ich gute Sicht auf ihren hinteren Backenzahn bekam, und die mit großer Konzentration den Kopf ruhig hielt.

‚Habe ich es gut gemacht?', fragte die kleine Dame nach der Behandlung mit piepsiger Stimme und geröteten Wangen. ‚Ich bin ein bisschen zittrig. Sie leisten ja Schwerstarbeit.' Sie freute sich ihrerseits über mein wertschätzendes Lob und wankte ganz erschöpft aus dem Zimmer. Manch junger Patient hingegen sieht gar nicht ein, unbequem zu liegen und den Mund lange aufzuhalten. ‚Nicht so tief!', wird beanstandet. ‚Egoist!', denke ich, aber verkneife mir eine Bemerkung. ‚Das schmeckt scheußlich', meckert ein anderer. ‚Ich will spülen!' Unfreundlich gefordert, zum wiederholten Male, im ungünstigsten Augenblick. Dass meine Arbeit dadurch erschwert wird, interessiert nicht."

„Undank ist der Welten Lohn." Auch ein Spruch meiner Mutter, die aber ihr ganzes Leben lang kein verbitterter Griesgram war.

Ich bin inzwischen Fan von lieben Omas und Opas geworden!

„Das Verhalten unserer Mitmenschen hat sicher mit Erziehung, mit Respekt vor dem anderen und Wertschätzung zu tun", ergänzt meine Mutter. „Meine Eltern waren ein wunderbares Vorbild. Ich erzähle dir weiter von meiner Kindheitsidylle."

Wir drei Mädchen machten mit unseren Eltern an einem Sonnabend eine wundervolle Schlittenfahrt.
  „Heute meint es Petrus besonders gut", strahlte mein Vater.
  In der Woche davor waren Mengen an Schnee ununterbrochen vom Himmel getanzt, und die Schneeflocken schienen die kleinen verstreuten Dörfer in der weiten ostpreußischen Landschaft verschwinden zu lassen.
  Die Sonne strahlte vom unendlichen Himmel. Wir saßen eingemummt auf dem Pferdeschlitten und sogen die klare kalte Luft ein. Es roch immer noch nach Schnee, der erneut fallen könnte.
  Wir glitten über glitzernde, von Schlittenkufen blankpolierte Wege, um dann in die Einsamkeit der tiefverschneiten lautlosen Wälder einzutauchen. Jetzt machte uns mein Vater auf die Fuchsspur im tiefen Schnee zwischen den Bäumen aufmerksam. Wir Kinder – stumm wie selten – waren von der friedvollen Stimmung ergriffen.
  An diesem Winterabend setzte sich meine Mutter – wie so oft abends – in die gute Stube, der Kamin knisterte, der Duft des Kräutertees verstärkte mein wohliges Gefühl.
  Meine Mutter stickte an einer Decke, Fräulein Lindenau stopfte Strümpfe, mit einem silbernen Fingerhut auf dem linken Zeigefinger. Mein Vater schmauchte zufrieden sein Pfeifchen. Ich mag auch heute noch den süßlichen Pfeifentabakgeruch.

Ich liebte es, wenn wir länger aufbleiben durften.
  „Darf ich das Nähkästchen sortieren?" In die kleinen Fächer legte ich Knöpfe, nach Farben geordnet, die Nähseide an einen Platz. Die verstreuten Stecknadeln verstaute ich in einer kleinen

Schachtel, die Nähnadeln auf dem selbstgehäkelten Nadelkissen. Ich lauschte dabei den Geschichten der Erwachsenen.

Gerade ging es um die sechs Brüder meiner Mutter, um Emil als Jüngstem, 19 Jahre jünger als sie selbst, 1908 geboren, für den sie einen großen Anteil der Fürsorge getragen hatte.

„Es war manchmal schwierig, streng zu sein", erinnerte sie sich. „Schon als kleiner Bub mit wirrem blonden Haarschopf und stahlblauen Augen wickelte mich Emil mit seinem Charme um den Finger und hatte gern die Rolle des Schelms, dem man nicht böse sein konnte."

3

2003

„Wo bleibst du denn so lange!?" Mein Mann Jörg begrüßt mich missgestimmt.

„Du weißt doch, dass ich gern mit meiner Mutter erzähle und gerade viel in die Vergangenheit abtauche."

„Aber du solltest auch mal an mich und die Kinder denken. Wir haben Hunger."

Sein scharfer Blick, verletzend.

Ich schweige, enttäuscht, dass er so wenig Verständnis für meine Herzensangelegenheit hat.

‚Er könnte ja auch mal das Abendbrot vorbereiten.'

> Vor knapp dreißig Jahren haben wir uns während des Studiums in Münster kennengelernt.
>
> Jörg stieß mit zwei weiteren Kommilitonen nach dem Physikum – sie hatten ein Urlaubssemester eingelegt – in unsere kleine Semestergemeinschaft, anfangs für mich als jemand, mit dem ich nicht wirklich warm werden konnte, weil er Offenheit im Gespräch vermissen ließ.
>
> „Der ist aber komisch", kritisierte Semesterkollege Franz. „Wenn man etwas fragt, lässt er einen völlig auflaufen. Er gibt keine Antwort auf eine Frage, die ihm nicht passt."
>
> Ich interessierte mich wenig für die Neuen, da ich mit Studium und Clique gut ausgefüllt war.
>
> Dann kamen die lustigen Abende in unserer Stammkneipe. Die drei Neuen gesellten sich dazu. Jörg fiel mir durch seinen Humor und die Schlagfertigkeit auf. Ich merkte langsam, dass er sich für mich interessierte. Das leichte Knistern machte die Abende noch spannender. Ich genoss die angedeuteten Komplimente.

Es war außergewöhnlich spät geworden an jenem Abend. Begonnen hatte er auf dem Weihnachtsmarkt mit einem Treffen der Kommilitonen am Bratwurststand. „Besser als im Dortmunder Stadion", war Jörgs Kommentar.

Nach stimmungsförderndem Glühwein und witzigen Gesprächen war allen klar, dass der tolle Abend weitergehen musste. Jörg war redselig wie selten zuvor, charmant und wortwitzig, was mir angenehm auffiel. Erst durch ein energisches „Letzte Runde" der Wirtin wurde der Aufbruch eingeleitet.

„Ich kann dich nach Hause bringen", hörte ich Jörg sagen.

Die anderen zogen in eine andere Richtung.

„Plötzlich ergreift mich ein Wirbel von zärtlichen Gefühlen. Fast aus dem Nichts heraus. Verrückt!", würde ich am nächsten Tag meiner Freundin Anne erklären.

Arm in Arm schlenderten Jörg und ich in der Morgendämmerung in mein kleines Appartement.

Zum propädeutischen Kurs in der Zahnklinik morgens um 9.15 Uhr – überschaubar mit vierzig Studenten – kamen wir gemeinsam eine halbe Stunde zu spät. Das unverhohlene Grinsen von Franz und Heinrich und das versuchte Überspielen unseres Gefühlstaumels wird auch dem Professor nicht entgangen sein.

Im ersten klinischen Semester arbeiteten wir am Phantom, einem Kunststoffkopf mit entsprechendem Gebiss.

„Ich krieg die Krise." Bernd aus Wanne-Eickel schraubte verzweifelt einen Zahn heraus, um außerhalb des Phantomkopfes eine Füllung übersichtlich „in der Hand" anstatt lege artis innerhalb des Phantommundes fertigzustellen. Anschließend fügte er den Zahn unauffällig wieder ein.

„Ich bin gespannt, wie du das im nächsten Semester am

Patienten meisterst", machte sich Kurt über ihn lustig. Er bekam einen bösen Blick von Bernd.
„War nicht so ernst gemeint. Was glaubst denn du, was ich ab und zu mache!"

Im nächsten Semester gab es „richtige" Patienten, leider zu wenige, die bereit waren, sich in den Studentenkursen unter Einbringung von ungezählten Stunden und immenser Geduld behandeln zu lassen. Manch ein Patient wurde abends bei hoher Sympathie in der Kneipe engagiert.
„Tut mir leid", tröstete ich gerade Wolfgang, einen Studenten der Chemie, „dass wir schon zwanzig Minuten auf den Assistenten warten. Aber ich brauche für den Zwischenschritt das Testat."

„Am kommenden Wochenende komme ich nicht nach Hause", beantwortete ich die Frage meiner Mutter am Telefon.
Jörg strahlte und stellte seinen Daumen hoch. „Sollen wir in Münster bleiben oder hast du Lust, in den Harz zu fahren?", fragte er.
Ich freute mich auf einen ersten gemeinsamen Trip mit Übernachtung!
Wir starteten Freitagmittag direkt nach der letzten Vorlesung, mit kleinem Gepäck, das schon im Kofferraum verstaut war.
„Würde gern eine Schnitte essen." Jörg war der Fahrer, ich für das leibliche Wohl zuständig. Voller Vorfreude hatte ich reichlich Proviant eingepackt, als Nachtisch ein paar Kekse.
„Ich frag mal hier nach einem Zimmer." Jörg hielt vor einer Pension in dem hübschen Ort Sorge, es war später Nachmittag.
Das ältere Ehepaar schaute uns skeptisch an. „Sind Sie verheiratet?" Wir verneinten.

„Füllen Sie bitte das Formular aus." Sie waren nicht gerade freundlich. Jörg schrieb vor seinen Namen ohne zu Zögern Dr., als Beruf Zahnarzt, dann meinen Namen und Studentin. Wir haben das Zimmer bekommen.

„Die sollen doch denken, dass der Hochschullehrer mit seiner Studentin unterwegs ist." Er frohlockte bei dem Gedanken, Eindruck gemacht zu haben. „Mit solchen Spießköppen werde ich ja wohl noch fertig", und er zog mit dem Zeigefinger die Haut unterhalb seines Auges nach unten, eine Geste, die ich noch oft bei ihm sehen sollte. Hochschullehrer mit Studentin ... irgendwie hat das meine Fantasie beflügelt. Es wurde ein leidenschaftlicher Aufenthalt.

Die langen Semesterferien nutzten wir zu zweit für wunderschöne, auch abenteuerliche Reisen durch Griechenland, die Türkei, Marokko, ans Nordkap, immer mit Zelt und R4.

Jörgs mutiges Planen und Talent zum Organisieren imponierten mir. Meine Unerfahrenheit machte er durch sein selbstsicheres Handeln wett.

Wenn ich an Norwegen zurückdenke, dann sehe ich uns inmitten einer grandiosen Landschaft, kristallklare Seen, in denen sich die gigantische Bergsilhouette spiegelte, auch ganz enge Serpentinen, so dass wir froh waren, keinem Auto zu begegnen, manchmal den ganzen Tag nicht. Wir sahen unzählige Wasserfälle, als kleine Fontänen in den Felsen der Fjorde oder als breite Kaskaden, die donnernd ins Tal fielen.

Einige Male erlebten wir es, dass die Straße endete, weil ein kleiner Fjordausläufer sich dahin schlängelte, was auf unserer Karte nicht verzeichnet war. Wir mussten bis zum nächsten Morgen auf die Fähre warten, da am Straßenende nur noch der Wasserweg möglich war.

„Gut, dass wir alles dabeihaben", meinte Jörg. „Aber es lohnt sich nicht, das Zelt aufzubauen."

Nachdem wir auf unserem Gaskocher das Abendessen bereitet und recht hastig gegessen hatten, – wir mussten unsere Suppe gegen Schwärme von Mücken verteidigen – versuchten wir im Auto ein bisschen zu schlafen.

„Hast du Angst?", fragte Jörg und nahm mich liebevoll in den Arm. Ich fühlte mich geborgen, auch wenn die völlige Einsamkeit fremd anmutete.

Am nächsten Morgen ging es schon gegen sechs Uhr weiter. Mit dem Auto, das sich kurz vor der Abfahrt zu uns gesellt hatte, war die Fähre halb voll.

„Mir fallen immer die Augen zu", bemerkte ich als Beifahrer.

„Schlaf doch ruhig", erwiderte Jörg. „Ich habe alles im Griff."

Als ich erwachte, standen wir mit unserem R4 an einem wunderschönen See, Jörg zog sich gerade ein Hemd an, seine Haare pitschnass.

„Warst du schwimmen?", fragte ich erstaunt, noch ganz verschlafen.

„Ich wollte angeln und bin unfreiwillig baden gegangen." Er lachte. „Wir können leider heute Abend keinen Fisch grillen."

„Wir sollten uns mal mit den Wahnis in Dortmund treffen", meinte Jörg, als wir Monate später überlegten, wohin die nächste Reise gehen könnte. „Karl kenne ich schon ewig. Seine Freundin ist genauso reiselustig wie er. Die sind richtige Globetrotter geworden."

Karl und Anna gefielen mir gut. Sie waren offen und warmherzig.

„Im letzten Jahr sind wir bis Mittelanatolien gefahren. Das Taurusgebirge ist gigantisch, das Tuffsteingebiet um

Göreme ein Traum, auch die Sinterterrassen in Pamukkale ein Muss."

„Dieses Mal haben die Wahnis eher untertrieben", stellte Jörg unterwegs fest, als wir auf unserer Tour durch die Türkei mit dem R4 die Empfehlungen abarbeiteten. Wir waren überwältigt von der Vielfalt der wunderschönen Landschaften, genauso wie von der Gastfreundschaft in entlegenen Dörfern, die uns fast beschämte.

Im Laufe des Urlaubs gab es viele Situationen, die Jörg in seiner beherzten, manchmal auch ein wenig schlitzohrigen Art meisterte. Ich fühlte mich gut aufgehoben. Häsi 1 und Häsi 2, wie wir uns gegenseitig nannten, hatten bald ihre eigene Sprache mit viel Nähe, Vertrautheit und Humor.

Wir kamen schließlich nach Ankara.

„Ich möchte gern mit meinen Eltern telefonieren", äußerte ich, und wir meldeten das Gespräch bei der Post an. Jörg wollte derweil durch die Stadt schlendern.

„Ich geriet in eine Demonstration", würde er mir später berichten. „Plötzlich Personenkontrolle, ich mittendrin. Wie immer während unseres Campingurlaubes trug ich arglos meinen Leatherman bei mir. Sofort gehörte ich zu den gefährlichen Personen, die ruppig mit einem harten Handgriff in einen Bus verfrachtet wurden. Ich wusste nur, dass ich da schnell wieder raus muss. Als der Bus sich langsam in Bewegung setzte, sprang ich im letzten Moment heraus. Wie hätten wir uns wiederfinden sollen! Wir haben Schwein gehabt!" Jörg grinste mich an, als er zur Post kam. Den Schock verdrängte er erfolgreich. ‚Wie er das so locker wegsteckt!', bewunderte ich ihn, während in meinem Kopf düstere Gedanken tobten.

Ich wartete nun schon seit zwei Stunden auf das Gespräch, und es sollte noch eine weitere folgen.

Im Zeitalter des Handys kann man sich gar nicht mehr vorstellen, wie umständlich und eingeschränkt Kommunikation war.

Der Urlaub verlief dann aber ohne nennenswerte Zwischenfälle, eine unvergessliche Zeit, in der wir abends nach spannenden Erlebnissen zärtlich umschlungen in dem kleinen Hauszelt Borkum lagen. Mit dem Gedanken ‚Das Leben ist schön!' schliefen wir ein. Das Pflänzchen der Liebe wuchs beständig. Wir machten schon Pläne für die Zukunft.

Leider gab es zehn Monate später einen jähen Bruch, der alles in Frage stellen würde ...

Aber es konnte nicht sein, was nicht sein durfte, denn das Studium musste beendet und das Examen geschafft werden. Bei einer Trennung würde man sich ständig über den Weg laufen und mit seinen Gefühlen konfrontiert werden. Unvorstellbar. Kräftezehrend. Von Münster weggehen? Ohne die Clique? Meine Ängste waren zu groß. Es gab keine Alternative.

Wir blieben zusammen, auf Distanz, und ich war froh, dass Jörg sein Appartement noch nicht gekündigt hatte.

„Heute möchte ich lieber allein sein." Meine Gefühle taumelten in einem großen Chaos.

Die gemeinsamen Monate der Examensvorbereitung verliefen harmonisch. Ein schneereicher Winter wie selten zuvor, selbst die größeren Straßen wurden in Münster nicht mehr geräumt.

Und Woche für Woche dieselbe Zeremonie. Examensmontur an, ich mit hohen Schuhen, wir beide angespannt, „Ich gehe auch noch mal zur Toilette". Dann wackelig zum Auto, vor Aufregung, aber auch ungeübt mit Stöckelschuhen auf teilweise rutschigen Wegen. Jörg hielt mich kavaliersmäßig.

Sabine und Dieter aus unserer Examensgruppe warteten schon im Flur vor dem Prüfungsraum. Sabine wollte noch schnell wichtige Fragen klären.

„Ich hatte zu wenig Zeit zu lernen, musste meinem Mann in der Backstube helfen."

Zusammen waren sie aus Ostdeutschland geflüchtet, „Mein Mann ist mutiger als ich", und er hatte sich als Bäcker eine gute Existenz aufgebaut.

Dieter, aus einem spießigen Umfeld, mit dem Verantwortungsgefühl eines Familienvaters – er hatte da schon eine Tochter – und eingepauktem Fachwissen bis zum Platzen der Kalotte, sah sie fassungslos an.

„Vielleicht könnte er mal seine Mitarbeiter besser organisieren, wenn seine Frau Examen macht."

„Schließlich hat er mich bisher finanziert!", ist Sabines schnippische Antwort. Dann Schweigen von uns vieren.

Jörg und ich tauschten vielsagende Blicke. Wir genossen die Überlegenheit des Zweierbündnisses.

Geschafft! Die fünfte Prüfung schon! Wir konnten unsere Freude gemeinsam auskosten.

„Die Streber lernen sofort weiter", frohlockte Jörg und nahm einen großen Schluck aus seinem Bierglas.

‚Ohne ihn würde ich das vielleicht auch tun.' Ich guckte Jörg an. Es ist schön mit ihm.

Seit der Examensvorbereitung hatte ich aufgehört, ständig über die Zukunft, über Jörg und mich zu grübeln. Ergibt keinen Sinn. Raubt nur Kraft. Danach wird man sehen ...

Jörg und ich begnügten uns damit, am Prüfungstag die „alten" Bücher wegzusortieren und den nächsten Stoß bereitzulegen.

„Morgen ist früh genug." Jörg nahm mir das schlechte Gewissen.

„Sollen wir uns heute noch einmal die Histologiepräparate anschauen?", fragte ich ihn zwei Tage vor der nächsten Prüfung. „Ich habe noch Schwierigkeiten, die Organstrukturen zu erkennen."

Jörg war sofort dabei und gab mir beim angestrengten Blick ins Mikroskop augenzwinkernd den Tipp, mir die Präparate, die geprüft würden, makroskopisch zu merken. „Dann hast du schon mal einen Anhaltspunkt."

Es hat tatsächlich funktioniert.

Wir bestanden die Prüfung und hatten in der Clique erneut einen Grund zu feiern.

Und dann nahmen die Gefühle allmählich wieder ein stabiles Fundament an. Jörg und ich vermochten uns gut aufeinander zu verlassen.

Und wir konnten das Glücksgefühl des bestandenen Examens miteinander teilen wie auch die verrückte Aktion des spontanen Trips nach Paris am frühen Morgen nach der Examensfeier mit „alle Mann"…

4

Wir lebten inmitten der idyllischen Natur. Ich sehe sie noch vor mir, die weiten wogenden Kornfelder, blühende Kamille, dazwischen unzählige Mohnblumen, bunte Frühlings- und Sommerblumen in den Vorgärten, Gänse auf der Straße, herrliche Alleen, stille Wälder und einsame kristallene Seen, dort in Dopönen, in Ostpreußen.

1924

Schon früh lernte ich Fahrradfahren. Ein altes Modell, der Sattel zu hoch für mich, aber Erna half mir beim Aufsteigen. Ja, es klappte. Ich konnte im Stehen die Pedale bewegen.

‚Schade, heute kann mir niemand helfen.' Erna und Magda büffelten am Tag darauf bei unserer Hauslehrerin.
‚Ich versuche es allein.'
   Immer wieder kippte das Rad um, kaum, dass ich mich auf eine Pedale gestellt hatte. Mit Wut im Bauch, aufgeschürften Knien und blutendem Ellbogen probierte und probierte ich unerbittlich.
   Schließlich lehnte ich das Rad an den Laternenpfahl in der Mitte des Hofes, stieg erst auf die rechte Pedale, dann behutsam auch auf die linke ... und langsam setzte ich mich in Bewegung!
   Ein schriller Freudenschrei, ein triumphierendes Glücksgefühl! ‚Ich habe es geschafft, ich ganz allein!
   Jetzt schaute ich mich um, hoffnungsvoll. ‚War vielleicht jemand Zeuge meines großen Triumphes?
   Es war niemand zu sehen.
   ‚Schade!' Ich war enttäuscht. ‚Hoffentlich ist der Unterricht gleich zu Ende.

Ungeduldig, aber glückselig wartete ich darauf, meine Errungenschaft vorführen zu können.

‚Erna und Magda werden staunen, und erst mal Mutti und Papa!

„Seid ihr fertig?", fragte ich Magda aufgeregt, als ich sie endlich in der Haustür erspähte. Sie kam schon angelaufen.

„Ich muss dir etwas zeigen."

Sie schaute mich neugierig an, als ob sie zu bemerken schien, dass etwas Großartiges passiert war.

„Unglaublich!", lobte sie, als ich stolz an ihr vorbeifuhr. Ihr Blick fiel auf meine vielen Blessuren. „So viel Ausdauer hätte ich nicht."

„Dann können wir jetzt mit unserem Spiel weitermachen", schlug ich in meiner euphorischen Stimmung vor und stolzierte Magda voran. Den Tag zuvor hatten wir schon einiges Material zusammengetragen.

Wir befestigten an unseren leeren Zigarrenkisten eine Schnur, um mit diesen „Wagen" Getreide einzufahren, rupften Gras, banden es zu Garben, luden es mit einer Astgabel ein. In unseren „Ställen", die wir mit trockenen Ästen eingegrenzt hatten, warteten „Kühe, Pferde und Schweine" aus Fallobst auf ihr Futter. Später fuhren wir mit den Tieren zum „Markt", verhandelten dort über den Kaufpreis. Geld war Laub von den Bäumen.

„Mittagessen ist fertig!"

„Gleich! Nur noch den Verkauf erledigen!" Wir konnten uns schwer losreißen.

Vom Hof gelangte man zuerst in die große Küche.

Magda und ich waren vom Toben durstig geworden. Wir stürmten um die Wette, geradewegs zum emaillierten Waschbecken, um die sandigen Hände abzuspülen, und füllten Gläser mit Leitungswasser.

„Dürfen wir Himbeersirup haben?"

Meine Mutter gab aus einem Kännchen einen kräftigen Schluck von der selbstgemachten Köstlichkeit, bis die Gläser sich zart rot färbten.

„Hmmhh!"

Am Tisch merkten wir dann plötzlich, dass wir einen Bärenhunger hatten.

„Waren eure Marktverhandlungen erfolgreich?", fragte unsere Mutter amüsiert. Sie hatte uns vom Fenster aus beobachtet.

Und dann erzählte ich ihr, dass ich allein auf dem großen Fahrrad fahren könne.

„Aber beim Aufsteigen brauchst du doch bestimmt Hilfe?", meinte sie.

Magda schmunzelte, und ich erklärte voller Stolz, wie ich es mir selbst beigebracht hatte.

„Du gibst nicht auf, Käthchen", lobte meine Mutter „Das wird dich weit bringen."

Wir aßen im Wohnzimmer an dem großen rechteckigen Holztisch, am anderen Ende stand die dunkelrote Plüschgarnitur mit einem verschnörkelten Holzumbau, der Buffetschrank mit Glasvitrine war aus dem gleichen dunklen Holz wie die Kredenz. Über der Couch hing ein großes Ölbild von unserem Hof, das meine Eltern einem Maler in Auftrag gegeben hatten.

Die Clubsessel aus grau-pastell gemustertem Stoff gaben dem dahinterliegenden Herrenzimmer eine leichte Eleganz. Ein Bücherschrank nahm fast die ganze Wand ein, gegenüber stand unser schwarzlackiertes Klavier, ein Telefon auf dem Schreibtisch meines Vaters.

Das Elternschlafzimmer mit monströsem Doppelbett aus Eiche und riesigem Eichenkleiderschrank bekam eine weichere, fast verspielte Note durch das große Bild über dem Bett, eingefasst *in einen verschnörkelten breiten bronzenen Rahmen, Elfen als Motiv, in der Mitte eine vergrößerte Fotografie von uns drei Kindern.*

Wenn ich mir auch manches Mal wünschte, genauso hübsch zu sein wie meine Schwester Magda, so waren wir auf diesem Foto alle gut getroffen und uns sehr ähnlich. Die Elfen mit ihren geschwungenen Kleidern und Schleiern, jede in einem anderen Pastellton, hielten sich an den feingliedrigen Händen und tanzten um uns herum. Viele Male entrückte ich träumend in meine Fantasiewelt.

„Da bist du ja schon wieder!", holte mich meine Mutter schmunzelnd ab.

„Das hört sich nach Luxus an", staune ich über die gute Ausstattung.

„Ja, zu der Zeit ging es uns wirtschaftlich sehr gut. Ich denke, dass wir geprägt wurden von der sorglosen Atmosphäre zu Hause und der werteorientierten Erziehung, auch durch unsere Hauslehrerin. Die Tatsache, dass unsere Eltern die Wahl des Wohnortes nach dem Standort des Gymnasiums ausgesucht haben, spricht Bände. ‚Bildung kann einem niemand mehr nehmen', hörte ich meinen Vater sagen. ‚Unseren Töchtern soll die Welt offen stehen.'"

„Unser Spaßmacher ist da", begrüßte meine Mutter an diesem Tag den „kleinen" Bruder Emil, inzwischen einen Kopf größer als sie selbst. Er plauderte mit ihr, machte beiläufig ein paar Faxen, brachte mich auf lustige Ideen. Freude pur für alle.

Am späten Nachmittag wollte er plötzlich los. ‚Schade!'

Er hatte wohl mein ‚Regengesicht', wie er es nannte, wahrgenommen, setzte mich schwungvoll auf seine Schultern und machte wilde kleine Kunststücke. „Bis ganz bald!", und schon war er verschwunden.

Meine Mutter lächelte, als ich kleiner Dotz ihr verkündete: „Den heirate ich später."

„Wo bleibt denn Onkel Emil?", fragte ich enttäuscht, als er uns lange nicht besucht hatte.
„Ach, der ist doch ständig unterwegs, Hans Dampf in allen Gassen", erklärte meine Mutter. „Bei dem Aussehen ist es kein Wunder, dass ihm die Herzen der Mädchen zufliegen!"
Ich war tief getroffen, traurig, vielleicht meine erste flüchtige Begegnung mit dem Feind Eifersucht, aber das war damals natürlich außerhalb meiner Vorstellungskraft.
Emils große Jugendliebe wurde schließlich Elly, eine bildhübsche junge Frau, klein und zierlich, mit hellblauen großen Augen und blondem gelockten Haar, das ihr bis zu den schmalen Schultern reichte und beim Laufen schwungvoll mitwippte, die kleine Nase meist voller zarter Sommersprossen.
Sie arbeitete in der Telefonzentrale. Es mussten zu der Zeit alle Gespräche angemeldet und vom „Fräulein vom Amt" weitergeleitet werden.
„Als sie mich ansah, hat es eingeschlagen wie der Blitz", schwärmte Emil und machte – die Finger seiner rechten Hand zum Herzen schwingend – ein zischendes Geräusch.

Wir waren eines Tages unterwegs von Dopönen nach Stallupönen, da stoppte mein Vater plötzlich das Fuhrwerk und deutete auf einen gefrorenen See, der von hohen Bäumen eingerahmt war. Der See leuchtete im Sonnenlicht aus dem feierlichen Dunkel der ihn begrenzenden Fichten hervor.
Emil und Elly liefen Schlittschuh, in dieser traumhaften Kulisse unter stahlblauem Himmel, Arm in Arm, ihre Köpfe mit roten Bommelfellmützen bedeckt.
„Wenn das nicht romantisch ist!" Mein Vater warf meiner

Mutter einen liebevollen Blick zu. Ich spürte die Wärme, die uns alle im tiefen Gefühlserlebnis verband und einen Augenblick der Glückseligkeit teilen ließ.

Lange noch drehte ich mich nach Emil und Elly um, die kugelrunde Sonne ließ mich blinzeln. Ich konnte mich nicht satt sehen.

Später wird mir meine Mutter erzählen, dass Emil und Elly nur eine schlichte Hochzeitsfeier im kleinen Kreis hatten, weil sie „heiraten mussten", wie es zu der Zeit hieß. Elly war im sechsten Monat schwanger. Sie sind nach Berlin gezogen, um im Dorf kein Gerede aufkommen zu lassen.

„Als ich so alt war wie Elly", meinte sie, „sah mein Leben ernster aus. Meine Eltern betrieben eine Gastwirtschaft. Mein Vater spielte abendelang Karten, am liebsten Skat, und ich musste bis spät in die Nacht aufbleiben, um bei den Gästen zu kassieren. Wenn Herr Puschkat ordentlich dem Alkohol zugesprochen hatte, machte er Bemerkungen, die mich erröten ließen. Den ‚Spätdienst' habe ich gehasst. Morgens hieß es dann früh aufstehen, um für meine Brüder, die noch zu Hause wohnten und in der Stadt in Lehre oder schon im Beruf waren, ein kräftiges Frühstück zu bereiten.

‚Wie gern würde ich auch eine Ausbildung machen und nicht nur immer zu Hause arbeiten.' Neidisch schaute ich ihnen nach, als sie das Haus verließen.

Es ging dann an die umfangreiche Haus- und Gartenarbeit. Meine Brüder brauchten Mengen an gebügelter Wäsche und gestärkter Oberhemden, und ihr Hunger war abends groß.

„Ich freute mich über Abwechslungen", erzählte sie mir. „Hin und wieder kam meine Cousine Idchen vorbei, die ein ähnliches Schicksal hatte wie ich mit vielen Geschwistern als älteste Tochter. An diesem Tag schwelgten Idchen und ich in Erinnerungen.

'Weißt du noch, wie aufgeregt wir vor unserer ersten Tanzstunde waren?', fiel es mir ein. 'Wir waren beide gerade achtzehn.' – 'Ja, und der Abschlussball, ein rauschendes Fest', schwärmte Idchen. 'Bis in den Morgen haben wir getanzt', erinnerte ich mich. 'Mein Tischherr war ausgesprochen musikalisch.' – 'Der ist doch später Opernsänger geworden.' – 'Ja!? Das höre ich zum ersten Mal. Er tanzte mit Leidenschaft. Beim Wiener Walzer ließ er mich minutenlang über den Tanzboden schweben, ganz stilvoll und elegant. Die Drehungen hörten gar nicht mehr auf. Ich spürte einen heftigen Schwindel, aber versuchte, mir nichts anmerken zu lassen, und erwiderte sein charmantes Lächeln. Ich glaube, ich war ein bisschen stolz, die Blicke auf uns gerichtet zu sehen.' Idchen erzählte von einer älteren Dame, die sie an dem Abend beobachtet hatte, eine Frau mit einer besonderen Ausstrahlung, mit stechend blauen lustigen Augen, hübsch zurecht gemacht, voller Lebenslust, die ihren Tischnachbarn zum Tanzen aufforderte. Er stutzte, sah sie mit großen Augen an, um dann lakonisch und mit ostpreußischem Humor und Dialekt abzulehnen: ,Hops du, ek heb schon!'"

Mit einundzwanzig Jahren heiratete meine Mutter. Sie war froh, endlich den Riesenhaushalt mit den vielen Brüdern gegen ihren eigenen kleinen Haushalt einzutauschen.

Sie hatte meinen Vater über Verwandte kennengelernt und sich „sofort in ihn verguckt", wie sie verschmitzt lächelnd erzählte, und er wohl umgekehrt genauso schnell.

„Deine Mutter war wunderschön", hat mein Vater oft geschwärmt und sie liebevoll angesehen.

5

1979

Nach dem zahnmedizinischen Examen zerstreute sich unsere Clique der Studienkollegen und wenigen Kolleginnen. In Münster waren die Stellenangebote für Assistenten rar gesät, Flexibilität bei der Suche nach einer guten Praxis notwendig.

Jörg und ich schmiedeten Pläne, gemeinsame Pläne.

Und dann plötzlich gab es wieder Momente, kurze, die mich zweifeln ließen, ob mein Weg endgültig der Weg mit Jörg sein sollte.

Immer wieder kam das traumatische Telefongespräch ins Gedächtnis, das ich mit meiner Mutter noch im Studium geführt habe und sie am anderen Ende sagen hörte: „Weißt du, dass Jörg verheiratet ist und einen Sohn hat?"

‚Wie konnte es sein, dass ich sein Doppelleben nicht bemerkt habe?'

„Ich habe keinen Kontakt mehr zu meiner Familie", war alles, was er auf den Schwall meiner Fragen zur Antwort gegeben hatte.

Auch das war außerhalb meiner Vorstellungskraft. „Hast du deinen Sohn nicht mehr gesehen?"

„Nein, er ist nicht mein leiblicher Sohn", sah Jörg als ausreichende Erklärung an. „Meine Frau war schwanger, als ich sie kennenlernte, und leichtsinnigerweise habe ich ihn adoptiert."

‚Wie ist es möglich, dass sich das Schicksal meiner Mutter wiederholt? Dass unsere Beziehung eine solche Lüge verkraften muss! Sollte ich es als schlechtes Omen betrachten…? Und meine Gefühle? Haben sie nicht großen Schaden genommen?'

Viele Fragen kreisten in meinem Kopf, während ich vergeblich auf den Schlaf wartete.

Ich hatte mich erst nach Wochen von dem Schock erholt. Durch den Vertrauensbruch war unsere Kommunikation schwieriger geworden. Ich vermisste die Offenheit, die ich in meiner Familie gewohnt war.

Aus der Erinnerung heraus glaube ich, damals gespürt zu haben, dass meine Zweifel arg an den Gefühlen nagten, dass es aber mein fehlender Mut verbot, eine Veränderung herbeizuführen. ‚Wir haben eine solch intensive Zeit gemeinsam durchgestanden und auch schon Pläne …'

„Lass uns in Ruhe reden", forderte ich bei der nächsten Gelegenheit, weil ich Tiefe spüren und wieder Vertrauen aufbauen wollte. Aber meine Bitte stieß auf eine Gummiwand, die trotz wohlgemeinter Worte biegsam und undurchlässig blieb.

Ein anderes Mal stellte sich die Diskussion mehr als ein Monolog meinerseits dar mit Jörgs Statement: „ Bist du alles losgeworden?"

Ich wollte schon explodieren, weil ich es als Provokation ansah, da aber spürte ich an seiner Mimik und den sanftmütig blickenden Augen, dass es freundschaftlich gemeint war mit der unausgesprochenen Bitte, es dabei zu belassen.

„Ja, aber du hast deine Einschätzung noch gar nicht kundgetan?!"

Nicht Muck, nicht Muh, wie meine Mutter zu sagen pflegt. Er äußerte sich nie deutlich.

„Es ist doch alles gut", war Jörgs Sichtweise.

‚Vielleicht erwarte ich von einer Beziehung zu viel', versuchte ich den Fehler bei mir zu suchen. Es blieben Zweifel, die in flüchtigen Gedanken auftauchten, die aber die Fülle schöner Momente nicht durchdringen konnten.

Das Leben meinte es gut mit uns. Wir hatten einen wunderbaren gemeinsamen Beruf, der uns durch Freude und

Euphorie beflügelte. Wir hatten Erfolg bei den Patienten. „Kompliment, Sie sind besonders einfühlsam", was sich anders anfühlte als die vernichtende Kritik während des Studiums, „dafür gebe ich kein Testat", wieder so ein dusseliger Assistent, der sich unangemessen aufspielte. Die Patienten waren voll des Lobes und schätzten unsere Arbeit. Der Assistent während des Studiums nörgelte wegen Kleinigkeiten.

Wir hatten viele Freunde, mit denen wir unvergessliche Abende verbrachten, und wir erlebten Stunden voller Leidenschaft.

Die beruflichen Pläne wurden konkreter. Das Karussell des Lebens in Zweisamkeit hatte begonnen, sich zu drehen. Gab es genügend Gründe, es jetzt noch anzuhalten?

Ich hielt es nicht an!

Wir planten die gemeinsame Selbstständigkeit in meinem Elternhaus in Moers, heirateten in demselben Jahr und eröffneten 1981 unsere eigene Praxis. Auch dabei waren wir ein super Team.

Es war die Zeit, als fast täglich Schlagzeilen über Ärzte und Zahnärzte in der Zeitung standen wegen überhöhter Honoraransprüche, Schlagzeilen wie „Beutelschneider in Weiß". Ich empfand eine solche pauschale Diffamierung als große Belastung, weil ich mich, dem Berufsstand angehörig, schlechtgemacht fühlte. Jörgs Kommentar war nur: „Das kann uns nicht meinen!" Seine Art, unberechtigte Kritik nicht an sich heranzulassen, fand ich beneidenswert.

„Du kannst mir etwas von deiner Gelassenheit abgeben." Das Lob quittierte Jörg mit einem stolzen Grinsen.

Seine Nähe tat gut, und an meinen Gefühlen zweifelte ich nicht mehr. Jörgs lockere Sprüche gaben immer wieder Anlass, herzhaft zu lachen und Leichtigkeit zu spüren, die mir allerdings später als ein Zuviel aufstoßen sollte.

In den ersten Berufsjahren fiel es mir ungeheuer schwer, meine Patienten über Kosten aufzuklären.

„Als Ärztin möchte ich nicht über Geld reden müssen", klagte ich bei meiner Mutter. „Man wird so vorschnell in eine Schublade gepackt. Aber andererseits bin ich doch verpflichtet, zu beraten und dem Patienten Möglichkeiten aufzuzeigen, die für ihn sinnvoll sind."

„Du selbst weißt doch, wie du denkst, Utchen, mach dir nicht zu viel Kopfzerbrechen."

Im Laufe der Jahre wurde ich selbstbewusster und souveräner. Man ist Individualist mit eigenen Vorstellungen und einem Konzept, das eine vertrauensvolle Bindung zu den Patienten herstellt und das Pekuniäre in den Hintergrund rücken lässt.

Warum hat ein großer Prozentsatz von Patienten Vorurteile dem Berufsstand gegenüber, der oft pauschal negativ dargestellt wird, ist aber mit seinem eigenen Zahnarzt, mit dem Menschen, den er kennt und der sich für ihn einsetzt, zufrieden?

Eine panisch ängstliche Patientin sucht heute unsere Praxis auf mit einem stark zerstörten Frontzahn, der ihr Aussehen enorm beeinträchtigt.

Ich empfehle ihr eine Krone. „Langfristig betrachtet ist das die beste Lösung, weil Sie nicht Gefahr laufen, dass der Zahn noch weiter abbricht und Sie ihn verlieren."

„Ich würde die Krone gern machen lassen, aber jetzt ist erst einmal der Umzug meiner Mutter dran. Von ihrer kleinen Rente schafft sie es nicht allein." Sie schaut mich bittend an. „Können Sie den Zahn einigermaßen so hinkriegen?"

Ich willige gern ein. Sie möchte es ohne Spritze versuchen.

Als ich die Turbine zur Hand nehme, höre ich Frau Wolf leise sagen: „Ob ich das durchstehe?", und sie wischt sich eine Träne aus ihrem hübschen Gesicht.

Der riesige Defekt des Schneidezahnes ist eine echte Herausforderung. Die Gefahr der Fraktur des kümmerlichen Restes erfordert höchste Konzentration. Da plötzlich zuckt Frau Wolf zusammen und stöhnt gequält auf.

„Ich betäube lieber, wenn es zu stark schmerzt." Ich leide mit, das muss nicht sein.

Sie schüttelt den Kopf. „Vor Spritzen habe ich eine panische Angst, und ich vertrage sie kreislaufmäßig nicht. Früher bin ich regelmäßig umgekippt."

Ich arbeite behutsam weiter. Die Unruhe überträgt sich auf mich. Ich versuche, es nicht zuzulassen. Es kostet zu viel Kraft.

Nicht das erste Mal stelle ich mir die Frage, ob meine eigene Anspannung gerade größer ist als die der Patientin, die davon nichts ahnt.

Am Ende der Behandlung gebe ich Frau Wolf den Spiegel in die Hand. Da lacht sie hell auf: „Das glaub ich jetzt nicht!"

Ihre strahlenden Augen lösen bei mir ein Glücksgefühl aus. Ein schönes Erlebnis für beide Seiten.

Wochenende, endlich abschalten.

„Das ist aber auch mal wichtig, dass wir nicht mehr über Zähne und Patienten reden." Jörg ist mitunter genervt.

Heute sind wir bei Klaus und Ellen zum Grillen verabredet. Es war schwierig, einen gemeinsamen Termin zu finden. Unsere Kurzen bleiben zu Hause.

„Felix und Anna übernachten bei uns", erklärt Florian.

Es wird ein wunderschöner Abend mit lieben Menschen. Wir tauschen Ideen und Erfahrungen aus, wir philosophieren über Lebensglück und welche (entscheidende?) Rolle die Liebe dabei spielt.

„Liebe hin, Gefühle her, ich glaube, verstandesorientierte Menschen kommen besser im Leben zurecht", meint Klaus überzeugt. „Sie wägen die Argumente klar ab, auch bei der Partnerwahl, und erleben keine unliebsamen Überraschungen."

„Vielleicht aber auch nicht solch tiefe Empfindungen", bemerke ich etwas zu heftig. Jörg wirft mir einen irritierten Blick zu.

„Das ist doch auch bei anderen Entscheidungen so. Immer alles ausloten kann Spontanität und Begeisterung dämpfen. Ich vertraue heute mehr als früher meiner Intuition", führe ich weiter aus.

„In dir stecken zwei Seelen, Ute, das habe ich schon oft bemerkt", äußert Ellen.

„Aber eins ist auch klar", ergänzt Klaus. „Liebe ist Arbeit, Arbeit, Arbeit. Man muss doch ständig im Austausch sein und aufeinander zugehen, oder?"

„Gut zu hören", meint Ellen. „Oft sieht es so aus, als ob Männer nicht gern reden, dann aber leichtfertig alles hinwerfen, wenn vermeintlich etwas Neues besser ist."

Es wird an dem Abend tiefsinnig philosophiert und kontrovers diskutiert. Ich ahne nicht, dass ich mich an dieses Gespräch noch nachhaltig erinnern würde.

„Zur Entspannung eine kleine Geschichte", versuche ich die hitzige Debatte zu beruhigen. „Meine Schwester fragt ihren Mann Heiner immer nach dem Geburtsdatum unserer Mutter, wahlweise auch nach ihrem Mädchennamen, wenn sie gemeinsam feiern gehen und er nach ihr ohne Schlüssel zu vorgerückter Stunde heimkommt und klingelt. Das hat Heiner in der Männerrunde zum Besten gegeben: ‚Gleich muss ich wieder Fragen beantworten, um reinzukommen.' Nachbar Bernd war belustigt. ‚Das probiere ich jetzt sofort aus.' Und schon machte er sich grinsend mit der ‚Zauberformel' auf den Weg. Ihr könnt euch vorstellen, welchen Spaß er hatte, als meine Schwester, nach dem Klingeln und folgenden Abfrageritual, ahnungslos im Nachthemd die Tür geöffnet und genauso schnell wieder vor Bernds Nase zugeworfen hat."

„Morgen habe ich Muskelkater vom Lachen." Klaus kriegt sich nicht mehr ein.

Die Stimmung ist bestens. Es fällt schwer, die Runde weit nach Mitternacht aufzulösen.

Als Jörg und ich im Auto sitzen, spüre ich die Ausgelassenheit meines Herzens aufflammen.

„Ein besonderer, intensiver Abend", schwärme ich.

„Geht so", ist Jörgs kurze Antwort.

6

„Was machst du denn hier die ganze Zeit!?" Magda war im Begriff zu gehen. Sie hatte sich mit einer Freundin zum Spaziergang verabredet.
„Ich warte!"
Eine Zeitlang hatte ich mich vorher mit meinem Ball beschäftigt. 50 mal Handfläche, 40 mal Arm, 30 mal Faust, 20 mal Bauch, zehnmal Knie, fünfmal Kopf, immer an die Hauswand gespielt, und jetzt stand ich am Tor und hielt nach den Eltern Ausschau, die in die Stadt gefahren waren, um Zucker, Gries, Reis, Gewürze einzukaufen, heute auch Werkzeug, das mein Vater in der Landwirtschaft benötigte.
„Schön, dass wir das meiste zum Leben selbst produzieren", hatte mein Vater oft schon kundgetan.
„Mutti und Papa kommen!" Ich lief ihnen mit meinen kurzen Beinen entgegen.
„Liebe Grüße soll ich vom Kaufmann Petereit ausrichten. Er hat eine Tüte Fruchtbonbons dazu gepackt", begrüßte meine Mutter uns.
Sie fühlte sich bei unserer Umarmung verschwitzt an und roch angenehm vertraut nach Veilchen.

„Du warst von Kind an die Anhänglichste und Sensibelste", erzählte sie mir in späteren Jahren. Erna hingegen war schon früh wie eine kleine Erwachsene, vernünftig und strebsam, meist in ein Buch vertieft und für niemanden ansprechbar.
„Sie ist verschlossen und macht Probleme mit sich selbst aus", hörte ich meine Mutter zu Tante Ida sagen.
Magda war robust und wild. „An dir ist ein Junge verlorengegangen."

1926

Mein Vater schaute ihr kopfschüttelnd nach, als sie sich, jede Pfütze überspringend, wie ein Wirbelwind im Nu am anderen Ende des Hofes das Fahrrad schnappte und losstiebte. Nichtsdestotrotz liebte sie das Puppenspielen über alles.

Mit Magda war ich oft auf Wanderschaft in der Umgebung. Wir liefen über das Feld zum Hauptgraben der Drainage, ein ausgeklügeltes System zur Steigerung der Ernte, aus dem wir mit dem Taschentuch kleine Fische fingen, die wir dann wieder dem Wasser überließen. Weiter führte ein Weg an einer Wiese vorbei mit üppigem Wiesenschaumkraut, Gundermann mit lilablauen und weißen Blüten, Leberblümchen am Waldrand, an feuchten Stellen Sumpfdotterblumen. Und dann kam das Roggenfeld mit Kornblumen.

„Aber nur am Rand pflücken!" Wir hatten es immer wieder von unseren Eltern gehört.

Ach, und dort gab es den einsamen Heldenfriedhof mit Gräbern von deutschen und russischen Soldaten aus dem Ersten Weltkrieg.

Ich suchte Magdas Hand. Wortlos schob sie meine kleine in ihre kräftige.

Voller Ehrfurcht betrachteten wir die Inschriften der Gräber. „Guck mal, Käthchen, die Soldaten sind ja noch ganz jung!"

Wir liefen schnell zum Ausgang, einer Lücke in der dicken Mauer aus Felsensteinen, vorbei an dem hohen hölzernen Kreuz.

„Glaubst du, dass die Verwandten die Soldaten besuchen?", fragte ich Magda. Sie zuckte die Schultern. „Vielleicht wissen sie gar nicht, dass sie hier liegen."

Ein Stückchen weiter überquerte ein federnder Steg mit wackligem Geländer den flachen Fluss. „Heute ist aber viel Wasser drin!" Zu beiden Seiten standen dichte Büsche. Wir wippten auf dem Steg hin und her, „nicht so feste, ich bin schon nass", dann wurde es Zeit zur Rückkehr.

„Diese Wege meiner Kindheit und auch die meiner Jugend bin ich nach dem Verlassen der ostpreußischen Heimat nach über sechzig Jahren schon tausendmal gegangen. Ich tauche ein in die Gegend um Insterburg, wo ich in späteren Jahren mit Nachbarstochter Ruth zur Angerapp lief, am Ufer die herrlichen tiefhängenden Trauerweiden, unter denen man so verträumt sitzen konnte, die Bogenbrücke, die Weite jenseits des Flusses. In der Natur zu entspannen ist ein Geschenk. Ich bin froh, dass wir den großen Garten haben. Florian und Steffi tobten gern, je wilder, umso fröhlicher waren sie. ‚Kinder haben ja meist einen Schutzengel', beruhigte ich mich, wenn es mal wieder heiß herging und ich nichts gegen das wilde Toben ausrichten konnte."

„Weißt du noch, Mutti, wie stark alles zugewuchert war, als die Kinder klein waren? Ich wollte einen Gärtner bestellen. ‚Wartet doch, bis die Kinder größer sind', war dein guter Rat. So blieb es ein wildes Paradies. Die Freude an der Natur hast du uns allen nahegebracht."

Auch Oma Henriette und die beiden Onkel Fritz und Erich liebten das Landleben. Sie verkauften nach dem Tod des Mannes bzw. Vaters die Gastwirtschaft und erwarben einen Hof in Dopönen, nicht weit von uns entfernt. Wir besuchten sie regelmäßig.

Heute duftete es schon draußen nach frischen Zimtwaffeln und Kaffee.

Wir saßen alle um den großen runden Tisch. Eine weiße, selbstbestickte Spitzendecke ließ die Tafel festlich erscheinen.

„Nimm doch noch ein Stückchen." Die sprichwörtliche ostpreußische Gastfreundschaft.

Erna verneinte, sie war auf dem Sprung. „Seid ihr fertig?"

"Du kannst ruhig schon zu deinen Büchern." Sie warf Onkel Fritz einen dankbaren Blick zu. Schnurstracks ging sie zu seinem Bücherschrank, den er neben anderen Möbeln für die „gute Stube" aus einem hochwertigen Nachlass gekauft hatte, mit wertvollen Büchern, ein wahrer Schatz. Sie war für den Nachmittag abgemeldet und durfte, wenn wir nach Hause gingen, das angefangene und ein weiteres Buch ausleihen.

Ich saß eine Weile in der Runde, die fröhlich durcheinander plauderte. Es ging um Liebeleien und Eifersucht.

„Es ist alles nicht so einfach", war ein Lieblingsspruch der Erwachsenen.

Viele Geschichten drehten sich um den Ersten Weltkrieg.

„Ich hoffe nicht, dass du so etwas erleben musst", meinte Onkel Fritz. „Da haben wir noch lange dran zu knapsen."

Ich verdrückte mich schließlich in die Küche zur Hausgehilfin Luise Kufenbach, genannt Liese, die seit über zwanzig Jahren bei Oma beschäftigt war.

Liese hatte mich im Alter von sechs Jahren zu der Beerdigung einer alten Frau aus dem Dorf mitgenommen.

„Du warst sehr bedrückt", griff Liese diesen Tag jetzt, ungefähr ein Jahr später, wieder auf.

„Möchtest du darüber reden?"

Ich musste an die traurigen Lieder denken, an das leise Schluchzen vieler Trauergäste, an den Moment, als der Sarg hinuntergelassen wurde, und ich konnte meine Tränen nicht zurückhalten.

„Der Tod gehört zum Leben", erklärte mir Liese. „Nur so wissen wir das Leben zu schätzen. Denk immer daran, Käthchen, das kann dir in vielen Situationen helfen! Aber du musst dich nicht schämen, wenn du weinst."

Liese nahm mich in den Arm und zeigte mir in ihrem Album Fotos aus ihrer Kindheit. Auf einem Foto war sie auf dem Arm eines recht jungen Mannes in Uniform. Darunter stand: „Kaiser Wilhelm II. mit Lieschen 1894".

Ich war beeindruckt und sofort abgelenkt, ‚Lieschen mit einem richtigen Kaiser!?'

„Jetzt wird es Zeit, nach Hause zu gehen." Meine Mutter holte mich spätabends bei Liese ab.

Auf dem Nachhauseweg leuchtete der kugelrunde Mond ganz hell, es war eine klare milde Septembernacht.

Meine Eltern warfen sich einen verträumten Blick zu. Ihre Liebe strahlte Wärme aus, die der Mond zu belächeln schien. Ich streckte die Händchen meinen Eltern entgegen und tanzte mit ihnen durch die Nacht. Erna und Magda hopsten ausgelassen hinterher.

Als ich sie nach Kaiser Wilhelm fragte und von dem Foto erzählte, meinte mein Vater: „Typisch, er liebte das Bad in der Menge."

Langsam nistete sich bei mir die Vorfreude auf den Herbst ein, auf schöne Wanderungen in raschelndem Laub. Ich liebte den Glanz der Sonne über den abgeernteten Feldern und den Geruch von frisch aufgewühlter Erde nach der Kartoffelernte.

Die Alleen entfalteten sich in leuchtenden Farben unendlicher Vielfalt, wenn die Sonne ihre milden Strahlen herabschickte und die Farbenpracht der Buchenblätter mit allen Schattierungen von leuchtendem Gold bis zu tiefem Kupferton in Szene setzte.

„Lass uns Blätter sammeln", schlug ich Magda vor, und wir taten es mit solch großer Leidenschaft, dass es immer mehr und immer mehr wurden und wir kaum auf unserer Wanderung weiterkamen.

„Nur die noch", bat ich, als Magda mich weitertreiben wollte.

Wir brachten schließlich dicke Packen nach Hause, die wir kaum in unseren Händen halten konnten. Kein Blatt war wie das andere.
Wir stellten die schönsten in eine Vase.
Ich freute mich auf den gemütlichen Abend in der Stube, wo jetzt der Kamin brannte und eine wohlige Wärme verströmte.
„Der Herbstjahrmarkt ist schon aufgebaut", verkündete abends mein Vater, als er vom Einkauf in Stallupönen zurückkehrte. Unser Rummelgeld von fünfzig Pfennig nahmen wir erwartungsfroh in Empfang.

„Ich komme nicht mit", meinte Erna am nächsten Tag. „Mein Buch ist gerade so spannend."
Ich zog mit Magda los. Minutenlang stand ich vor der Bude mit den Leckereien, auf Zehenspitzen. „Ich sehe ja nichts", maulte ich.
„Das dauert mir zu lange." Magda wollte Karussell fahren.
„Wir treffen uns an der Würfelbude."
Ich nickte, ohne meinen Blick von den Schokoherzen abzuwenden, für die ich mich gerade entschieden hatte. ‚Mutti isst sie so gern.' Für mich kaufte ich eine Waffel.
Als ich zum Würfelstand kam, hielt Magda glücksstrahlend eine riesengroße Puppe hoch. „Guck mal, was ich dieses Mal gewonnen habe!"
‚Meine Berta ist mir lieber', dachte ich neidlos und freute mich auf den Moment, in dem ich meiner Mutter die Herzen überreichen konnte.

Im Spätherbst, als die Felder bestellt und der Roggen schon gesät war, machte mein Vater eines Abends mit seinen Instleuten mehrere Gespanne fertig. Sie bauten in der Dämmerung die Leiterwagen zu Kastenwagen um und beluden sie mit Futterrüben.
Ich lag schon im Bett, als ich immer noch Stimmengewirr und

Stiefelstapfen auf dem Kies hörte. Barfuß schlich ich in die Küche, wo ich richtigerweise meine Mutter vermutete. „Ich möchte gern morgen früh dabei sein, wenn sie losfahren."

„Ich wecke dich, Käthchen. Versprochen."

Die Sonne war noch nicht aufgegangen, als mein Vater sich mit den anderen Männern auf den Weg machte. Ich wusste, dass sie nach Rominten fuhren, um die Rüben dem Förster als Nahrung für das Wild zu überlassen, im Gegenzug wurde Holz für Backofen, Herd und Kachelöfen mitgenommen. Die Wagen waren hoch beladen und schwer.

Meine Mutter ängstigte sich: „Fünfzig Kilometer sind eine sehr lange Strecke. Die Waldwege sind wenig befestigt. Hoffentlich halten die Achsen das Gewicht aus, und die Räder brechen nicht. Von Nachbarn ist letztens ein Wagen im Schlamm eingesunken." Sie nahm meinen Vater in ihre Arme.

„Pass gut auf dich auf, Hans!" Ich fand alles aufregend schön!

„Und vergiss die Butterbrote nicht." Die Thermoskanne mit heißem Kaffee stand auch bereit. Dann sahen wir die kleine Kolonne im Nebel verschwinden.

Bis nach Mitternacht warteten wir auf die Rückkehr der Gespanne. „Jetzt müssten sie aber jeden Moment kommen." Meine Mutter schaute schon seit einer Stunde immer wieder aus dem Fenster.

„Was ist, Mutti?", fragte ich beunruhigt.

„Trinkst du Kamille oder Pfefferminz, Käthchen?" Sie ignorierte meine Frage und brachte selbstgebackene Mürbeplätzchen.

„Darf ich auf deinen Schoß?"

Ich war fast ein bisschen enttäuscht, als ich schon kurz darauf die Fuhrwerke hörte.

7

1927

Und dann kam der klirrend kalte Winter mit sehr viel Schnee und bizarren Eisblumen an den Fenstern. Abends tanzten die ersten Flocken über unseren Hof und deckten ganz fein Bäume und Büsche zu.

Wir drückten unsere Nasen am Fenster platt, und am nächsten Morgen konnten wir eine tief verschneite Märchenlandschaft bewundern.

Sofort mummten wir uns in unsere dicken Mäntel ein, Wollmützen, Fellhandschuhe, und schon ging es hinaus zur Schneeballschlacht, noch bevor wir zur Schule losmussten.

Nachmittags standen die Schlitten bereit, mein Vater hatte sie aus dem Schuppen geholt. Es gab lange Abfahrten, die meinen ganzen Mut verlangten.

Abends saßen wir am warmen Kachelofen, in dem Bratäpfel brutzelten. Draußen stiemte und schneite es weiter.

„Schnee kann auch ganz tückisch sein", begann meine Mutter ihre Geschichte. „Als Bruder Kurt, euer Erzählonkel, acht Jahre alt war, kam er einmal nicht von der Schule nach Hause Die Eltern sorgten sich – er hatte einen längeren Schulweg – und fanden ihn bis zu den Schultern im Schnee stecken. Sie befreiten das verzweifelte Kind."

„In meiner Kindheit hat es auch Unmengen an Schnee gegeben", erzählte unser Vater. „In der leicht hügeligen Landschaft ließen plötzlich auftretende gewaltige Schneewehen die Pferde tief einsacken, so dass sie freigeschaufelt werden mussten. Dafür hatte man stets Schaufeln auf dem Wagen."

„Jetzt aber ab ins Bett", unterbrach meine Mutter. „Es erzählt sich schön, aber morgen müssen wir alle früh raus."

Wie auch meine Eltern in ihrer Jugend lebten wir in einer Welt, in der die Jahreszeiten den Rhythmus des Lebens noch ganz unmittelbar bestimmten.

Im Frühjahr wurde die Bewegungsfreiheit für uns Kinder wieder größer.

An einem sonnigen Tag Anfang März machten Erna, Magda und ich einen Ausflug mit dem Ponywagen. Unser Vater half beim Anspannen der beiden Ponys. Erna kutschierte.

„Und viele Grüße an Onkel Fritz", rief mein Vater nach.

Wir besuchten ihn auf seinem Hof, nicht allzu weit von unserem.

Onkel Fritz war gerade dabei, ein großes Wagenrad auf das Dach der Scheune zu legen und eins auf das Wohnhaus.

„Die sind für die Störche. Sie können dann besser ein Nest bauen."

Wochen später besuchten wir ihn mit den Eltern.

„Ich bin auf die kleinen Störche gespannt", freute ich mich.

Gleich zwei Storchenpärchen hatten Nachwuchs bekommen. Magda und ich hockten den ganzen Nachmittag auf Strohballen auf dem Hof und beobachteten die Storcheneltern, wie sie immer wieder zur Nahrungssuche fortflogen und mit Würmern, Heuschrecken, Mäusen und Fröschen im Schnabel zurückkehrten.

„Wie süüüß!" Man sah nur sechs kleine Schnäbel, die sich nach oben reckten, um die Leckerbissen zu ergattern.

Störche gab es in unserer Gegend reichlich. Ich war fasziniert, wie sie in großer Zahl hoch oben durch die Lüfte segelten. Das Frühjahr kündigte sich durch ihre Ankunft an. Sie begannen bald schon mit der Balz, die von lautem Geklapper begleitet wurde. Ein unvergessliches Naturspektakel.

Wenn die Störche im August ihre lange Reise gen Süden antraten und wieder ein wunderschönes Bild auf den Himmel mal-

ten, stand ich kleiner Dotz wie angewurzelt, mit langem Hals nach oben schauend. ‚Ob sie wieder zu uns zurückkommen?'

Mein Vater erklärte mir abends die enormen Fähigkeiten solcher Zugvögel: „Die gewaltigen Entfernungen nach Afrika und zurück können Störche nur durch ihren sparsamen Segelflug in warmen Aufwinden schaffen. Und sie bleiben ihrem Nistplatz ein Leben lang treu."

Störche wurden zu meinen Lieblingstieren.

„Aber jetzt, Utchen, erzähl noch ein bisschen von *deinem* Tag heute", unterbricht sich meine Mutter selbst. „Wir sind ja nur noch in der Vergangenheit unterwegs."

„Habe ich dir schon einmal von dem ängstlichen Patienten erzählt, von Herrn Geldermann, der vor etlichen Jahren in unsere Praxis kam, mit schrecklichen Zähnen?"

Meine Mutter schüttelt den Kopf.

„… ein charismatischer Mann, die hässlichen Zähne wegen panischer Angst, die jetzt durch die Sanierung richtig gut aussehen. Er ist seit der Zeit treuer Patient. Und heute erzählte mir Steffi, dass sie einen neuen Lehrer in Mathe haben. … Herrn Geldermann."

„Der Patient?", fragt meine Mutter.

„Ja, genau. Solch ein Zufall! Ich wusste gar nicht, dass er in Moers am Gymnasium unterrichtet."

Ein bisschen zu emotional erzähle ich von ihm, sie spürt es sofort.

„Dir gefällt er wohl?", witzelt sie.

„Er ist warmherzig und offen. Selbst bei kurzer Konversation spürt man seine aufgeschlossene engagierte Art, seine positive Lebenseinstellung, seine Wertschätzung für die Schüler. Ich könnte mir gute Gespräche vorstellen …"

Meine Mutter schaut mich an. Ich ahne, dass sie versucht, mein Verhalten zu deuten.

Sie lässt mich in meinen Gedanken allein, und dafür bin ich dankbar.

8

Mit zehn Jahren kam Erna zur weiterführenden „Luisenschule" nach Stallupönen, zwei Stationen mit der Bahn.

Sie ritt mit ihrem Pony Rosi durch unser Feld bis zu den Schienen, löste ihre Schultasche vom Sattel und gab Rosi einen leichten Klaps auf ihr Hinterteil, was bedeutete: „Lauf nach Hause". Brav setzte sich Rosi in Bewegung. Erna ging ein Stück auf dem Trampelpfad neben den Schienen und erreichte den Bahnhof.

Im Winter wohnte sie bei unserer Oma, die inzwischen nach Stallupönen gezogen war.

Für Fräulein Lindenau hieß es bald Abschied nehmen, denn auch Magda und ich kamen in die Luisenschule. Oft gingen wir zu Fuß zum Bahnhof, bei Regenwetter fuhr uns Vater mit dem Verdeckwagen dorthin.

Ich war mit meinen gerade zehn Jahren noch sehr jung und besonders klein.

„Die Kleinste und Dümmste von der ganzen Schule", ärgerte mich Magda, wenn wir zankten.

In den Sommerferien fuhren Erna, Magda und ich ohne unsere Eltern mit der Bahn zu unseren Cousinen und Cousins Ligureit, die im Nachbarkreis Goldap, fünfzig Kilometer entfernt, eine Landwirtschaft hatten. Ihr Vater Friedrich war gestorben, als Toni, die Jüngste, drei Jahre alt war.

Eine herzliche Begrüßung von Tante Elsbeth und den Cousinen Idchen, Meta, Klara und Toni; eine wilde von Franz, Max, Fritz und Erich, die uns fast umrissen.

„Else hat heute Nacht ein Fohlen bekommen." Sie stürmten los zum Stall, Magda und ich hinterher.

1929

„Kommt gleich zum Flinsen[2] essen!", hörten wir noch Tante Elsbeth rufen. „Ihr könnt euch auf morgen freuen, wir fahren zum Goldaper See und in die Rominter Heide", verkündete Franz, der Älteste, der am nächsten Tag das Fuhrwerk lenken würde.

Ich hatte mir den Platz neben Idchen, meiner sechs Jahre älteren Cousine, gesichert. Sie war die Herzlichste und legte auch gleich liebevoll den Arm um mich.

„Bist du aufgeregt, Käthchen?", sah sie es mir wohl „schon an der Nasenspitze an", wie meine Mutter zu bemerken pflegte, wenn ich einer Sache entgegenfieberte. Ich nickte verstohlen.

Bei der Abfahrt stand Tante Elsbeth in der Haustür – sie hatte ihre Küchenarbeit unterbrochen – und winkte mit dem Trockentuch lange hinterher.

„Am meisten freue ich mich auf die Blaubeeren." Magda leckte sich die Lippen.

Zuerst wollten wir zum Sandstrand auf die andere Seite des Sees.

„Wir sind wieder da", begrüßten wir den alten Mann, der mit dem Ruderboot hinüberfuhr. Ich konnte den Blick nicht von seiner Armprothese wenden, die durch sein kurzärmeliges Hemd heute deutlich zu sehen war und mit deren Hilfe er wie selbstverständlich seine Aufgabe verrichtete.

‚Ob er den Arm im Weltkrieg verloren hat?', dachte ich.

Wir hörten oft bei Familientreffen Geschichten aus der Zeit. Es hatte etwas Unwirkliches.

Der Kahn war vollbesetzt. Er schaukelte in der heftigen Brise, und unsere fröhlichen Lieder vermischten sich mit dem Pfeifen des Windes. Der alte Mann lächelte zufrieden. Er schien die Lieder zu kennen.

‚Ob er gerade an seine Kindheit denkt?'

---

2 kleine Eierpfannenkuchen,

Als wir am späten Nachmittag die Hofeinfahrt erreichten, verschwitzt, die Haare zerzaust, glückselig, stand Tante Elsbeth schon in der Dielentür.

„Euch hört man ja schon von weitem schnattern."

Sie bewunderte unsere geflochtenen Kränze und freute sich über den dicken bunten Wiesenstrauß und die beiden Eimer voller Beeren.

Meine Mutter lacht kurz auf. „Wenn ich mir heute so überlege, wie viel Freiheit wir in unserer Kindheit genießen durften! Für uns war es selbstverständlich, dass wir Kinder oft ohne Erwachsene unterwegs waren."

Sie schaut mich an und verliert sich dann wieder in Erinnerungen.

Abends kam bei mir die Sehnsucht nach meinem Zuhause. Ich vermisste das Gute-Nacht-Ritual mit meiner Mutter, die innigen Momente, wenn wir uns ganz fest in den Arm nahmen und ein liebevolles kleines Küsschen aufdrückten.

Idchen nahm mich auf den Schoß. „Ich flechte dir Zöpfchen."

Lustig sah ich aus, als ich in den Spiegel schaute. „Jetzt bin ich ein kleiner Igel."

Idchen als Älteste und auch Max und Franz hatten die Verantwortung übernommen, als der Vater früh gestorben und noch fünf kleine Geschwister zu umsorgen waren. Man spürte bei allen das tiefe Zusammengehörigkeitsgefühl mit viel Herzenswärme und auch Humor.

‚Ob sie ihren Vater vermissen?', dachte ich.

Aber Tante Elsbeth lebte Frohsinn und Zuversicht vor.

„Euer Vater wäre stolz auf euch", hörte ich sie sagen, als mit Hilfe aller der Gemüsegarten wieder in Ordnung gebracht war.

Auch hier war, trotz der schwierigen Umstände, die Geborgenheit zu Hause.

Die ostpreußische Dichterin Frieda Jung, deren Vater Lehrer war, las in der Aula unserer Schule einmal aus ihren Werken vor, u. a. folgendes Gedicht, das ich nie vergessen habe:

> *Zu Hause, zu Hause, im Dörfchen klein,*
> *da hatt' ich es herrlich, da hatt' ich es fein.*
> *Der Vater, ein Mann wie aus Stahl und Gold,*
> *die Mutter wie Mondlicht, so lieb und so hold.*
> *Die Schwestern im ersten Liebestraum*
> *sich heimlich stickten den Leinensaum.*
> *Die Brüder so wild - und so zärtlich doch,*
> *ich höre ihr Jubeln und Lachen noch!*
> *und ich selber ein seliges, sonniges Kind.*
> *wie schnell doch die Jahre vergangen sind - Zu Hause.*
>
> *Zu Hause, zu Hause, das war eine Pracht!*
> *Auf dem Hofe, da hielt ein Hündlein Wacht.*
> *Das Haus war aus roten Ziegeln gebaut,*
> *darüber ein Strohdach, so warm und so traut.*
> *An den Wänden rankten sich Rosen fest,*
> *neugierig zu schau'n in das Schwalbennest.*
> *Rundum ein Gärtchen, besonders gepflegt,*
> *darin hat Vater die Bienen gehegt.*
> *Ein paar Schritte weiter - ein Ährenfeld,*
> *so golden, wie keins auf der ganzen Welt!*
> *Dazu eine Mühle - sich drehend im Wind -*
> *Wie schnell doch die Jahre vergangen sind.*
> *Zu Hause.*
>
> *Zu Hause, das war eine Seligkeit,*
> *im Winter, wenn alles ringsum verschneit,*
> *wenn die Flocken flogen ohn' Rast und Ruh',*
> *dann machten wir abends die Läden zu*

und setzten uns still auf die Ofenbank,
wo die Mutter fröhliche Lieder sang,
und haben den Vater solange gequält,
bis er uns ein lauschiges Märchen erzählt.
Und steckten die Schwestern die Lampe an,
dann las der Vater - die Mutter spann,
und draußen rauschte leise der Wind.
Wie schnell doch die Jahre vergangen sind.
Zu Hause.

Zu Hause, zu Hause, mein Herz ist schwer,
ich habe jetzt kein Zuhause mehr.
Die Brüder, sie wohnen an fernem Ort,
die Schwester zog mit dem Gatten fort.
Dann kam der Tod mit schleichendem Schritt,
nahm die andere Schwester, die Eltern mit.
Mir selber blieb nichts als der Wanderstab
vom Weidenbaum an der Eltern Grab.
Mein Aug` ist trübe, gebleicht mein Haar -
und ich träume nur noch, wie schön es war
zu Hause.

Mich hat das Gedicht als Kind zu Tränen gerührt, und da merke ich, dass die Augen wieder feucht werden. Meine Mutter greift in ihren Jackenärmel, wo immer ein Taschentuch steckt.

Die Reise in die Vergangenheit ist eine sehr emotionale, wir sind uns so unendlich nah. Mit tiefen Glücksgefühlen gehe ich durch den Garten, der unsere Häuser trennt, die Außenwendeltreppe hoch und winke wie gewohnt vom Balkon.

Wie schön sind unsere Gespräche!

Wenn Probleme auftauchen, wissen wir beide, dass da jemand ist, der bereit ist, zuzuhören, der versucht, sich in die Situation des anderen hineinzudenken, um Hilfestellung geben zu können.

Nicht ohne Sehnsucht spüre ich die Verbundenheit, die ich mit Jörg nicht erleben darf. So dankbar ich bin, sie bei meiner Mutter zu haben, umso wehmütiger mein Empfinden bei dem Gedanken, dass Defizite in weiter Zukunft, wenn es meine Mutter nicht mehr geben wird, noch schmerzlicher werden.

9

Heute bin ich unentschlossen, was ich lieber täte. Mich auf eine kleine Insel flüchten mit Büchern und Schreibutensilien zum Abtauchen in eine andere Welt? Oder die aufgestauten bösen Gedanken in einem Scherbenhaufen abreagieren?

‚Wie kann man nur so ein Egoist sein!' Meine Wut will sich einfach nicht bezähmen lassen.

Heute Morgen hat mir Jörg ganz beiläufig eröffnet, dass er nächste Woche schon wieder für zehn Tage in Griechenland weilen wird. „Ich muss mich um einiges kümmern."

„Das kann ich schon nicht mehr hören!", ist mein patziger Kommentar.

‚So langsam verfluche ich, dass wir überhaupt in Griechenland gebaut haben.'

Zu dem Zeitpunkt ahne ich noch nicht, dass es uns weiter voneinander entfernen wird.

„Ich gehe Oma besuchen", rufe ich jetzt ins Haus, ohne eine Antwort abzuwarten. Wenn meine Mutter von der traumhaften Landschaft Ostpreußens erzählt und von ihrer Kindheit, kann ich gut entspannen.

„Am besten, wir tauchen gleich in deine heile Welt ein", schlage ich vor, als ich bei ihr im Wohnzimmer sitze.

„Ganz so heil war sie auch damals schon nicht immer."

„Na toll, ausgerechnet heute …"

Aber meine Mutter beginnt unbeirrt zu erzählen.

Wir saßen eines Sonntagmorgens beim Frühstück, da kam Tante Berta hektisch mit dem Fahrrad angefahren, der Mantel offen, das Haar nicht wie gewohnt zu einem Knoten frisiert, nur notdürftig zusammengesteckt.

Berta, die unverheiratete Schwester meiner Großmutter, lebte mit der jüngsten Schwester Frieda und deren Ehemann Paul auf einem kleinen Hof ein paar Kilometer von unserem entfernt.

„Ich war gerade in der Küche und habe Kaffee gekocht", beginnt sie mit zitternder Stimme zu erzählen, „da kam Frieda herein, aschfahl, kein Wort, wie versteinert. Ich dachte, sie kippe jeden Moment um. ,Was ist?', fragte ich. Sie setzte sich ganz langsam auf die Eckbank und starrte minutenlang vor sich hin. Und dann nur der eine Satz: ,Paul hat sich in der Scheune erhängt.'"

Berta machte eine Pause. „Ich habe noch nicht nachgesehen. Das schaffe ich nicht allein."

In der Zeitung stand, dass der Grund eine „geistige Umnachtung" gewesen sei. Man munkelte, dass Paul Freimaurer war und für einen in finanzielle Schwierigkeiten geratenen Kameraden einspringen sollte, was seinen eigenen Ruin bedeutet hätte.

„Das Leben ist doch ein Geschenk, das man nicht leichtfertig wegwerfen kann", entrüstete sich Onkel Erich, als wir über den Freitod sprachen. „Schon wegen der Verantwortung für seine Familie hatte er nicht das Recht."

Meine Eltern waren gleicher Meinung.

Das Tragische war, dass Onkel Erich nur wenige Monate später schwer erkrankte und der Arzt ihm kaum Hoffnung auf Genesung machte.

„Ich empfinde es als große Ungerechtigkeit", wurde Onkel Erich nachdenklich, „aber ich werde kämpfen."

An diesem Nachmittag kam er mit seiner Trakehner Stute angeritten, fröhlich rufend, als er uns im Garten erblickte. Meine Mutter ließ alles „steh'n und liegen", wie sie es nannte, wenn ihr etwas wichtig war, und stellte die Pfanne auf den Herd.

„Du isst doch bestimmt mit uns ein paar Flinsen, Erich!?", fragte sie, wusste sie doch, dass kleine Pfannkuchen sein Leibgericht waren.

Er strahlte. „Ich genieße alles noch viel intensiver und voller Dankbarkeit. Früher habe ich mir wenig Freizeit gegönnt, wenig Zeit für meine Pferde, aber jetzt nehme ich sie mir, und es geht. Gleich mache ich mich auf den Weg, weil ich noch einen Freund besuchen möchte."

Wir begleiteten ihn zu seiner Stute, die ihn mit einem leisen Wiehern begrüßte. Onkel Erich strahlte.

Beim Aufsteigen jedoch spürten wir, dass er gegen seine Schmerzen ankämpfen musste und sich nicht mehr so gut bewegen konnte. Seine rosige Gesichtsfarbe war einer fahlen gewichen, die Augen matt.

‚Er scheint sehr krank zu sein', überfielen mich jetzt traurige Gedanken. ‚Es ist kaum zu glauben.'

Ein Jahr zuvor hatte er Magda und mich mit dem Kutschwagen und zwei feurigen Trakehnern zur Konfirmation in die Kirche gefahren und die Blicke unserer Freundinnen auf sich gezogen. „Ist der noch zu haben?", raunten die jungen Frauen, die uns sahen.

Wir waren so stolz, seine Nichten zu sein.

Jetzt fühlte ich mich ohnmächtig, seinem Leiden, seiner unerbittlichen Veränderung nur zusehen zu können.

Ein paar Monate später verstarb Onkel Erich mit nur fünfunddreißig Jahren.

Obwohl vorbereitet, war der Schmerz kaum zu ertragen. Weil es am Ort keine Leichenhalle gab, wurde die gute Stube ausgeräumt und dort der Sarg aufgebahrt, zwei Lebensbäume und dicke weiße brennende Kerzen rechts und links, weiße Chrysanthemen und Lilien auf dem Sarg.

Jeweils zwei Reiterkameraden hielten abwechselnd bis zum Begräbnis Tag und Nacht Wache.

Am Beerdigungstag ging der Trauerzug vom Hof aus zum Friedhof. Dem Sarg folgte das gesattelte Pferd meines Onkels ohne Reiter. Vetter Eberhard führte es.

Auf dem Friedhof spielte die Kapelle des Reitervereins ganz leise „Ich hatt' einen Kameraden". An vielen roten Augen erkannte ich später, dass ich nicht als einzige geweint hatte.

Eine leise nachschwingende Traurigkeit nahm mich noch viele Wochen ein. Irgendwann aber setzten sich die schönen Erinnerungen gegen die Trauer durch.

Ich hatte mich gerade wieder erholt, da traf ich Anna, eine Mitschülerin aus der Nachbarschaft, auf dem Weg zum Bahnhof. Es war Ferienzeit, und wir hatten uns einige Wochen nicht gesehen.

Im ersten Moment kam sie mir fremd vor, ihre fröhliche Ausstrahlung war verschwunden. Ich zögerte, dann sprach ich sie an.

„Habt ihr noch nicht von Lore gehört?", erwiderte sie erstaunt. „Sie lebt nicht mehr."

Ich konnte nicht realisieren, was ich gerade gehört hatte.

Anna und Lore waren eine Klasse über mir und eng befreundet. Wir trafen die beiden oft, wenn Lore das Wochenende bei ihrer Freundin verbrachte und mit uns im Zug fuhr.

„Ich bin froh, wenn ich mal nicht zu Hause schlafen muss", pflegte sie zu sagen.

„Die ist aber komisch", meinte Magda zu mir.

Lores Mutter war schon vor längerer Zeit verstorben. Sie lebte mit ihrem Vater, einem Steuerberater, und einem Bruder in der Kreisstadt.

In der Tageszeitung stand wörtlich: „Als die Hausgehilfin

frühmorgens die elfjährige Lore wecken wollte, lag sie blutüberströmt in ihrem Bett. Der Vater hatte sie mit einem Messer getötet, sich selbst nachts vor einen Zug gelegt. Wahrscheinlich in geistiger Umnachtung."

Über diese Bahngleise mussten wir täglich zur Schule fahren. Und jedes Mal das gleiche mulmige Gefühl: „Warum musste Lore sterben?!"

Die ganze Schule trug drei Monate ein schwarzes Trauerband um die sechseckige Schülermütze. Uns Kindern war das Motiv dieser Bluttat nicht verständlich. Man sprach von Missbrauch, worunter wir uns nichts vorstellen konnten.

Es begannen die schweren Dreißigerjahre, die Zeit der Weltwirtschaftskrise.

Am 24. Oktober 1929 setzte ein dramatischer Verfall der Aktienkurse an der New Yorker Börse („schwarzer Freitag") ein, Rückgang der Industrieproduktion, des Welthandels, massenhafte Arbeitslosigkeit.

In Zeiten weltweiter Rezession traf es Deutschland durch die Nachkriegsfolgen, also die Reparationen aus dem Ersten Weltkrieg, Vertrag von Versailles, besonders hart. Der Staat brauchte Geld und forderte es ein.

Durch Aufwertung der Ländereien mussten meine Eltern wie alle Landwirte Geld nachzahlen. Das Getreide und andere landwirtschaftliche Produkte konnten nur noch zu niedrigen Preisen verkauft werden.

Vor noch nicht langer Zeit hatten sie Investitionen in ihren Grundbesitz getätigt, den Bau eines Insthauses, wie schon erwähnt, den befestigten Privatweg, 150 m lang, aufwändige Drainagen. Meine Eltern ahnten da noch nicht, dass das Geld knapp werden würde.

Franz, der jüngste Bruder meines Vaters, war als Berufssoldat im ersten Weltkrieg mehrfach ausgezeichnet worden. Im Zivilleben fand er sich nicht zurecht.

„Ich muss tagtäglich kämpfen, nicht in den schrecklichen Bildern zu ertrinken, die mein Kopf gespeichert hat."

„Einmal hat er sich mir anvertraut", wird mein Vater später sagen, „aber es ist mir nicht gelungen, ihm zu helfen."

Ich muss schlucken.

Aus der heutigen Perspektive kann ich mir auch kaum vorstellen, wie man mit den unfassbaren Bildern und Erinnerungen des Krieges in ein „normales" Leben zurückfinden soll. Vielleicht hat Franz sich auch nach dem Krieg die Frage nach seiner persönlichen Schuld gestellt.

Er ging nach Berlin und fing an zu spielen. Eines Tages stand Tante Berta an der Tür und jammerte, ihr Franz sitze in Berlin fest, er müsse finanziell ausgelöst werden.

Mein Vater fuhr ohne zu zögern in die Hauptstadt und zahlte den großen Betrag. Er hoffte, dass auch Bruder Otto, Besitzer eines weit ausgedehnten Grundstückes mit Haus und Manufakturwarengeschäft in Stallupönen, mithelfen würde.

„Ich werde es mir überlegen."

Eine Woche später dann die Antwort: „Für Fehler anderer möchten wir nicht geradestehen."

„Das kann nur auf Annas Drängen hin sein." Mein Vater war tief enttäuscht. „Unglaublich, ein Familienmitglied im Stich zu lassen." Er brach den Kontakt zu seinem Bruder ab.

Onkel Otto blieb freundlich, wenn wir uns beim Sonntagsspaziergang begegneten, besonders zu uns Kindern. Seine Frau Anna, elegant gekleidet, vornehm verschleiert, erwiderte den Gruß kaum, wenn wir mit einem höflichen Knicks an ihr vorbeigingen.

Eines Nachmittags in dieser Zeit – es waren Ferien, und ich wohnte bei Tante Lenchen und Onkel Mattes für zwei Wochen – kam ein junger Mann vorbei, von Tante Ida geschickt.

„Deine Mutter ist sehr krank", erklärte er. „Du sollst sofort zum Bahnhof kommen. Da wartet deine Oma schon auf dich."

Mir blieb keine Zeit zum Nachdenken. Ein paar Minuten später war ich unterwegs.

Ich sehe mich noch mit meinem Strohhütchen, feiner Strumpfhose und Rüschenkleid zum Bahnhof laufen. Oma Henriette wartete schon, die kleine korpulente Frau, die gewöhnlich nichts aus der Ruhe bringen konnte. Jetzt war sie aschfahl im Gesicht, die versteinerte Miene machte sie mir fremd. Ich wagte nicht, ihr Fragen zu stellen.

Wortlos liefen wir nebeneinander her, durch die Sperre, auf den Bahnsteig. Der Zug nach Gumbinnen stand schon bereit. Dort angekommen, eilten wir ins Krankenhaus.

Meine Mutter lag ganz verloren in einem riesengroßen Bett, die Augen geschlossen, weiß wie das Kopfkissen.

Jetzt erst spürte ich die drohende Gefahr wie einen Eindringling, der sich unbemerkt angeschlichen hatte und alles zu zerstören drohte. Meine Angst ließ mein Herz rasen, immer stärker und immer quälender, und meine Füße schienen kaum noch in der Lage zu sein, mich zu halten.

Oma beugte sich nah zu meiner Mutter.

„Sie ist noch nicht ansprechbar", flüsterte die Krankenschwester mit ernster Miene und – wie mir schien – mitleidigem Blick. Oma Henriette nahm mich bei der Hand. Wir standen eine kurze Weile, meine Oma unschlüssig.

„Wir lassen sie schlafen, sie braucht Ruhe", flüsterte sie schließlich, dann schlichen wir hinaus.

Auch jetzt gingen wir schweigend nebeneinander her, ich nahm wieder Omas Hand. Sie war kalt und zitternd.

Ich hielt sie ganz fest. Wollte ich Trost geben oder nehmen? Ich weiß es heute nicht mehr.

Geweint habe ich erst später, als ich allein war.

Nach Jahren erfuhr ich, dass meine Mutter ein Kind verloren hatte und fast verblutet wäre. Wie es dazu kam, habe ich nie erfahren. Ich reimte mir zusammen, dass sie das Kind wohl wegen der wirtschaftlichen Not nicht behalten konnte und erinnerte mich, dass ich im Nachttischschränkchen ein mir damals unbekanntes Gerät gefunden hatte, wie „Engelmacher" es benutzten. Abtreibungen waren streng verboten.

Zu dem Zeitpunkt verstand ich überhaupt nichts, konnte es nicht verstehen …

Die finanzielle Lage wurde immer schwieriger. Meine Eltern fingen an, lebendes Inventar zu verkaufen, mal ein Pferd, mal eine Kuh. Auch die beiden Ponys mussten wir abgeben.

„Bitte die nicht", bettelte ich verzweifelt.

„Es muss sein", bestimmte meine Mutter. Sie kam mir für einen kurzen Augenblick herzlos vor. Aber dann sah ich, dass sie selbst feuchte Augen hatte. Beschämt wandte ich mich ab.

Als ich einen Viehtransporter auf unseren Hof fahren hörte, lief ich ans Fenster. Der Fahrer war ausgestiegen und lud, nach kurzer Unterredung mit meiner Mutter, die geliebten Ponys auf.

Tränen kullerten, bis die Augen brannten. Ich flüchtete in mein Zimmer und wollte ewig dort bleiben, um meinen tiefen Kummer mit niemandem teilen zu müssen.

Abends kam meine Mutter leise in mein Zimmer. Sie setzte sich neben mich und begann, behutsam zu reden. „Wir beten, dass die Ponys in gute Hände kommen."

Schließlich ging ich doch mit zum Abendessen, der Kopf gesenkt, die Augen gerötet. Ich bekam keinen Bissen hinunter. Schweigend wartete ich auf das Ende der Mahlzeit.

„Ich versuche, Land zu verkaufen", hörte ich meinen Vater am nächsten Tag zu meiner Mutter sagen. Er säte 100 Morgen Roggen und 100 Morgen Weizen, um einen besseren Preis zu erzielen.

In letzter Minute kam es dann doch zur Zwangsversteigerung unseres Gutes, die ein Angestellter der Landkrankenkasse vorangetrieben hatte – dessen Neffe kaufte den Besitz! Er war Junggeselle und wollte mit seiner Mutter und Schwester einziehen.

Unaufhörlich drängte er, obwohl er wusste, dass wir noch keine Wohnung gefunden hatten.

„Mir ist es egal, wo Sie bleiben, ich möchte meinen Geburtstag in sechs Wochen hier erleben!"

„Warum müssen wir denn alle Tiere zurücklassen?" Ich fühlte mich unendlich hilflos, weil noch nicht einmal meine Eltern das Unheil verhindern konnten. Es tat so weh.

Am schlimmsten war der Gedanke an den Abschied von unserer Hündin Lore, dem kurzhaarigen braunen Labrador, der meist in der schmalen Nische zwischen Ofen und Sofa unter dem Hocker lag, um uns nahe zu sein.

„Können wir nicht wenigstens Lore mitnehmen?"

Meine Mutter strich mir über den Kopf. „Es geht wirklich nicht. Wir haben ja selbst noch keine Bleibe."

Ich konnte nachts nicht mehr schlafen. Wie oft hatten wir Lore bei unseren Aktivitäten mitspielen lassen!

Bilder aus der Vergangenheit sind lebhaft vor meinen Augen.

Als Kinder besuchten wir uns auf den verschiedenen Wagen in der Remise, und ich platzierte Lore in der herrschaftlichen Kutsche auf die plüschsamtenen Sitze. Sie blieb geduldig liegen wie ein Kuscheltier.

Vier Tage vor dem Auszug starb unsere Lore. Es war vielleicht Altersschwäche, aber uns kam es so vor, als spürte sie, dass wir ohne sie fortmussten.

Der Verlust des Gutes war für meine Eltern ein schwerer Schicksalsschlag, aber sie standen fest zusammen. Ich habe nie ein böses Wort zwischen ihnen gehört.

„Hans war meine große Liebe", hat meine Mutter später oft gesagt. Ab und zu schnappten wir Sätze auf wie „Was soll aus der Ausbildung der Kinder werden?", „Was hätten wir besser machen können?", wenn sie ernst ins Gespräch vertieft waren. Sie redeten viel miteinander, aber versuchten, Traurigkeit vor uns Kindern zu verbergen. Die unendliche Güte und Sanftmut meiner Eltern wurde mir erst später richtig bewusst. Die Wärme des Elternhauses, die Fürsorge und Zuversicht begleiteten mich mein Leben lang und sind wahrscheinlich die Wurzeln meiner Stärke.

10

„Oma war heute nicht so wie sonst", stellt Steffi fest, als sie mit Florian vom Flinsen essen zurückkommt. „Irgendwie traurig."

„Habt ihr denn nicht gefragt, warum?", wundere ich mich.

„Doch, natürlich", meint Florian nachdenklich, „aber sie hat ausweichend reagiert."

Den ganzen Nachmittag kreisen meine Gedanken um meine Mutter. ‚Kinder haben eine gute Antenne', denke ich, ‚und sie kennen ihre Oma gut. Aber was kann es sein, was sie mir vielleicht nicht erzählen möchte? Wir haben uns doch gestern gesehen, da ist mir nichts aufgefallen. Ob ich noch hinübergehen soll?'

Es ist schon später Abend, als ich in strömendem Regen durch den Garten husche. Ich klopfe wie gewohnt. Der Rollladen ist schon heruntergelassen.

Es tut sich nichts.

Ich klopfe fester.

Nichts.

Ich rufe, dass ich es bin.

Der Rollladen geht hoch, meine Mutter hat ihren Morgenmantel über das Nachthemd gezogen. Sie guckt mich erstaunt an.

„Mein Gefühl sagt mir, dass dich etwas belastet und wir reden sollten." Sofort werden die Augen glasig, sie sind gerötet.

„Magda hat mir gestern mitgeteilt, dass sie einen bösartigen Tumor hat, der nicht komplett entfernt werden kann", beginnt meine Mutter. „Sie will keine Chemotherapie mehr machen."

Bedrückende Stille für ein paar Sekunden.

„Ich wollte dich nicht belasten und hoffe auch noch, dass sie es sich anders überlegt und bereit ist zu kämpfen."

Ich nehme meine Mutter fest in die Arme. Sie kommt mir plötzlich so zerbrechlich vor. Sie, die immer so stark und mutig war, so voller Zuversicht.

„Ich bin nicht mehr das kleine Utchen, das du schonen musst", versichere ich ihr.

„Danke, dass du noch rübergekommen bist."

Irgendwie bin ich erleichtert, trotz der schlechten Nachricht. Unsere Verbundenheit tief in den Herzen gibt das Gefühl, alles bewältigen zu können.

Der nächste Tag ist ein Samstag und ich habe Zeit. Meine Mutter verströmt Optimismus. „Magda wird es schaffen."

Wir nehmen den Faden der Vergangenheit auf.

1930

Wie sollte es nach dem Verlust unseres Hofes weitergehen?! Kurzfristig zogen meine Eltern eine Auswanderung nach Kanada in Betracht, wohin es Max, den Bruder meiner Mutter, verschlagen hatte. Der Gedanke war aber schnell vergessen. „Wir hängen doch alle zu sehr an Ostpreußen!"

Mein Vater erinnerte sich an Erfahrungen, die ihm jetzt nützlich sein könnten. Er hatte seinen Wehrdienst Ende des 19. Jahrhunderts in Insterburg abgeleistet. Nach der Grundausbildung kam er als Ordonnanz in das Offizierskasino, für ihn als neunzehnjährigen Landburschen eine fremde Welt. Er musste lernen, welche Gläser für welche Getränke serviert wurden, in welcher Ordnung sie und auch die Teller zu stehen hatten, dann das Servieren und Abservieren, von welcher Seite und vieles mehr.

Schließlich ging es mit Herzklopfen an das Praktische.

„Mein erster Gast war ein Hauptmann", erzählte mein Vater, „der die Bestellung in einem enormen Tempo herunterrasselte, noch bevor ich dazu kam, den Bestellblock aus der Tasche zu holen. Der Schweiß brach mir aus. Mit einem Aperitif fing der lange Auftrag an, dann eine Schildkrötensuppe, als Zwischengericht Austern, ein Hauptgericht mit einigen Sonderwünschen.

Und dann die begleitenden Weine, auch ausländische dabei! Für mich größtenteils ‚böhmische Dörfer'. Völlig aufgelöst bin ich in die Küche gelaufen. Kameraden, die die extravaganten Wünsche des Vorgesetzten kannten, halfen mir. ‚Gut, dass du nicht noch einmal nachgefragt hast', meinten sie, ‚da kann der Hauptmann ungehalten werden.'

Andere Offiziere waren geduldiger. Nach einigen Tagen klappte alles gut, und meinem Vater gefiel das Kommunizieren mit den Gästen: „Ich merkte plötzlich, dass die Menschen positiv auf meine Freundlichkeit reagierten und dass sie redselig wurden, wenn ich dezent Fragen stellte. ‚Du gewinnst erstaunlich schnell ihr Vertrauen', bemerkte ein Kamerad von mir. In meiner freien Zeit erkundeten wir Jungs das pulsierende Stadtleben und die malerische Umgebung von Insterburg."

„Wir könnten ein alkoholfreies Speisehaus eröffnen", schlug er meiner Mutter vor. „Du kennst doch das in Stallupönen. Du kannst gut kochen, und ich kenne die Gepflogenheiten."

Meine Mutter war sofort einverstanden. „Jetzt brauchen wir nur noch die passende Lokalität."

In Insterburg fanden wir eine Wohnung, die wir zu einem Lokal einrichteten. „Alkoholfreies Speisehaus Johann Lenkeit" *prangte draußen auf dem Schild.*

Angestellte und Beamte kamen mittags in ihrer Pause, abends war bis 19 Uhr geöffnet. Meine Mutter kochte Eintöpfe, Bratklopse, Sülze mit Bratkartoffeln, Kotelett, Gulasch, Rouladen. Mein Vater bediente in seiner ruhigen aufgeschlossenen Art.

„Schafft ihr alles?" *Er lugte zu uns in die Küche. Es waren an diesem Tag erstaunlich viele Mittagsgäste da, und ich war kurzfristig eingesprungen.*

Aber Tage wie heute, an denen das Geschirr nicht reichte und meine Mutter ohne Pause die Pfanne schwenkte, waren die Aus-

nahme. Meist gab es wenige Gäste, und die wenigen zahlten schlecht.

Zwei junge Männer, angestellt bei der Landkrankenkasse, abonnierten den Mittagstisch.

„Erst am Monatsende bekommen wir das Gehalt, dann gleichen wir unsere Schulden aus." Sie aßen jeden Tag bei uns, bis zum 27. des Monats, dann waren sie nicht mehr gesehen.

„Man kann den Menschen nur vor den Kopf gucken", stellte meine Mutter enttäuscht fest, hielt aber bis an ihr Lebensende das Misstrauen auf Abstand. „Ich glaube so lange an das Gute im Menschen, bis ich mich vom Gegenteil überzeugt habe."

Wir kamen nur durch finanzielle Unterstützung meiner Großmutter zurecht. Ich spürte, dass alles knapp wurde, dass ich für ein Kotelett, wenn noch ein Gast kam, schnell zum Metzger laufen musste. Aber für mich war es eine interessante Zeit mit ganz unterschiedlichen und auch auffälligen Gästen im Lokal.

Regelmäßig, einmal die Woche, betrat ein Herr mittleren Alters das Speisehaus, mit einer Blume in der Hand oder einem kleinen Päckchen. Auch dieses Mal war er wieder auffallend gut gekleidet. Eleganter Anzug, Einstecktuch. Seine Miene war ernst, irgendwie furchteinflößend.

Kurze Zeit darauf erschien eine junge Frau, ja, fast noch ein Mädchen, von natürlicher Anmut mit naturblondem schulterlangem Haar und wasserblauen Augen. Ihr weiter, pastellbunter Rock wippte bei jedem Schritt und unterstrich ihr jugendliches Temperament. Dann plötzlich zögerte sie und näherte sich unsicher dem Tisch des Herrn.

Anfangs dachte ich, sie sei seine Tochter, aber die Art, wie die beiden miteinander umgingen, hatte nichts von einer Tochter-Vater-Beziehung. Schnell löste sich die gespannte Atmosphäre zwischen ihnen, und sie plauderten, lachten, flüsterten, schauten sich lange Momente an. Sie schienen sehr verliebt zu sein.

Obwohl ich sonst nicht im Speisehaus mithalf, räumte ich Tische ab, brachte Getränke, zum Erstaunen meiner Mutter. Ich wurde belohnt, schnappte doch den Satz des Gentlemans auf, den er an die junge Frau richtete: „Du bereitest mir eine unendliche Freude, nimmst du dieses mein Geschenk an."

Und ich konnte einen Blick auf einen funkelnden Ring erhaschen.

Ein anderes Mal mit ernster Miene: „Meine Frau fährt nicht zu ihrer Schwester."

Das Mädchen war nur ein paar Jahre älter als ich. Ich war befremdet, aber auch fasziniert zugleich.

Auf meine Neugierde, wie es denn mit den beiden wohl weitergehen würde, nahm niemand Rücksicht: Das Speisehaus musste aufgegeben werden. Wir konnten die Miete nicht mehr bezahlen.

Mein Vater blieb ein großer Optimist. „Dieses Lied sollte dir Leitfaden sein, Käthchen." Er trug es gerne vor.

Was frag ich viel nach Geld und Gut, wenn ich zufrieden bin,
gibt Gott mir nur gesundes Blut, so hab ich frohen Sinn.
Und sing aus dankbarem Gemüt mein Morgen- und mein
Abendlied.
So mancher schwimmt im Überfluss
hat Haus, hat Hof und Geld.
Und ist doch immer voll Verdruss
und freut sich nicht der Welt.
Je mehr er hat, je mehr er will
nie schweigen seine Klagen still.
Dem ist die Welt ein Jammertal

und deucht uns doch so schön,
hat Freuden ohne Maß und Zahl
lässt keinen leer ausgehn.
Das Käferlein, das Häschen klein
mag sich doch auch des Maien freun.
Und uns zur Liebe schmücket sich
dann Wiese, Feld und Tal.
Und Vögel singen ohne Zahl
das alles widerhallt.
Des Morgens singt die Lerch uns zu
die Nachtigall zur süßen Ruh.
Und wenn die güldne Sonn aufgeht
und golden liegt die Welt,
wenn alles in der Blüte steht
und Ähren trägt das Feld
dann denk ich, alle diese Pracht
hat Gott zu unsrer Lust gemacht.
Drum will ich immer dankbar sein
und mich der Güte Gottes freun.

„Wir werden schon wieder einen Weg finden", war mein Vater sicher. Meine Mutter war die Skeptischere der beiden. Aber auch sie vertraute auf den Zusammenhalt der Familie und empfand Glück nicht in materiellen Dingen.

Die Beständigkeit und Schönheit der Natur, „in der man Ruhe finden kann", und die tiefe Harmonie in der Familie waren für sie „ein Geschenk des Himmels".

11

„Du brauchst nicht zum Elternsprechtag zu gehen", meint heute Steffi. „Die Lehrer haben den Mitschülern, bei denen es kritisch ist, Bescheid gegeben."

„Aber es ist doch nicht unerwünscht, wenn auch die anderen hingehen, oder?"

„Mach, wie du willst", ist Steffis kurze Antwort.

‚Ich nehme mir die Zeit und gucke, wo ich mich eintragen kann', beschließe ich.

Im Foyer der Schule gibt es einen Orientierungsplan, welcher Lehrer wo zu finden ist. Er ist schnell durchgesehen.

Ohne zu zögern, begebe ich mich als Erstes in den zweiten Stock, Klassenzimmer Herr Geldermann. Ich trage mich als Fünfte in die Liste ein. Nummer Zwei ist gerade im Klassenraum.

Ich eile durch das Gebäude. Zwei weitere Gespräche mit den Lehrkräften für Geschichte und Chemie habe ich mir vorgenommen und jetzt auch eine Zeit eingetragen, erst gegen Abend. So kann ich entspannt wieder in den zweiten Stock. Ich bin schon in zwanzig Minuten dran.

‚Irgendwie merkwürdig', denke ich, während ich warte. Ich spüre eine schwirrende Nervosität.

Es wird ein gutes Gespräch. Ich freue mich, dass Steffi und Florian sich deutlich in Mathe verbessert haben. Und dass Herr Geldermann sie als „besonders aufgeschlossen und liebenswert" empfindet. Und dass er mich dabei einen langen Augenblick anschaut.

Es gefällt mir, dass er so positiv über seinen Beruf erzählt und über seine Schüler. „Ich freue mich, wenn ich sie nach Jahren wiedersehe und höre, dass sie ihren Weg gefunden haben."

Danach reden wir – etwas zu lange, so dass die nächste Mutter schon unwillig ihren Kopf zur Tür hineinsteckt – so vertraut wie bei dem Wiedersehen eines Freundes, den man aus den Augen verloren hat und der jetzt plötzlich vor einem steht.

Auf dem Weg zum Auto lächele ich in mich hinein. Die Begegnung hat gut getan.

Zu Hause angekommen, stelle ich fest, dass Steffi und Florian noch nicht aus dem Park zurück sind. Jörg arbeitet in der Praxis. Ich beschließe, für ein Stündchen meine Mutter zu besuchen.

„Gleich ab in die Vergangenheit?", fragt sie erwartungsvoll.

„Ja, gerne."

1931

Das Speisehaus war rasch aufgelöst, und wir zogen nach Gumbinnen in eine winzige Wohnung. Mein Vater war in der Zeitung auf eine Anzeige aufmerksam geworden, und der Verkaufsleiter, Herr Kraut, stellte das Konzept vor.

„Von kleinen Fotografien werden wunderschöne Vergrößerungen gemacht. Das hat es so noch nicht gegeben. Sie werden sehen, wie begeistert die Leute sind! Sie können gutes Geld verdienen."

Herr Kraut weckte große Erwartungen bei meinem Vater. Aber die Menschen hatten zu der Zeit kein Geld für Luxus.

Manche Tage fuhr er neunzig Kilometer mit dem Fahrrad, machte hin und wieder einen Auftrag, meist aber keinen einzigen. Es war die bisher schlimmste Zeit, eine Zeit, in der das Essen knapp war und ich für einen halben Liter Magermilch ins Geschäft lief. Eine Milchsuppe wurde zur Köstlichkeit.

Meine Schwester Erna hatte mit der mittleren Reife das Gymnasium verlassen, ich blieb auf der Luisenschule.

Schrecklich war es, wenn man mit dem Schulgeld in Verzug war und aus der Klasse gerufen wurde. Mit Herzklopfen schlich ich hinaus. Ich wusste ja, worum es ging.

„Sag deinen Eltern, dass du unser Lyzeum verlassen musst, wenn das Geld nicht innerhalb der nächsten Woche gezahlt ist." Der Kassierer der Stadtkasse, ein grimmiger Hüne, hatte sich vor mir aufgebaut. Er flößte mir unendliche Angst ein. Jede Begegnung mit ihm wurde zur Qual.

„Ich weiß nicht, wie wir das Schulgeld diesen Monat aufbringen sollen." Noch nie hatte ich meinen Vater so mutlos gesehen.
„Ich frage meinen Bruder, ob er das letzte Jahr noch für Käthchen zahlen würde", meinte meine Mutter. „Dann ist sie vierzehn Jahre alt und kann die Schule beenden."
Onkel Ernst schickte das Geld.

Es wurde eine große Aktion gestartet, bei der Landwirte Siedlungen bekamen, kleine einfache Häuser mit relativ wenig Land, abgeteilt von größeren Landwirtschaften, die in schwieriger finanzieller Lage waren, so wie mein Vater es ursprünglich auch vorgehabt hatte.
Wir erwarben in Amalienhof, Kreis Stallupönen, ein kleines Häuschen mit sechzig Morgen Land, schlechtes Land, nicht drainiert, nicht bestellt, aber für uns ein neuer Anfang. Unsere Möbel konnten wir in den kleinen Räumen nicht unterbringen.
„Lass uns mal gucken, ob auf dem Speicher Platz ist." Mein Vater gab nie auf.
Statt Badezimmer gab es Toilette und Wasserpumpe auf dem Hof, kein elektrisches Licht, nur Petroleumlampen. „Dann gehen wir eben früh schlafen."
Unser Hof grenzte an einen großen Wald, der in das Packledimmer Moor, genannt Teufelsmoor, überging. Spaziergänge und Spiele in dieser verwunschenen Kulisse ließen uns nicht auf die Idee kommen, dass es gefährlich sein könnte. Die Lichtun-

gen waren von Leberblümchen übersät, die die Sonne mit ihren Strahlen zum Leuchten brachte.

Die Natur schenkte uns Reichtum, den wir hingegen im Materiellen verloren hatten.

Wir Schwestern blieben in Gumbinnen. Ich in der Schule, Erna in dem Büro einer kleinen Spedition, Magda lernte im Papierwarengeschäft als Verkäuferin.

Die Wege vom Hof zur Chaussee waren nicht befestigt.

„Man bleibt ja dauernd stecken", ärgerte ich mich. Gerade jetzt, wo es taute, waren die Wege voller Schlamm.

„Hast du deine guten Schuhe mitgenommen?" Ja, wie auch Erna tauschte ich sie bei Erreichen der Chaussee gegen die alten, lehmigen aus und versteckte die lehmigen Schuhe im Gebüsch.

„Hier findet sie niemand."

Nur ungern ging ich noch das letzte Jahr zur Schule.

Mittags wurde sie abgeschlossen. Da stand ich dann ganz verloren und musste ein paar Stunden auf Erna und Magda warten. Wir fuhren abends gemeinsam zurück.

„Du bist ja ganz durchgefroren." Sie nahmen mich in die Mitte und fest in ihre Arme. Mit dem Zug fuhren wir achtzehn Kilometer bis Trakehnen, dann liefen wir noch einen Kilometer neben den Bahngleisen her, um den Weg zu dem einsamen Wäldchen abzukürzen.

„Hoffentlich ist Papa schon da."

Er wartete in klirrender Kälte – wie immer pünktlich – mit dem Pferdefuhrwerk. Wir mummelten uns in die Pelzmäntel der Eltern ein, ein Relikt aus wohlhabenden Zeiten, die er eigens dafür mitgebracht hatte.

Unsere verdreckten Schuhe sammelten wir beim Einbiegen von der Chaussee auf den Weg zum Hof ein.

Aufgrund der großen Sorgen und der vielen Arbeit konnten meine Eltern sich nicht um schulische Dinge kümmern. Ich selbst war lieber mit Freundinnen zusammen als allein zu Hause Schularbeiten zu machen. Auf dem Zeugnis war Turnen meine einzige Zwei.

An eine Klassenfahrt erinnere ich mich jedoch mit großer Freude.

Wir unternahmen einen Ausflug nach Masuren, einer unvergesslich schönen Landschaft mit weit mehr als tausend Seen, mit viel Wald, immer wieder das leuchtende Rot der Ebereschen, die Rufe von Eichelhähern. Sandige Wege in einer weiten Hügellandschaft, zwischendrin eingesprenkelt kleine Häuser mit roten Dächern. Wir Kinder waren begeistert, es war so hübsch wie im Bilderbuch.

Viele Stunden wanderten wir und gingen täglich schwimmen.

„Dürfen wir zu der kleinen Insel?", fragten wir an diesem Tag unseren Lehrer, Herrn Pulver. Er erlaubte es den guten Schwimmern.

Wir waren die Einzigen am Ufer der Insel und kamen uns vor wie Robinson Crusoe. Das üppige Grün des Buchenwaldes gab einen wunderschönen Kontrast zu dem tiefblauen Wasser des friedlichen Sees. Wir blieben in Sichtweite unseres Lehrers und schwammen bald wieder zurück. Das Ufer war mit einem dichten Schilfgürtel bewachsen, so dass wir nur an wenigen Stellen gut aus dem Wasser steigen konnten.

„Schilf ist ein idealer Nistplatz für unzählige Wasservögel", erklärte uns Herr Pulver. Da erst wurden wir auf das laute Schilpen, Piepen, auf quakende und schnarrende Geräusche aufmerksam, die durch unser eigenes Geplapper übertönt wurden.

Dass wir unbedingt noch einmal mit den Eltern nach Masuren fahren wollten, stand für uns alle fest. Aber zu der Zeit war für meine Familie nicht an Reisen zu denken.

„Jetzt muss ich mich losreißen. Heute Abend bin ich mit Angela verabredet."

„Seht ihr euch regelmäßig?"

Ja, wir versuchen es. Es tut gut, weil wir uns ja schon aus der Schulzeit kennen und ungeschönt reden können. Wir sind uns vertraut. Gesprächsstoff gibt es ohne Ende, gern auch über Beziehungskram. Wir ticken in vielem ähnlich, wenngleich wir ganz unterschiedliche Lebenswege beschritten haben.

Und letztens behauptete sie von mir, dass ich mich total verändert hätte.

„Früher warst du doch eher die Stille und Strebsame. Ich fand dich manchmal fast langweilig. So selbstbewusst und voller Temperament kenne ich dich weniger."

„Schon öfters habe ich darüber nachgedacht", werfe ich in die Diskussion mit Angela ein, „wie locker ich wichtige Entscheidungen in früheren Jahren getroffen habe, auch bei der Partnerwahl. Bei mir hat es sich so ergeben, obwohl Jörg anfangs wenig offen und sensibel auf mich wirkte."

„Ich kann von mir nicht sagen, dass ich unbedacht irgendetwas entschieden habe", meint Angela. „Was glaubst du, warum ich Single geblieben bin!" Sie lacht verschmitzt.

Wir erzählen von früheren Zeiten. „Weißt du noch, wie wir Herrn Melders angehimmelt haben?"

„Ja, wir lauerten doch, wenn wir schon früher Schulschluss hatten, hinter den Blumentöpfen, um einen Blick auf seine Freundin zu erhaschen. Oft holte sie ihn ab."

Angela lacht. „Und unsere Mitschülerin Petra war nicht zimperlich mit ihrem Kommentar: ‚Wie hässlich ist die denn!' Irgendwie waren wir beruhigt. Es gab noch Hoffnung."

12

Die nächsten Ferien – es war das Jahr 1932 – verbrachte ich in Stallupönen bei Tante Lenchen und Onkel Mattes. Meine Tante, klein und zerbrechlich, wirkte einfältig, aber sie war herzensgut und immer hilfsbereit.

„Mattes möchte, dass ich hübsch aussehe", erklärte sie ihre Gewohnheit, die kurzen dünnen Haare täglich mit der Brennschere in Wellen zu legen. Onkel Mattes, das Doppelte von seiner Frau, brummte etwas Unverständliches im Hintergrund und schüttelte dabei den Kopf.

„Hart, aber herzensgut", wie ihn meine Mutter charakterisierte.

Lenchen war zehn Jahre älter als Mattes, vor vielen Jahren als Hausmädchen bei seinen strengen Eltern angestellt, er ein Bub von elf Jahren. Eines Tages hatte Lenchen bemerkt, dass der kleine Mattes schon seit geraumer Zeit vor seinem fast unberührten Mittagessen saß. „Der Teller wird geleert, vorher stehst du nicht auf", hatte seine Mutter befohlen.

Als Lenchen das fünfte Mal an dem fast vollen Teller vorbeigekommen war und den wenig einladenden Geruch wahrgenommen hatte, griff sie kurzerhand nach dem Essen und ließ es verschwinden. Mattes warf ihr einen dankbaren Blick zu und stand auf. Es sollte nicht das letzte Mal sein, dass Lenchen ihn vor seinen herrischen Eltern schützte. Sie hatte den Zorn oft am eigenen Leib gespürt.

Es war der Beginn ihrer Komplizenschaft, die auch in die andere Richtung ging, wenn Mattes' Gerechtigkeitssinn das Verhalten seiner Eltern Lenchen gegenüber nicht ertragen konnte. Ihre gemeinsame Abhängigkeit – jeder auf einer anderen Büh-

ne – und die gegenseitige Hilfe brachte sie im Herzen einander ganz nah und schließlich gemeinsam vor den Traualtar.

Inzwischen hatten sie – nach dem Ersten Weltkrieg – ihre große Landwirtschaft verkauft. „Die viele Arbeit schaffen wir nicht mehr." Sie erwarben ein „kleines Huckelchen" in der Stadt.

„Dann können wir vor Ort in Ruhe etwas Passendes für unser Altenteil suchen." Derweil kam die Inflation, und ihr Geld war fast wertlos.

„Nach den schlechten Erfahrungen der Verwandtschaft strebte ich mein Leben lang danach, durch den Erwerb von Immobilien Sicherheit zu erlangen", meint meine Mutter.

„Mattes lässt mich nie allein einkaufen", beschwerte sich Tante Lenchen. „So kann ich meine guten Ideen zum Backen und Kochen gar nicht verwirklichen."

„Gut so", entgegnete er. „Sonst würde kein Geld mehr übrig bleiben."

Dann aber umarmte er flüchtig sein „Frauchen".

Sie hatten ein kleines Grundstück gepachtet, um Kartoffeln und Gemüse anzubauen.

„Satt werden wollen wir doch wenigstens." Onkel Mattes kam erschöpft und schwitzend vom Feld. „Mir schäumt schon wieder der Puckel!"

Er setzte sich auf die Veranda, gemütlich mit einem Pfeifchen, der kugelrunde Bauch passte gerade unter das kleine Tischchen.

„Die Leni trifft sich dauernd mit Franz von nebenan, am liebsten, wenn es dunkel wird", lästerte er. „Möchte gern wissen, was sie da immer im Wäldchen machen. Das wird böse enden."

Auch wenn Onkel Mattes vorschnell Urteile fällte, und viele in seinem Umfeld nicht gerade gut dabei wegkamen, konnte er, wenn er in der Stimmung war, überaus mitfühlend, sensibel, sogar weise sein.

„Horche immer auf die Stimme deines Herzens, Käthchen", gab er mir den eindringlichen Rat. „Auf deine Intuition. Der Verstand ist manchmal zu träge mit seinen Argumenten."
An diese Sätze würde ich mich zeit meines Lebens erinnern.
Wir bekamen einen guten Draht zueinander.

Der Winter 1932/33 war bitterkalt, die tägliche Zugfahrt, fünfundzwanzig Kilometer von Amalienhof nach Gumbinnen, auch.
„Ich suche einen Nachhilfeschüler", entschied Erna. „Dann können wir uns ein möbliertes Zimmer in Gumbinnen leisten."
Sie fand einen Quartaner, „Nicht mit Intelligenz gesegnet, aber er ist fleißig". Wir wohnten von da an im Ort.
Magda arbeitete inzwischen in einem Handarbeitsgeschäft in Stallupönen. Sie fuhr die sechs Kilometer von zu Hause mit dem Fahrrad.
Von uns drei Schwestern war Magda die Hübscheste mit ihrer leicht gebräunten Haut und dem feingeschnittenen Gesicht.
„Ich kann diesen Monat nichts abgeben. Die Creme war teuer, und ich brauchte Strümpfe." Ihre Eitelkeit ließ keine Bescheidenheit zu.
Sie genoss ihre Chancen bei jungen Männern und setzte sich über viele Grenzen hinweg.

Eines Sonnabends in dieser Zeit – Erna und ich waren gerade von Gumbinnen nach Hause gekommen und hatten vergeblich auf das Eintrudeln von Magda gewartet – begannen wir zu viert mit dem Abendessen.
Da plötzlich hörten wir ein Motorrad über den Hof knattern.
‚Magda?'
Sie erschien kurz darauf mit roten Wangen in der Tür, der Lippenstift auffällig verschmiert.

„Wir sprechen uns nach dem Essen", sagte mein Vater in ruhigem Ton. Aber ich konnte spüren, dass er innerlich stark erregt war.

Später hörte ich nur Wortfetzen. „Es kommt gar nicht in Frage!" oder „uns nicht vorgestellt ...".

Im Dorf wurde schnell geredet, und man hatte sie wohl schon des Öfteren mit jungen Männern – „immer verschiedenen" - gesehen, eng umschlungen und mit „verklärtem Blick".

Dass sie keine Sekunde dieser „schönsten Zeit meines Lebens" bereute, hat sie mir Jahre später anvertraut.

Am nachfolgenden Samstag - die Schulwoche war beendet – hatte ich wieder Heimweh. Nichts hielt mich mehr in dem kleinen Zimmer. „Kommst du mit?", fragte ich Erna hoffnungsvoll. Keine Chance, sie wollte lieber lesen.

So radelte ich allein los. Den Tag zuvor hatte es heftig geschneit. Die riesigen Linden, die rechts und links die Chaussee säumten, waren weiß eingepudert. Die Chaussee, als Sommerweg halb mit Sand bedeckt, für Pferdefuhrwerke und Viehbetrieb, die andere Hälfte asphaltiert, war jetzt voller Schnee, es wurde nichts geräumt.

Von Fuhrwerken und den wenigen Autos waren Rillen eingefahren, die durch einsetzenden Frost in der Nacht sehr hart geworden waren.

Ich kam kaum vorwärts. Es war bitterkalt, ich hatte Hunger. Jetzt fing es auch noch an zu stiemen und zu schneien. Kein Mensch war auf der Straße.

Mir war hundeelend zumute. „Wie soll ich das nur schaffen ..."

Auf einmal erblickte ich meine Schwester Magda mit dem Pferdefuhrwerk. Es war ungefähr auf halber Strecke nach Hause.

Meine Eltern hatten sie geschickt. Welch ein Glücksgefühl! Ich ließ Magda bei der Begrüßung gar nicht mehr los.

Wir luden mein Fahrrad auf, ich kuschelte mich in eine dicke warme Decke ganz nah an sie heran.

Zu Hause roch es schon im Flur nach gebratener Ente. Mein Lieblingskissen hatte Mutti an den Ofen gelegt.

13

1933

1933 verließ ich mit vierzehn Jahren die Schule.

Hitler kam an die Macht.

Angefangen hatte es mit Versammlungen der NSDAP, auf denen vielversprechende Parolen ausgegeben wurden wie Arbeitsbeschaffung, Steuererleichterungen für die Landwirtschaft, Entschädigung für Menschen, die durch die Inflation viel verloren hatten.

Immer mehr Männer sah man in braunen Hemden. Sie gehörten zur Sturmabteilung (SA), der paramilitärischen Kampforganisation der NSDAP während der Weimarer Republik, die als Ordnertruppe Versammlungen der Partei vor Gruppen politischer Gegner mit Gewalt abschirmten und gegnerische Veranstaltungen behinderten.

Der Antisemitismus, schlummernd in einer jahrhundertealten Tradition, wurde systematisch ausgebaut.

Mein Vater hat oft geschimpft, „dass Hitler es mit den Juden nicht richtig macht." Die Parolen „Juden arbeiten nicht, betrügen nur die Menschen und werden so steinreich", konnte er nicht akzeptieren.

Tatsache war, dass anfangs Schilder an den Geschäften der Juden angebracht wurden mit der Aufschrift „Kauft nicht bei Juden". Wir folgten – wie viele andere auch – nicht dem Boykottaufruf und blieben unserem jüdischen Kaufmann treu, aber eine aktive Solidarisierung fand nicht statt.

Später trugen die Juden einen gelben Judenstern. Die jüdischen Geschäftsleute wurden enteignet.

„Man kann den Juden doch nicht einfach alles wegnehmen

und sie die Straße fegen lassen", entrüstete sich mein Vater. "Sie haben sich doch ihren Besitz erarbeitet."
Was genau mit ihnen passierte, erfuhren wir nicht.
Ich habe immer, so wie die Propaganda es darstellte, geglaubt, dass Menschen, die nicht arbeiten wollten, in Lagern zur Zwangsarbeit zusammengefasst wurden.

Durch Kundgebungen, Fackelzüge, Massenaufmärsche und Feierstunden sowie Jugendorganisationen wie HJ (Hitlerjugend) und BdM (Bund deutscher Mädchen) gelang es der NSDAP, das verbreitete Bedürfnis nach Identität und sozialer Gemeinschaft zu bedienen und für politische Zwecke zu instrumentalisieren.
Erna arbeitete im BdM. Sie liebte die Heimabende mit Gesellschaftsspielen und Liedern.
Die Schriftstellerin G. Pausewang schrieb dazu: "Man erlebte so etwas wie einen Rausch, wenn man solch ein Lied sang und sich identifizierte. Ich empfand mich als Angehörige dieses wunderbaren Deutschlands. Wir haben die Worte übernommen, ohne darüber nachzudenken. Liedertexte als scharfe Waffe für die Gleichschaltung der Gehirne."
Erna mochte besonders die Ausflüge ins Grüne. Es herrschte eine innige Gemeinschaft. Die Fahrten mit Zeltübernachtung boten Abenteuer und Romantik.
Sie war ahnungslos, welches Ziel dahintersteckte.

Die Kinder von Tante Minna, einer Schwester meiner Großmutter, betrieben in Mönchengladbach eine Drogerie. An Weihnachten kam wieder ein Paket bei meiner Oma an.
"Sollen wir es öffnen, Käthchen?" Meine Oma hatte gewartet, bis ich sie besuchen kam. Sie wusste, wie sehr ich duftende Seife und Cremes in schönen Tiegeln liebte.

Ich war ungeduldig, als sie akribisch die Kordelknoten löste.
‚*Warum schneidet sie ihn nicht mit der Schere durch?*‘
Ich wagte es nicht auszusprechen. Und dann faltete sie vorsichtig das Packpapier auseinander.
„*Das kann man alles noch gebrauchen.*"

„Du machst es ja heute noch genauso", schmunzele ich. „Und ich inzwischen auch. Da bin ich erblich belastet, dass ich kaum etwas wegwerfen und dadurch schlecht Ordnung halten kann."

Noch eine Kordel! Ich zappelte vor Ungeduld auf meinem Stuhl hin und her.
„*Du hast die flinkeren Hände.*" *Meine Oma schob mir das Paket zu.*
Die Kordel war so verknotet, als solle der Schatz für die Ewigkeit gesichert sein. Endlich geschafft! Jetzt wurde es spannend. Die Geschenke waren einzeln in Seidenpapier eingeschlagen.
„*Diese beiden Döschen schenke ich dir, Käthchen.*"
Ein Freudenhopser, dann öffnete ich sie vorsichtig, die Creme in der kleinen Dose schimmerte perlmuttig, die andere roch intensiv nach Zitrone. Ich verwahrte die Kostbarkeiten wie einen Schatz. Erst nach Wochen konnte ich mich durchringen, etwas davon zu nehmen.
Aus Träumen reifte im Laufe der Jahre mein Entschluss, Drogistin werden zu wollen.
‚*Den ganzen Tag von einem Hauch von feinen Düften umgeben zu sein, stelle ich mir wunderschön vor*‘, *fantasierte ich.*
‚*Und ich möchte gestärkte weiße Kittel tragen.*‘

„*In Lasdehnen ist eine Lehrstelle ausgeschrieben.*" *Ich hatte lange gesucht. Mein Vater erklärte sich sofort bereit, mich mit dem Fahrrad die dreiundvierzig Kilometer zum Vorstellungsgespräch zu begleiten. Der Drogist, groß gewachsen, mit tadello-*

sem weißen Kittel und einer edlen Hornbrille, war freundlich und charmant.

„Sie haben ein lobenswertes Zeugnis. Wir werden gut zusammenarbeiten."

Ich spürte, wie mir eine leichte Röte ins Gesicht stieg. Er schien es zum Glück nicht zu bemerken. Ich fühlte mich anerkannt und schon fast erwachsen. Ich würde ihn nicht enttäuschen.

Er erklärte uns in groben Zügen den Ablauf der Ausbildung, meine Aufgaben in den ersten Monaten und die Anforderungen in der Schule.

Zum Schluss fragte er nach meinem Alter. Ich nannte es ihm.

„Vierzehn Jahre?!" Er schüttelte enttäuscht den Kopf. „Nein, dann wird es leider nichts, für eine Drogistenlehre ist sechzehn Jahre das Mindestalter."

Ich habe auf der Rückfahrt bitterlich geweint. Ein Traum war zerplatzt und sechsundachtzig Kilometer mit dem Fahrrad ganz umsonst!

Ein halbes Jahr absolvierte ich die Landwirtschaftsschule in Stallupönen, da sie nichts kostete.

Aber ich fühlte mich unter den „Großen" fehl am Platze. Viele waren verlobt und erzählten von Heirat und Haushalt.

„Hast du schon deine Aussteuer zusammen?"

„Hoffentlich komme ich mit meinen Schwiegereltern klar, wenn wir in deren Haus wohnen werden."

„Ich möchte so schnell wie möglich ein Baby!"

Ich fühlte mich ausgeschlossen.

Die Lehrerin hatte eine gute Antenne und nahm mich beiseite.

„Später freust du dich, dass du hier Kochen und Backen gelernt hast und deine Familie umsorgen kannst. Wenn du eine Idee hast, darfst du die Zutaten mitbringen", bot sie an.

Das Angebot motivierte mich, und ich fabrizierte unter Anleitung die tollsten Torten.

Mit Erna und Magda wohnte ich bei Tante Lenchen und Onkel Mattes.
Langsam ging es uns finanziell besser, so dass ich im Winter 1934 eine Handelsschule besuchen konnte. Ich lernte Stenografie, Buchführung, kaufmännisches Rechnen und Schreibmaschine und entwickelte Ehrgeiz, den ich in der Schule hatte vermissen lassen.

Eines Tages sprach mich Toni an, Toni Sandstätter, zwei Jahre älter als ich: „Du warst doch auch auf der Luisenschule." Wenn es Seelenverwandtschaft gibt, dann war das unser Bund, spontan geschlossen und nach kurzer Zeit tief vertraut. Toni wurde die beste Freundin in meinem Leben.
Man hätte meinen können, sie sei Südländerin mit ihrem schwarzbraunen dicken Haar und den dunkelbraunen Augen. Nicht, dass sie ausgesprochen hübsch war, doch ihr lebhaftes, sicheres Auftreten und die klangvolle helle Stimme, mit der sie immer etwas Interessantes zu berichten wusste, gaben ihr eine außergewöhnliche Ausstrahlung. „Ich habe eine Idee ...", fing oft ihr kleiner Vortrag an.

In diese Zeit fällt meine Begegnung mit Lothar Becker, meinem ersten Schwarm. Lothar war nicht übermäßig groß und hatte bräunliches, leicht gelocktes Haar.
Familie Becker, Tante Lenchen und Onkel Mattes waren befreundet.
„Ich würde es begrüßen, wenn es mit Käthchen und Lothar etwas gibt", verriet Frau Becker Tante Lenchen, und Tante Lenchen verriet es mir.

Frau Becker lud mich zu sich nach Hause ein. Ich war vierzehn, Lothar sechzehn Jahre alt.
Sie machte nach dem Kaffeetrinken das alte Grammophon an.
„Ich liebe Walzermusik. Komm, Lothar, jetzt kannst du Käthchen deine Tanzkünste beweisen."
Zaghaft nahm er mich an die Hand. Wir machten Walzerschritte, Lothar steif und unbeholfen.
„Das macht mir richtig Spaß", flüsterte ich. Die Alten guckten uns amüsiert zu.

„Unvorstellbar für unsere Zeit", unterbreche ich. „Unsere Kinder würden sagen ‚peinlich'."

Lothar wirkte unentschlossen. Er schien konzentriert auf die Schritte zu achten und ließ Nähe nicht zu.
Als wir aus dem Takt gerieten und uns recht plump berührten, entschuldigte er sich hastig. In meiner Erinnerung war es das erste Mal in meinem Leben, dass ich mir gewünscht habe, Gedanken lesen zu können.

Er lernte nach der mittleren Reife auf dem Landratsamt. Dass er etwas kräftiger war, störte mich anfangs nicht. Ich mochte seine ruhige, dunkle Stimme, die die guten Gespräche klangvoll inszenierte. Und ich war fasziniert, als er eines Tages seine langen schmalen Finger der großen Hände auf der Geige tanzen ließ, mit einer Begeisterung und einem Temperament, das ich ihm niemals zugetraut hätte.
Auf dem Weg zum Geigenunterricht fuhr er mit dem Fahrrad bei uns vorbei, immer donnerstags genau um zehn Minuten vor drei Uhr am Nachmittag. Ich freute mich auf Donnerstag, achtete auf die Zeit und wartete am Fenster, minutenlang, wollte ihn doch auf keinen Fall verpassen.
Er guckte hoch und grüßte freundlich. Ich winkte schüchtern

zurück und hing dem ach so kurzen Moment noch eine Weile nach.

Beckers kamen regelmäßig zu Besuch.

„Schön, dass du mitgekommen bist, Lothar", hörte ich Tante Lenchen sagen. Damit hatte ich an diesem Tag überhaupt nicht gerechnet und spürte eine Mischung aus Hochgefühl und Anspannung in mir hochsteigen.

Die Begrüßung war unbeholfen auf beiden Seiten.

„Na, geht doch ein bisschen spazieren", versuchte Frau Becker nach dem Kaffeetrinken unsere Steifheit zu entkrampfen.

Ich freute mich, dass Lothar sofort aufstand und mir zunickte. Wir schoben los, wobei mir Lothar einen verstohlenen Blick zuwarf.

Er wollte sich bei mir einhaken. Ich signalisierte ein Nein mit einer kleinen Körperdrehung. Eigentlich wollte ich doch, war aber schüchtern und unerfahren und wollte „erobert" werden. Lothar war nicht forsch genug. Er meinte, damit taktvoll zu sein.

Unsere Treffen waren holprig und blieben es auch.

Mein Interesse an Lothar begann, flüchtiger und unklarer zu werden, wie die Konturen des Horizonts bei Nebel.

Meine Freundin Toni erkrankte in diesen Monaten an einer schweren Lungentuberkulose. Ich besuchte sie, so oft ich konnte. Dann hockten wir über Stunden im Garten ihrer Eltern zusammen. Toni sollte viel draußen sein.

„Fräulein Lenkeit, haben Sie keine Angst, sich anzustecken?"

„Wir sind doch an der frischen Luft."

Die Eltern dankten mir jedes Mal, wenn ich Toni besuchen kam.

Auch wenn wir uns oft sahen, hatten wir keine Mühe, genügend Gesprächsstoff zu finden.

"Ich lese gerade ein wunderbares Buch", und schon erzählte sie mir ausführlich den Inhalt. Das Thema Liebe und Romantik nahm einen breiten Raum ein.

"Glaubst du an die Liebe auf den ersten Blick?", fragte sie mich einmal.

"Ja, ich träume davon."

Sie war indirekt mit Lothar verwandt. Ihre Stiefmutter war die Schwester von Lothars Mutter.

"Schrecklich, dass sie mir Lothar immer als leuchtendes Vorbild hinstellt. Verhätscheltes Muttersöhnchen."

Ernas Bemerkung "Der hat doch einen Mädchenpopo" steigerte nicht gerade meine Begeisterung für Lothar.

Beim nächsten Treffen nahm ich ihn stärker "unter die Lupe" und war unsicher, ob Erna nicht doch recht hatte.

Mein Vater war der Meinung, dass mir "die Welt noch offen stehe".

Die gemütlichen Erzählstunden mit meiner Mutter werden mir fehlen, wenn ich nächste Woche in Tennisurlaub bin. Aber ich freue mich auf die Auszeit, in der ich mich ausschließlich auf mich und meine Wünsche konzentrieren kann.

> "Gönn dir doch auch mal eine Woche ohne Familie", hatte Jörg vorgeschlagen, als Steffi und Florian fünf und sechs Jahre alt waren. "Dann habe ich kein schlechtes Gewissen, dass ich öfters mit den Kumpels segeln fahre."
>
> Er versicherte, dass er mit meiner Mutter zusammen für die Kinder sorge.
>
> Es dauerte eine Woche, bis mir sein Vorschlag reizvoll erschien, und dann noch einmal etliche Tage länger, bis ich den Mut hatte, es in die Tat umzusetzen. Ich meldete mich in einem Tenniscamp in Bayern an.

Eine lange Zeit war ich mit meinen Überlegungen bei der Familie, erst im Zug, dann beim Einschlafen, morgens der erste Gedanke. ‚Hoffentlich klappt alles. Dass nichts passiert!' Erst die letzten drei Tage konnte ich genießen, vierundzwanzig Stunden nur für mich.

Und dann das Wiedersehen.

So schön! Jörg hatte alles gut gemanagt. „Aber ich bin froh, dass du wieder da bist", meinte er schmunzelnd.

Ich war es auch, so sehr ich die Tage genossen hatte. „Man fährt gern, kommt aber genauso gern zurück."

Und so wurde meine Tenniswoche wie Jörgs Segeltörn zur jährlichen Gewohnheit.

Im Laufe der Jahre lernte ich dort in Bayern interessante Leute kennen, Sportler, auch charmante Männer. Abends beim Bierchen wurde viel erzählt und noch mehr gelacht.

Clemens hatte sich an dem Abend neben mich gesetzt. Wir redeten intensiv, fröhlich, gedankenreich. Es gab kurze intensive Blicke zwischen uns, viele persönliche Fragen seinerseits. Mir gefiel es. Etwas Gewissenhaftes, Tiefgründiges ging von ihm aus, als er von seinem Werdegang erzählte, von seiner Lebensphilosophie, ganz anders als ich es von Jörgs Denkweise kannte und seiner im Laufe der Jahre noch stärker gewordenen Angewohnheit, sich bei tiefschürfenden Gesprächen auszuklinken.

Als ich viel zu spät im Bett lag, konnte ich nicht einschlafen. Ich ließ die letzten Stunden noch einmal an mir vorbeiziehen.

‚Was ist da vorhin für ein Film gelaufen?! Ich habe mich so wohlgefühlt wie lange nicht mehr ... Wann hatte ich das letzte Mal das Gefühl, dass sich ein Mann für mich interessierte und so deutlich seine Wertschätzung zeigte!? Faszinierend, wie Clemens begeistert von seinem Beruf als Arzt erzählen kann! Eigentlich gefällt mir meine

Hochstimmung nicht, meine Schwärmerei. Oder doch? Jedenfalls werden Zweifel laut, die ich bisher immer zum Verstummen bringen konnte. Stimmt wohl die Theorie, dass man, wenn man rundum glücklich in seiner Beziehung ist, sich nicht für fremde Männer interessiert? Oder liegt der Reiz des Flirtens in der Natur der Sache?'

Ich hatte nicht vor, gegen meine Wertvorstellungen zu verstoßen.

Auch dem kommenden Tennisurlaub schaue ich mit Freude entgegen.

Ab und zu begegnet man Menschen, die mit ihrem Enthusiasmus, ihren Worten, mit ihren Visionen und ihrem Engagement die Seele berühren. Ich bin gespannt…

14

1999

„Die Lebenserwartung von Zahnärzten steht fast an unterster Stelle."

Diese Hiobsbotschaft musste ich mir anhören, vorgetragen von einem Hamburger Lehrer abends am Biertisch.

„Die These stammt nicht von mir", setzte er hinzu. „Es gibt wirklich eine solche Statistik."

Tage später ertappe ich mich dabei, dass ich darüber nachdenke. Tatsächlich stecke ich einen achtstündigen Arbeitstag nicht mehr locker weg. Abends bin ich zunehmend erschöpft.

Selbst als „alter Hase" nach zwanzig Berufsjahren überkommt mich regelmäßig sonntagabends eine Unruhe. Ich mache mir Gedanken, was alles in der kommenden Woche zu bewältigen sein wird, ob ich allen Ansprüchen gerecht werden kann.

Als Zahnärztin möchte ich keinem weh tun, alles soll in gleicher Präzision gelingen. Der Zeitdruck ist immens. Die unterschiedlichen Vorstellungen der Patienten müssen in gleicher Weise befriedigt werden.

Leider nehmen Compliance, Geduld und Dankbarkeit von Seiten der Menschen eher ab, Egoismus ist weit verbreitet. Und die Bürokratie scheint einen manchmal aufzufressen.

Ich lasse meine Mutter nach der Rückkehr an meinen Gedanken teilhaben.

„Du hast dich schon immer unter Druck gesetzt, Utchen. Ein dickeres Fell wäre besser."

Meine Mutter kennt mich gut.

Wenn alles optimal läuft, bin ich rundum zufrieden. Ich will mich nicht beklagen.

„Jetzt erzähle ich dir erst einmal von meinem wunderschönen Tennisurlaub. Ich habe gute Leute kennengelernt. Einer kam aus Münster, seine Großeltern sind auch aus Ostpreußen geflüchtet. Jürgen – so heißt er – ist Dozent an der Musikhochschule, ein sensibler charismatischer Mensch, acht Jahre jünger als ich. Er plant ein Sabbatjahr, um in Afrika ein Hilfsprojekt zu unterstützen. Wir konnten wunderbar miteinander reden. Jürgen hatte den Gedanken, dass er Leute um sich scharen wollte, die eine Vision für ein besseres Zusammenleben der Menschen haben und für eine größere Achtsamkeit der Natur gegenüber und die als Keimzelle für eine große Bewegung wirken könnten. Diesen Gedanken hatte ich auch schon, denn ich bin der Meinung, dass wir als Gesellschaft definieren sollten, wie die Zukunft aussehen soll. Erstaunt und berührt registrierte ich im weiteren Gespräch unsere Übereinstimmungen. So etwas hatte ich noch nie erlebt. Er führte weiter seinen Gedanken aus, dass es Menschen aus den unterschiedlichsten Berufen, Kulturen und Lebensformen sein müssten, um die Aspekte einer werteorientierten, gerechteren Gesellschaft zu beleuchten und zu diskutieren. Und nicht so dogmatisch, sondern mit konkreten Ideen und Konzepten. Wir haben die Sache dann länger weitergesponnen. ‚Wir beide könnten der Kristallisationspunkt sein', meinte Jürgen. Und was besonders schön ist: er teilte meine Begeisterung für das Tanzen. Die Gruppe war fast durchweg feierfreudig. Nach ein, zwei Bierchen wurde die Stimmung beschwingt, und wir haben den Moment in völliger Entspannung ausgelebt", erzähle ich meiner Mutter.

Jetzt spüre ich für mich das gute Gefühl nach. Unbekümmert sein, lebendig, den Rhythmus der Musik spüren, die Emotionen in die Bewegung geben, schweben. Fast unwirklich schön! Ich will kein schlechtes Gewissen haben.

‚Jetzt die Zeit anhalten', war ein verlockender Gedanke.

Ich tauche aus meinen Gedanken auf. Unsere Herzkladde liegt bereit.

1934

Ich besuchte die Handelsschule. Erna hatte sie inzwischen beendet und eine Stelle im Büro in Pillkallen begonnen, mir besorgte sie einen Ausbildungsplatz bei der Sparkasse. Wir bewohnten zusammen ein Zimmer mit einem einzigen Bett.
„Kannst du mal deine Beine ruhig halten", hörte ich eine genervte Schwester.
*„**Du** machst dich breit!", meinte ich trotzig.*
„Schlaf schön, Käthchen."
Erna war auf Harmonie bedacht.

Im Juni 1934 ging ich mit Erna und Magda zur Sonnenwendfeier. Ich erinnere mich an den Fanfarenruf, an die feierliche Entzündung des Feuers, an den gemeinsamen Gesang.
Es war Vollmond, der – wie ich empfand – das Himmelszelt weiter und heller denn je erscheinen ließ. Ich wurde von dem Gefühl ergriffen, einem unvergleichlich bedeutenden Abend beiwohnen zu dürfen. Viele Bekannte waren gekommen, mit denen ich in tiefe Gespräche eintauchte.
Plötzlich wurde ich gewahr, dass ich meine Schwestern verloren hatte. Ich schaute auf die Uhr, es war kurz vor vierundzwanzig Uhr.
‚Was soll ich tun?', überlegte ich und machte mich kurzentschlossen allein auf den Weg, sechs Kilometer zu Fuß bis nach Hause, auf einsamen Wegen.
Ein bisschen mulmig war mir schon, aber Angst kannte ich nicht.

„Später erst habe ich verstanden, dass die wiederentdeckte Tradition der Sonnenwendfeiern von den Nationalsozialisten bewusst als Pflege vermeintlich germanischer Bräuche eingesetzt wurde und einen festen Platz im nationalsozialistischen Festkalender bekam", wirft meine Mutter jetzt ein.

Eines Tages in dieser Zeit wurde Erna von einem herumstreunenden Hund gebissen. Sie hatte ihm ein Stückchen ihres Brotes abgeben wollen.

Im Krankenhaus machte sie die Bekanntschaft eines jungen Arztes.

"Er schwärmt von seiner Berufung, Arzt zu sein, und hat mich in dem Entschluss bestätigt, später ein Medizinstudium zu beginnen", berichtete sie mir.

Erna und Hans – so hieß er – trafen sich regelmäßig in ihrer Mittagspause.

Als ich den beiden begegnete, waren sie, Hand in Hand, in froher Stimmung ins Gespräch vertieft. Erna strahlte, als sie mir von ihren Zukunftsplänen mit Hans vorschwärmte. Sonst eher ernst und nüchtern, sprudelte sie vor glückseliger Fantasie.

Monate später spürte ich eine Veränderung. Erna sah unendlich traurig aus, mehr in sich gekehrt als jemals zuvor.

"Was ist passiert, Erna?", fragte ich sie beunruhigt.

"Hans hat sich distanziert." Ganz zögernd erzählte sie mir, dass sie die Intimitäten, die er erbat, des guten Rufes wegen nicht mitmachen wollte.

Ich nahm sie in den Arm. "Lass uns eine schöne Reise planen. Dann kommst du auf andere Gedanken." Sie nickte dankbar, und wir setzten es in die Tat um.

Mehrere Tage wanderten wir die kurische Nehrung entlang, neunzig Kilometer bei strahlendem Sonnenschein und erholsamer Rast an der schönen Ostsee.

"Wenn einem nicht ein wundersames Bild in der Seele fehlen soll, dann muss man die kurische Nehrung gesehen haben", schrieb einst Wilhelm von Humboldt.

Malerisch war der durchgezogene Streifen weißen Sandes entlang der Landzunge. Hinter Rossitten begann die einzigartige

Dünenlandschaft, die sich im sanften Bogen entlang des Haffs bis nach Nidden zog, gewaltige Sanddünen, strahlend gelb und silbrig, wie ein Wall, den zu erklimmen fast beklemmend war.

Als wir oben ankamen und auf beide Meere sehen konnten, waren wir überwältigt, das strahlende Himmelsblau und die unendliche Vielfalt der Blautöne der weiten Wasserfläche zu beiden Seiten.

Jetzt wanderten wir in Richtung Ostsee durch den windschiefen Kiefernwald. Das helle Blau des Meeres schimmerte an manchen Stellen durch die Bäume. Wir erreichten die Ostsee auf sandigen Pfaden. Schon von weitem hörten wir sie in ihrer kraftvollen unaufhörlichen Bewegung.

Die Brandung verschlug uns fast den Atem, gewaltig, ein Naturspektakel, das wir so von der Ostsee nicht erwartet hatten.

„Da gehen wir besser nur mit den Füßen rein", meinte Erna mit dem nötigen Respekt vor der Naturgewalt.

„Die schmalste Stelle zwischen Haff und Ostsee bemisst dreihundertachtzig Meter, wie ich später nachgelesen habe."

Nidden als Künstlerdorf war ein unvergessliches Erlebnis mit hübschen bunten Holzhäuschen, die Dächer mit verzierten Giebeln und der Niddener Friedhof mit den grünlich verwitterten Totenbrettern auf den Gräbern, die schweren Holzkreuze mit den heidnischen Motiven und den alten deutschen Inschriften, die Reinheit der Natur und die Faszination des Lichtes allgegenwärtig.

Wir kamen frohgelaunt und braungebrannt nach Hause zurück. Erna ging es von da an wieder besser.

Nach eineinhalb Jahren bei der Sparkasse hatte ich ein Angebot bei der Deutschen Arbeitsfront, kurz DAF, bei der ich statt der fünfzehn Reichsmark (RM) direkt sechzig pro Monat verdienen sollte. *Durch Beziehungen konnte ich den Lehrvertrag auflösen, was ich später bereute.*

Ich lernte Hilde Ringstedt kennen, eine hilfsbereite Kollegin aus einer anderen Abteilung, aber ich konnte wegen ihrer Verschlossenheit keine Vertrautheit entwickeln.

Von anderen erfuhr ich, dass sie ein Verhältnis mit ihrem verheirateten Chef hatte. Die Situation war unangenehm, weil es immer wieder vorkam, dass ich in unser gemeinsames Büro kam und Hilde gerade mit dem Chef fest umschlungen Zärtlichkeiten austauschte oder er seine Hand hastig unter ihrem Rock hervorzog.

„Oh, Entschuldigung." Schnell machte ich die Tür wieder zu und drehte mit rotem Kopf auf dem Absatz um.

„Ich möchte da am liebsten aufhören", klagte ich bei meinen Eltern und deutete aus Scham die Beobachtungen nur an.

„Dann bewirb dich doch bei der KdF (Kraft durch Freude) in Insterburg", meinte mein Vater.

Ich hatte Erfolg und fing in der Abteilung für die Organisation von Reisen an.

Ich bewohnte ein kleines Zimmer im Dach, gemütlich mit Schräge, und ging oft mit Eva, der Tochter meiner Vermieterin, ins Kino. Vor jeder Filmvorführung gab es eine lang ausgedehnte Wochenschau mit viel politischer Propaganda, dann kam der ersehnte Heile-Welt-Film mit Schmalz und Liebe.

„Hoffentlich erleben wir so etwas auch", träumte Eva.

„Ohne Liebe kann ich mir ein Leben nicht vorstellen", pflichtete ich bei.

Ein paar Tage später traf ich Lothar zufällig bei Tante Lenchen und Onkel Mattes wieder. Wir verabredeten uns im Café Wien zum Tanzen.

„Schau mal, der Stehgeiger spielt heute!" Lothar strahlte.

Ich mochte Lothar gern. Wir konnten uns offen und ehrlich über viele Themen austauschen, aber er war nicht meine große Liebe. Ich merkte deutlicher als noch vor ein paar Monaten, dass er niemals imstande sein könnte, mein Herz zu berühren. Ich war mir sicher, dass eine vorwiegend kameradschaftliche Basis mir nicht genügen würde, um in einer Partnerschaft glücklich zu werden.

Die Schmetterlinge im Bauch fehlten, die Sehnsucht nach Zärtlichkeit spürte ich in seiner Gegenwart nicht. Wie oft hatte ich mir als Teenager romantische Stunden vorgestellt. Nein, darauf wollte ich nicht verzichten!

Von der KdF aus unternahm ich meine erste große Reise – es sollte meine einzige bleiben – nach Italien.

„Sie sind eine zuverlässige Mitarbeiterin, auf die wir nicht mehr verzichten möchten", lobte mich mein Vorgesetzter schon nach ein paar Monaten und bot mir an, die nächste Reise nach Italien mitzumachen. Ich konnte mein Glück kaum fassen und sagte spontan zu.

‚Aber ich habe gar nichts Besonderes anzuziehen', fiel mir am Abend ein, als ich mir ausmalte, welch festliche Bälle auf dem Schiff veranstaltet würden.

Ich ließ mir ein wunderschönes Tanzkleid nähen, mit recht gewagtem Ausschnitt.

„Sie können es sich leisten", redete mir die Schneiderin zu.

Kurz nach Weihnachten ging die Reise los, mit einem Sonderzug von Königsberg aus, er hatte Aufenthalt in Berlin.

Onkel Emil und seine Frau Elly standen schon wie verabredet am Bahnhof und nahmen mich in ihre kleine Wohnung mit, eine Wohnung, die durch die hohen Räume, die stuckverzierten Decken und die knatternden Holzdielen ganz viel Charme verbreitete und mich romantisch einlullte.

„Anfangs war unser Heimweh nach Ostpreußen groß", erzählte Emil nachdenklich, „nach der Idylle auf dem Land und nach den herzlichen gastfreundlichen Menschen. Vor allem, weil der Weggang unfreiwillig war. Eine Hochzeit mit dickem Bauch galt als Blamage. Hier in Berlin hat es keinen interessiert."

Abends gingen wir gemeinsam aus. Ellys kindliche Fröhlichkeit steckte mich an. Sie plapperte so erfrischend von ihrer kleinen Tochter, dass ich mich ganz in ihre Welt hineinfühlen konnte. Ich verlor mich für einen Moment in meinen eigenen Träumen.

„Jetzt müssen wir aber los", schien es Emil zu bemerken, und er drängte zum Aufbruch. „Sonst verpasst du deinen Anschlusszug nach Genua."

„Beim nächsten Mal möchte ich unbedingt eure Tochter kennenlernen. Schade, dass sie gerade jetzt bei einer Freundin ist."

Im Zug fand sich ein Grüppchen aus Insterburg zusammen, Hildchen aus Pillkallen, Ernas Nachfolgerin im Büro, „Onkel Hänschen", Diplomhandelslehrer, schon etwas älter, klein, dicklich, mit Glatze, herrlich lustig. Zwei Soldaten gesellten sich zu uns, die sich bei mir im Büro für die Reise angemeldet hatten.

Von Genua ging es Richtung Neapel mit der „Stuttgart", einem Passagierdampfschiff, das im Krieg als Lazarettschiff dienen würde.

Als ich am nächsten Morgen an Deck ging, fühlte ich mich in eine andere Welt versetzt. Das unendlich weite glitzernde Meer, die malerische Küste mit Orangen- und Zitronenhainen, Zypressen, Möwen, die uns begleiteten, weiße Wolken, die unruhig am Himmel flatterten, das Schaukeln des Schiffes auf bewegter See.

Aber an diesem Tag machte uns zunehmender Wind zu schaffen.

Die Wellen wurden höher, Schaumkronen zeichneten ein bizarres Bild. Es ging schließlich hoch auf Windstärke 9, so dass kein Passagier mehr draußen bleiben durfte. Nur wenige überstanden die Fahrt ohne Seekrankheit. Mich hatte es heftig erwischt.

„Gleich biegen wir ein in die Bucht von Neapel", sprach mich ein älterer Herr an. „Sie werden überwältigt sein und Ihre Übelkeit vergessen. Die einsetzende Dämmerung verstärkt das Schauspiel."

Er hatte nicht ahnen können, dass mich schon der Anblick der Inseln Procida und Ischia aufs Äußerste faszinierte und ich bei der Weiterfahrt plötzlich starr vor Staunen ein unkontrolliertes „Unglaublich!" von mir gab, das alle Umstehenden mit beipflichtenden Kommentaren bestärkten und manche Kenner meine offensichtliche Unerfahrenheit wohlwollend belächelten.

Der Anblick der grandiosen weiten Bucht von Neapel mit der in pulsierendes Licht getauchten Stadt vor dem Hintergrund des übermächtigen legendären Vesuvs, begleitet von dem Stimmengewirr der aufgeregten Passagiere, die teils lautstark ihre Gefühle zum Ausdruck brachten, manche schweigend – in den Armen des Partners – die unwirkliche Größe und Schönheit dieses Augenblicks für die Ewigkeit zu bewahren versuchten, ließ meine Tränen nicht mehr länger zurückhalten. Ich war überwältigt!

‚Sieh Neapel und stirb', schoss mir jetzt Goethes Ausspruch während seiner Italienreise durch den Kopf. Ich kann sagen, dass die Ankunft im Golf von Neapel zu den erhebendsten Momenten in meinem Leben gehörte.

„Endlich wieder festen Boden unter den Füßen", fühlte ich mich erlöst, als wir im Hafen festmachten und ich leicht taumelnd an Land ging.

„Du bist ja fast grün." Onkel Hänschen wollte mich stützen, aber das gefiel mir nicht, auch nicht sein Scherz.

„Ich bin schon wieder fit", log ich, als wir uns in Richtung Galleria Umberto bewegten.

„Mich wundert es, dass in solch einer berühmten Stadt die Wäsche in den Gassen flattert", bemerkte ich, und Onkel Hänschen lachte. „Das ist doch typisch italienisch!", rief er.

Mit magischen Bildern im Kopf setzten wir die Reise fort, sanft schaukelnd in leichten Wellen. Der Sturm hatte sich gelegt. Es ging vorbei an Sorrent, an Capri, wo die rote Sonne schon im Meer versunken war.

Die Reise führte schließlich nach Venedig, einem Ort, der meine Seele zutiefst berührte und einen Gefühlstaumel wie ein Feuerwerk in mir entzündet hat.

Rialtobrücke, Dogenpalast, die nächtliche Fahrt mit der Gondel auf dem Canal Grande zum Markusplatz, alles das habe ich tief in meinem Herzen für immer bewahrt.

‚Sollte ich einmal den Schatz für mein Leben finden', war mein Gedanke, ‚wird Venedig das Ziel meiner Träume mit ihm sein, eine romantische Kulisse für unsere Hochzeitsreise …'

Bei der Heimfahrt war mein halber Koffer gefüllt mit Mandarinen, die ich zuvor noch niemals probiert hatte und die ich günstig erstehen konnte. Zu Hause gab es nur selbstgeerntetes Obst, außer zu Weihnachten ein paar Orangen.

Wochenlang schwärmte ich meinen Eltern von den vielen Eindrücken und Erlebnissen vor.

„Eines Tages hatte mich ein Herr auf dem Schiff angesprochen: ‚Sind Sie Fräulein Lenkeit?' Auf mein erstauntes Nicken fuhr er fort: ‚Ich kannte Ihre Mutter in der Jugend gut. Bestellen Sie ihr einen schönen Gruß. Mein Name ist Ehlert. Kurt Ehlert.' Und dann fügte er noch hinzu: ‚Ich habe nie geheiratet.'"

Meine Mutter schmunzelte vielsagend. „Ja, den kannte ich

mal ... Und dein Tanzkleid, hast du es oft gebraucht?", wechselte sie schnell das Thema.

„Ja, es gab jeden Abend Tanz, aber ich habe mich nicht wohlgefühlt. Ich lasse den großen Ausschnitt ändern."

„Das bin ich nicht", erklärte ich Fräulein Matutt, unserer alten Schneiderin, als ich sie nach der Reise wieder aufsuchte. „Ich möchte es umarbeiten lassen."

Sie musterte mich mit wohlwollendem Blick. „Mir gefällt es so, aber wenn du willst, nähe ich einen Gazestreifen darauf."

Ich trug es von da an gern, nur gab mir der bald einsetzende Krieg kaum noch Gelegenheit dazu.

15

„Von dir hört man kaum noch etwas. Haben dich die Geschichten deiner Mutter so gepackt?" Meine Freundin Ina möchte sich mit mir zum Tennis verabreden.

„Ich merke, dass ich ganz tief zu meinen Wurzeln durchdringe."

„Deine Mutter kommt doch aus Ostpreußen vom Bauernhof?"

„Ihre Eltern besaßen ein größeres Landgut. Sie hatten schon viel Wohlstand für die damalige Zeit, auch eine Hauslehrerin. Aber während der Weltwirtschaftskrise verloren sie alles, und dann die Flucht mit nur einem Rucksack."

„Deine Herzenswärme und Bescheidenheit hast du auf jeden Fall von deiner Mutter!"

„Ich bewundere an ihr, dass sie Zufriedenheit und Selbstwertgefühl nie an materiellen Dingen festgemacht hat. Ich habe eine wunderbare Mutter, unglaublich stark, die sich selbst nicht übermäßig wichtig nimmt und bei allen Schicksalsschlägen nie die Lebensfreude und Zuversicht verloren hat."

„Ich würde mir wünschen, dass meine Tochter auch mal so von mir schwärmt." Ina lacht.

Beim nächsten Besuch erzähle ich meiner Mutter von dem Gespräch.

„Ich bin dankbar für meine Kindheit in großer Geborgenheit und ohne Entbehrungen", meint sie. „Das konnte ich euch nicht bieten. Habt ihr manchmal gelitten, dass wir uns über Jahre hinweg einschränken mussten?"

„Gelitten gar nicht, nur später als Jugendliche wurden die Wünsche größer. Ich habe mir ausgemalt, welch schöne Garderobe ich mir von meinem ersten selbstverdienten Geld leisten würde."

„Du hast dir schon als Teenager gerne modische Sachen gekauft. Weißt du noch, wie du all dein erspartes Geld für einen terracottafarbenen Maxi-Mantel ausgegeben hast? Nur wenige trugen zu der Zeit lange Sachen. Ich habe staunend aus dem Fenster geguckt, als du von deinem ersten Schwarm abgeholt wurdest und ganz selbstsicher in der nach meinem Ermessen unpassenden Kleidung abschobst."

„Herrlich, die Erinnerung! Ja, da war ich wirklich mutig."

„Ich denke", erläutert meine Mutter, „dass heute materielle Dinge überbewertet werden. Der Automatismus von ‚immer mehr' und ‚immer ausgefallener' ist nicht die Quelle des Glücks. Aber manche Menschen laufen ihr ganzes Leben einer Utopie hinterher und könnten durch bewussten Verzicht so viel freier sein. Ich las letztens den Satz, der mir aus der Seele gesprochen ist: ‚Der Verzicht ist für unser Glück unverzichtbar.'"

> Und genau deshalb bin ich dankbar, dass ich meine Zufriedenheit nie von Materiellem abhängig gemacht habe. Trotz verrückter Käufe … Es hat mir immer das Gefühl von Unabhängigkeit, von Freiheit gegeben, nicht von dem Wunsch nach Luxusgütern getrieben zu sein, mich nicht mit anderen vergleichen zu wollen, nicht auf das zu schielen, was alles möglich ist.

„Und das Schöne liegt oft im Einfachen", antworte ich. „Erinnerst du dich noch an den Geburtstag von Reimund, dem Nachbarsjungen? Seine Mutter wollte ein besonders schönes Fest gestalten. ‚Reimund soll den Ehrentag als schöne Erinnerung im Gedächtnis behalten', war ihr Wunsch. ‚Und die Gäste auch.' Sie organisierte einen Museumsbesuch, es gab recht aufwändige Geschenke für die kleinen Gäste, dann pädagogisch wertvoll ausgedachte Spiele. ‚Was hat euch denn heute am besten gefallen?', hörte ich eine Mutter beim Abholen ihres Sohnes fragen. ‚Der tolle Spielplatz zum Schluss', kam die Antwort herausgesprudelt."

„Dem ist nichts hinzuzufügen." Meiner Mutter gefällt die Geschichte.

„Mir fällt noch eine andere Anekdote ein", fahre ich fort. „Florian war acht Jahre alt. Ich ging wie gewohnt an sein Bett, um gute Nacht zu sagen. Wir erzählten noch ein bisschen, plötzlich wurde er ganz nachdenklich. ‚Die Welt ist doch ungerecht. Ich weiß gar nicht, ob das so in Ordnung ist. Ich bin traurig.' Ich fragte ihn erstaunt, was er meinte und er antwortete: ‚Ja, heute in der Stadt haben wir einfach so sechs Paar Schuhe für Steffi und mich gekauft, und andere Menschen haben kaum genug zu essen.' Florian war sichtlich betroffen. Du kannst dir vorstellen, wie gerührt ich war! Die Füße waren gerade wieder gewachsen, die beiden brauchten Schuhe für Schulsport, Tennis und Alltagsschuhe."

„Was hast du erwidert?", möchte meine Mutter wissen.

„Wir sprachen eine Weile über Armut, über Probleme in anderen Ländern, über Möglichkeiten, zu helfen. Ich konnte ihn so gut verstehen. Dass ein Kind solche Gedanken hat, fand ich erstaunlich, ja, wunderschön."

16

1934

Meine Schwester Erna ging zum BdM (Bund deutscher Mädchen) nach Königsberg und arbeitete dort im Büro. Ich war erstaunt, als sie schon nach ein paar Monaten zu mir nach Insterburg kam.

„Die Weiberwirtschaft gefällt mir gar nicht."

Sie wollte mit dem BdM nichts mehr zu tun haben. Ich wurde das Gefühl nicht los, dass es andere Gründe für ihren Entschluss gab.

Wie hätte ich ahnen können, dass ich durch Ernas Krankheit später keine Gelegenheit mehr bekommen würde, die Ereignisse aus dieser Zeit mit ihr zu erörtern. Es bleibt ihr Geheimnis, ob sie zu dem Zeitpunkt über Hitlers wahre Pläne besser informiert war als wir und das Unheil ahnte. Aber wenn es so wäre, warum hat sie uns, die Familie, nicht eingeweiht, stattdessen in dem Glauben gelassen, dass Hitler Gutes für das deutsche Volk beabsichtigt? Fehlende Zivilcourage kann ich mir bei Erna nicht vorstellen. Vielleicht sah sie nicht die Möglichkeit, aktiv Widerstand zu leisten, ohne die Familie zu gefährden.

„Die Aufarbeitung der persönlichen Geschichte wird niemals alle Fragen beantworten können."

Meine Mutter hält inne, schaut mich mit einem fragenden Blick an. Ich spüre Traurigkeit bei ihr, mehr noch Melancholie.

„Ich habe mir schon oft die Frage gestellt, wie wohl mein Verhältnis zu Tante Erna gewesen wäre", versuche ich meine Mutter abzulenken.

Sie lächelt dankbar.

Erna war ein Mensch, dem man Vertrauen entgegenbrachte. Im Büro eines großen Porzellanwarengeschäftes in Insterburg fand sie schnell eine Stelle, und wir nahmen uns zusammen ein größeres, schönes Zimmer im alten Schloss. Erna kaufte sich wertvolles Geschirr, auch ein wunderschönes weißes Service mit Goldrand.

„Für meine Aussteuer", meinte sie. „Auch wenn ich Ärztin werde, möchte ich heiraten und Kinder bekommen."

„Sind das die Teller, die wir nur bei Besuch benutzt haben?", fällt mir dabei ein. „Und auch die große Suppenterrine?"

„Ja, ich habe sie retten können, sowie auch Teile des Rosenthal Kaffeeservices meiner Mutter. Leider blieb das meiste in Ostpreußen, auch drei silberne Kaffeekannen in verschiedenen Größen, die unser Pferd Olga beim Rennen gewonnen und der Reiter uns überlassen hatte, weil er für das Reiten nichts bezahlen musste."

„Seid ihr selbst nicht geritten?", will ich wissen.

„Erna ist viel geritten, als wir noch auf dem Gutshof lebten, aber Turniere waren für Mädchen nicht üblich. Magda und ich waren damals noch zu klein."

Meine Eltern wohnten weiter in Amalienhof. Inzwischen hatte mein Vater die Vertretung einer Textilfirma übernommen. Im Winter suchte er Landwirte in Dopönen sowie in seinem Geburtsort und Umgebung auf.

„Schön, dass wir uns auf diese Weise wiedersehen", begrüßte Landwirt Grau meinen Vater. „Ich brauche gute Qualität für dicke Wintermäntel für die ganze Familie."

Mein Vater freute sich über den Großauftrag.

„Hast du deine Kollektion schon den Nachbarn gezeigt?", wollte meine Mutter wissen. Sie kannte meinen Vater gut und auch seine zurückhaltende Art.

„*Ich wollte sie nicht bedrängen.*"

Während mein Vater vierzehn Tage unterwegs war – er übernachtete bei Oma und den Onkeln in Dopönen – musste meine Mutter alles auf dem Hof allein bewerkstelligen. Es war einsam dort.

Ich hatte ein mulmiges Gefühl, weil noch ein Bulle in Pension stand, der nur behelfsmäßig an einem Holzklotz festgemacht war. Ich betete, dass meiner Mutter nichts passieren würde.

Nach ein paar Wochen konnten wir aufatmen.

„*Ich habe gute Geschäfte gemacht und bleibe jetzt hier*", *entschied mein Vater.*

Wir wähnten uns in dem Glück, die schwere Krise mit dem Verlust des Hofes und den Geldsorgen überstanden zu haben. Aber dann kam ein Schicksalsschlag, der eine andere Dimension besaß.

Meine Schwester Erna wurde schwer krank.

Angefangen hatte es mit einem Besuch bei Verwandten. Wir kamen spät nachts bei strömendem Regen mit dem Fuhrwerk zurück nach Amalienhof. Erna und Onkel Carl gingen sechs Kilometer zu Fuß nach Stallupönen und fuhren mit dem ersten Zug direkt zur Arbeit.

Erna hat sich furchtbar erkältet. Sie verschleppte die Krankheit lange.

„Bleib doch heute zu Hause. Du hast ja Fieber!" Meine Mutter war besorgt, doch Erna wischte ihre Bedenken weg: „Nur eine kleine Halsentzündung." Sie war zu pflichtbewusst, um sich Ruhe zu gönnen.

Seit der Krankheit war sie geschwächt und anfällig für andere Krankheiten. Sie musste immer häufiger das Bett hüten. Die Lymphdrüsen waren ständig geschwollen.

Erna konnte immer seltener zur Arbeit gehen, bald schon gar nicht mehr. Sie blieb bei meinen Eltern in Amalienhof.

"Ich nutze die Zeit, um Latein zu lernen", meinte sie tapfer. "Ich möchte alles nachholen und später einmal studieren und Augenärztin werden."

Meine Eltern litten sehr darunter, dass sie ihr trotz großer Begabung keine adäquate Schulausbildung hatten ermöglichen können.

"Das hätte sich niemand träumen lassen", hörte ich meine Mutter zu meinem Vater sagen. Beide stammten aus wohlhabenden Verhältnissen und kannten andere Zeiten.

Wenn ich von Insterburg nach Hause kam, freute ich mich auf gemütliche Erzählstunden mit meinen Eltern. Aber meine Mutter saß fast nur noch an Ernas Bett, so dass mich ab und zu das Gefühl der Eifersucht beschlich. Ich ahnte nicht, wie es um meine Schwester bestellt war und habe mich später für meinen Egoismus geschämt.

Eines Tages kam Herr Kibellus, Hilde Ringstedts Chef, in mein Büro der KdF.

"Hilde möchte gerne nach Insterburg", meinte er. "Könnte sie bei Ihnen unterkommen?" Er schaute mich fragend an. "Für Ihre Schwester tut es mir sehr leid."

Er hatte von Hilde erfahren, dass Erna nur noch ganz selten zur Arbeit nach Insterburg kommen konnte. Sein vermeintliches Mitgefühl deutete ich als berechnenden Schachzug. Er war der Typ Mensch, dem ich keinen Gefallen tun wollte, aber ich dachte an den Anteil der Miete und willigte notgedrungen ein.

Unser Zimmer in der Schlossanlage gehörte zu einem großen Komplex, dem auch das Gefängnis angeschlossen war. Der Gefängniswärter lebte mit seiner Familie in einem Nebengebäude. Ein großes, möbliertes Zimmer hatte er an uns untervermietet.

Sein riesiger Schäferhund lag meist im Flur. Nachts, wenn ich auf dem Weg zur Toilette an ihm vorbeimusste, funkelten in der Dunkelheit seine großen Augen, und er ließ ein leises Knurren vernehmen.

„Ich versuche, abends nichts mehr zu trinken", meinte Hilde, und ich nahm es als Ratschlag auf.

Eines Abends – Hilde und ich kamen aus dem Theater – tauchte plötzlich aus dem Dunkeln eine Gestalt auf. Wir zuckten zusammen, von uns beiden gleichzeitig ein unterdrückter Schrei. Jetzt erkannten wir Kibellus.

*Er ließ sofort Vorwürfe auf Hilde prasseln. „Warum trägst du heute mein Lieblingskleid? Ich habe es dir geschenkt, dass du dich für **mich** schön machst!" Schimpftiraden murmelnd lief er hinter uns her.*

Durch ein schweres Eisentor gelangten wir auf den Hof, der umrahmt war von Gefängnis, Landgerichtsgebäude und Nebengebäude, in dem wir unser Zimmer hatten. Hilde blieb mit Kibellus zurück.

„Soll ich auflassen?" fragte ich.

„Ja, ich komm gleich nach."

Ich ließ das Tor auf, das Haus, auch unser Zimmer.

Nach langen zwei Stunden, in denen ich, völlig übermüdet, keine Entspannung fand, immer wieder auf den Flur hinaus horchte und Hilde innerlich verfluchte, trudelte sie schließlich ein. Sie ging ohne Blickkontakt, ohne ein Wort der Entschuldigung oder Erklärung an mir vorbei und direkt ins Bett.

Ich war empört! Sollte ich sie zur Rede stellen? Ich wollte keinen Streit mitten in der Nacht.

‚Morgen werfe ich sie raus', war mein Gedanke beim Einschlafen, als die Wut noch in mir tobte so wie niemals zuvor.

Doch als ich morgens in Hildes trauriges Gesicht blickte, blieb ich stumm.

Mit meinen Eltern sprach ich über den Ärger und erhoffte einen Rat.

„Es wäre doch schön, wenn wir alle wieder zusammen sein könnten", machte mein Vater einen guten Vorschlag.

„Das wäre mein sehnlichster Wunsch!" Ich drückte Mutti und Papa erleichtert.

Nur war es schwierig, in Insterburg eine größere Wohnung zu bekommen.

Als Hilde mich noch ein zweites Mal wegen Kibellus abends warten ließ, offenbarte ich ihr meine düsteren Gedanken als so glaubwürdige Warnung, dass sie sich von da an einigermaßen bemühte, mich nicht zu stören.

Wir arrangierten uns leidlich.

Eines Tages entdeckte ich eine Annonce in der Zeitung, „Kleines Häuschen mit vier Zimmern zu vermieten." Ich rief über das nahegelegene Gut zu Hause an.

„Versuche, das Haus zu bekommen", freute sich mein Vater. „Ich komme so schnell wie möglich."

Das Häuschen war bescheiden, aber die knarzigen Dielen, die gemütlichen kleinen Räume und die hübsch bemalten Kacheln in Küche und Bad machten mir eine Entscheidung nicht schwer.

„Wir möchten das Haus mieten", erklärte ich unvermittelt Schapers, den Vermietern, und kam mit ihnen ins Gespräch. Sie bewohnten das leicht versetzt stehende größere Haus daneben.

„Ruth, unsere Tochter, ist so alt wie Sie", erklärte Frau Schapers. „Sie arbeitet auf dem Flughafen im Büro. Ich kann mir vorstellen, dass Sie sich verstehen werden."

Jetzt traf auch schon mein Vater ein. Er machte einen kurzen Rundgang und signalisierte mir mit einem Strahlen seine Zustimmung.

Meine Mutter sah es erst beim Einzug – sie war in Dopönen bei ihrem Bruder Fritz, dem sie half, wenn geschlachtet wurde. Amalienhof wurde verkauft.

Mit Ruth hatte ich mich schnell angefreundet.
„Morgen früh um sieben Uhr?" Ruth nickte.
Während des ganzen Sommers trafen wir uns vor dem Haus, in Bademantel und Badeanzug, und liefen die 50 m zur Angerapp, setzten die bunten Badekappen auf, um die Dauerwelle zu schützen, hopsten in das kühle Wasser und schwammen einmal ans andere Ufer und wieder zurück.
In Windeseile schlüpften wir in unsere Bademäntel.
„Herrlich!" Wir fühlten uns wie durchgewalkt, erfrischt und hellwach.

Mein Vater bekam eine Stelle bei der Stadtverwaltung im Passamt. Zu der Zeit kamen die Kennkarten auf, vergleichbar mit dem heutigen Ausweis. Auf graues Leinenpapier wurden mit der Hand die persönlichen Daten geschrieben, dazu ein Bild und Abdrücke des rechten und linken Zeigefingers.
„Mit solch einer deutlichen Handschrift können wir Sie gebrauchen." So absolvierte mein Vater mit seinen sechzig Jahren einen Plakatschriftlehrgang.
„Habt ihr nicht noch etwas zu schreiben?"
„Du bist ja richtig ehrgeizig", meinte meine Mutter.
„Es macht mir ungeheuren Spaß", erwiderte er lachend.

17

„War viel zu tun heute in der Praxis?", begrüßt mich meine Mutter. „Du siehst müde aus. Ich habe dich den ganzen Tag nicht im Büro sitzen sehen."

„Ja, heute war es heftig. Ein Patient trieb mich fast in den Wahnsinn. Bestimmt schon gefühlte zehn Mal habe ich ihm erklärt, dass es bei einer neuen Prothese Druckstellen gibt, dass er sie tragen muss und dann zeitnah vorbeikommen soll, damit ich die Stellen sehen kann. ‚So kann ich Ihnen helfen, und Sie bekommen schnell Ruhe', hatte ich ihm erklärt. Heute saß er wieder im Stuhl.

‚Haben sie den Ersatz getragen?', fragte ich und er nörgelte: ‚Ja, eine Stunde. Mehr geht nicht, es tut zu sehr weh, und gestern hatte ich keine Zeit zu kommen.' Ich schaute ihn an, schon leicht gereizt. ‚Der Techniker hat schlecht gearbeitet', setzte er dann noch eins drauf. Dass Druckstellen in der Natur der Sache liegen, weil beim Abdruck Gewebe eingedrückt wird und dann an der Prothese ‚zu viel' ist, schien er auch nach mehrmaliger Erklärung nicht verstehen zu wollen. Ich schaute in seinen Mund und sah NICHTS. Innerlich platzte ich fast. ‚Jetzt geduldig bleiben', redete ich mir gut zu. Ich erklärte nun zum elften Mal das Procedere: tragen, etwas Schmerz aushalten, zeitnah vorbeikommen. Nur so kann ich helfen. ‚Aber bitte tragen', flehte ich bei der Verabschiedung und hoffe nun auf das Wunder der Einsicht."

„Bist du mit deinem Beruf zufrieden?", fragt mich unvermittelt meine Mutter.

Ich muss lachen. Das kam wahrscheinlich gerade anders rüber. „Ja, ich bin gern Zahnärztin. Aber wie in jedem Beruf lässt man manches Mal in der Praxis Nerven. Die vielen freundlichen Patienten nimmt man als Selbstverständlichkeit hin und ärgert sich nur über die Undankbaren und Uneinsichtigen."

„Die Menschen änderst auch du nicht, Utchen. Nur die Art und Weise, wie du damit umgehst."

„Du hast recht, Mutti. Eigentlich weiß ich es, aber ich muss immer und immer wieder aufs Neue daran arbeiten, das Verhalten mancher Zeitgenossen nicht an mich heranzulassen. Bald sind wir in Urlaub, und die begonnenen prothetischen Arbeiten müssen noch fertig werden. ‚Ich habe keine Lust, in Tunesien einen Zahnarzt aufzusuchen', hörte ich heute von Frau Drüper. Sie wollte die Vorsorge wahrnehmen. Viele Patienten sind in den Schulferien auf großer oder kleiner Tour.

‚Besser noch mal schauen', ist der Wunsch. Zahnschmerzen braucht kein Mensch im Urlaub. Kommt aber doch mal vor. Letzte Woche Freitag rief ein Patient nachmittags aus seinem Urlaubsdomizil in Spanien in der Praxis an. Die Mitarbeiterinnen waren schon im Wochenende, der Anrufbeantworter noch nicht aktiviert. ‚Ich habe seit zwei Tagen Zahnschmerzen, möchte aber dort nicht zu einem Kollegen gehen.' Er ist ja weitsichtig, dass er schon aus dem Urlaub einen Termin ausmachen möchte, war mein erster Gedanke. ‚Würde es morgen bei Ihnen passen?', hörte ich jetzt vom anderen Ende. Er beabsichtige, seinen Urlaub zu unterbrechen. Ein Flug sei schnell gebucht. So wurde am Wochenende eine Notversorgung vorgenommen. ‚In vier Stunden geht mein Flieger wieder zurück.' Der dankbare Patient nahm zur Sicherheit noch ein paar Schmerztabletten entgegen."

„Ihr habt euch doch bestimmt über solch großes Vertrauen gefreut, trotz Störung am Wochenende!?" Meine Mutter kann sich sofort einfühlen.

Ich bestätige es schmunzelnd.

„Was ist eigentlich aus den Verliebten geworden?", frage ich dann.

„Du meinst Hilde und ihren Chef …?"

Hilde bewohnte nun das Zimmer im Schloss allein, beziehungsweise mit Herrn Kibellus, und die Folgen blieben nicht aus. Von Arbeitskollegen erfuhr ich, dass sie schwanger sei. Sie selbst er-

zählte es erst drei Monate vor der Entbindung, aber ohne erkennbare Freude.

„Vielleicht wird ja alles gut." Ich wollte ihr Mut machen und meinte, dass ihr Chef sich eventuell scheiden lassen würde und sie zusammen als Familie leben könnten. Daraufhin murmelte Hilde ganz leise und zögernd: „Ob ich dann glücklich wäre?!"

Unfassbar für mich, dass es noch nicht einmal die große Liebe zu sein schien.

Direkt nach der Geburt wurde sie schwer krank. Sie hatte eine lebensbedrohliche Infektion.

Ich besuchte sie in der Landesfrauenklinik in Insterburg. Ganz schmal und elend lag sie da.

Das Kind starb nach einer Woche.

„Kannst du dich um die Beerdigung kümmern?", fragte sie ohne emotionale Regung.

„Was ist denn mit Kibellus? Ich möchte ihm nicht dazwischenkommen. Er hat dich doch besucht?"

„Ja, einmal kurz ... Um sich Geld zu leihen." Jetzt merkte ich, dass sie mit den Tränen kämpfte.

Ich organisierte das Notwendige. Hilde tat mir leid. Sie musste sich sehr allein gelassen fühlen. Ihre Eltern wussten von nichts.

Ich fuhr mit Liselotte Schwarz aus unserer Abteilung ein paar Tage später zur Beerdigung.

Wir liefen gedankenversunken in Richtung Kapelle, als uns ein junger eleganter Herr mit Köfferchen eiligen Schrittes überholte, um sich dann noch einmal zu uns umzudrehen mit einem angedeuteten Lächeln.

„Was will der hier?!" Wir waren beunruhigt. Eilig verschwand er in der Kapelle.

Ein paar Minuten später trat er auch schon wieder heraus, freundlich nickend ... im Priestergewand.

Hilde fragte mit keinem Wort, wie die Beerdigung abgelaufen war. Sie war sterbenskrank. Ich war beunruhigt.

„Ich schreibe an deine Mutter", schlug ich vor.

„Nein, nein!", meinte sie hastig.

Ich schrieb heimlich. Die Mutter kam nach Insterburg, ich holte sie vom Zug ab.

„Nur weil ich Hilde kein Geld gegeben habe, als sie die Schulden ihres Verlobten, mit dem sie längst entlobt ist, zahlen wollte, hat sie den Kontakt abgebrochen", meinte Frau Ringstedt traurig. „Das ist drei Jahre her. Letztes Jahr starb mein Mann, ihr Vater, da habe ich sie informiert. Aber sie kam nicht zur Beerdigung."

Erst in diesem Moment wurde mir klar, dass es sie Überwindung gekostet haben musste, ihre Tochter zu besuchen.

Hilde begrüßte ihre Mutter wie eine Fremde, nicht ein Hauch von Gefühlsregung.

Als Frau Ringstedt zögernd über ihre fahlen Wangen streicheln wollte, zog Hilde ihren Kopf weg. Ich bereute in dem Moment, die Begegnung herbeigeführt zu haben.

„Du scheinst erschöpft zu sein", versuchte ihre Mutter, das abweisende Verhalten herunterzuspielen.

„Lass mich allein!" Hildes Worte, nicht besonders laut, aber hart gesprochen, hallten im Raum.

Frau Ringstedt zögerte einen Moment, dann nahm sie ihren Mantel, ihre Tasche und verabschiedete sich mit einem flüchtigen Gruß. Wir gingen zusammen hinaus.

„Es tut mir unendlich leid." Ich war tief erschüttert.

Jetzt sah ich im Augenwinkel, dass Frau Ringstedts Brustkorb heftig vibrierte, als wir über die Gänge liefen. Sie wollte das Schluchzen nicht hinauslassen.

Ich begleitete sie zum Zug nach Braunsberg.

Bei der herzlichen Verabschiedung hatte sie die Fassung wiedererlangt. „Versöhnung ist in meinen Augen immer möglich, aber es muss von beiden Seiten gewollt sein."

Ein paar Monate später kam ein Brief von Hilde. „Ich habe mich verlobt, aber schon jetzt spüre ich, dass es wieder nicht der Richtige ist. Langsam entwickele ich Männern gegenüber eine Aversion."

Ich hatte sie nie in mein Herz schließen können und sah den Zeitpunkt gekommen, den Kontakt zu ihr endgültig einzustellen.

Am 27. August 1939 wurde bekannt gegeben, dass ab sofort im ganzen Reich Bezugsscheine und Lebensmittelkarten eingeführt würden. Einen Tag zuvor hätte man noch alles einkaufen können, jetzt waren die Geschäfte geschlossen.

Vom nächsten Tag an lebten wir nach einem streng geregelten Kartensystem. Jeder, der gemeldet war, konnte Anfang des Monats eine bestimmte Menge abholen; rote Karten für Brot, blaue für Fleisch, gelbe für Fett und Käse, grüne für Milch. Es gab viele Grundnahrungsmittel, zu Weihnachten etwas Süßes.

Das Straßenbild Insterburgs war seit einiger Zeit von der Wehrmacht geprägt. Gruppen von Soldaten tauchten überall auf.

Insterburg war Garnisonsstadt. Wehrpflichtige, die ihren Dienst abgeleistet hatten, wurden nicht mehr entlassen. Das Abhören ausländischer Rundfunksender wurde unter strenge Strafe gestellt.

Am 1. September 1939 begann der Zweite Weltkrieg mit dem Überfall der deutschen Wehrmacht auf Polen.

Zwei Tage später reagierten Großbritannien und Frankreich darauf mit der Kriegserklärung an das Deutsche Reich.

Am 6. Oktober war die Eroberung Polens abgeschlossen, das Territorium wurde in das Reich eingegliedert.

Viele Menschen gingen in polnische Gebiete. Da sie Pässe brauchten, hatte mein Vater in der Stadtverwaltung viel zu tun. Er schrieb sie in seiner Plakatschrift.

Juni 1940, seit dreieinhalb Monaten war das deutsche Volk von einem Siegrausch in den anderen getaumelt. In vielen öffentlichen Gebäuden und Sparkassen hing eine Karte, auf der jeden Morgen mittels Stecknadeln mit bunten Glasköpfen die Front markiert wurde. Dänemark, Norwegen, Holland, Belgien, Luxemburg; Blitzkriege, schnelle Siege. Fahnen raus, Fahnen rein. Läuten der Kirchenglocken.

Am 22. Juni 1940 endete der im Mai begonnene Frankreichfeldzug mit dem Waffenstillstand. Die siegreichen Truppen kehrten aus Frankreich zurück, die Bevölkerung stürmte an die Straßen.

„Ich würde so gern mitkommen", meinte Erna traurig, als ich sie an ihrem Bett besuchte. Aber sie wusste, dass sie es nicht mehr schaffte.

Ich ging mit einem Kloß im Hals nach draußen. Ich spürte plötzlich deutlich, dass wir Erna verlieren würden.

An den Straßen herrschte Siegesfreude. Ich wurde mitgerissen, doch die konträren Emotionen schienen mich zu erdrücken. Dann zogen die Reiter vorbei, die Menschen jubelten und warfen Blumen und Zigaretten.

Erna ging es von Tag zu Tag schlechter. Sie bekam in immer kürzer werdenden Abständen Atemnot und rang mit großer Anstrengung nach Luft.

„Vera Widera ist gekommen", sagte meine Mutter an einem Tag Anfang Juli. „Sie hat Kuchen mitgebracht. Kann ich sie zu dir lassen?"

Erna schüttelte langsam den Kopf. Sie wollte keinen Besuch mehr.

Schließlich ist sie in den Armen meiner Mutter erstickt.

Es war der 15. Juli 1940. Erna wurde fünfundzwanzig Jahre alt.

„Jetzt verstehe ich, dass du immer sensibel auf erste Symptome einer Erkältung geachtet hast. ‚Seid vorsichtig. Man kann es leicht verschleppen', war deine Sorge."

„Ja, Ernas Tod war ein Trauma für mich, das Spuren hinterlassen hat. Vielleicht hätte ihr Penicillin helfen können. Das Antibiotikum kam erst 1942 auf den Markt, für Erna zu spät."

Unser Schmerz erschien unerträglich. Er blieb wie ein festverklebter Schleier, der keine anderen Gefühle durchließ. Das politische Geschehen rückte dadurch für uns in einen unerreichbaren Hintergrund.

Meine Mutter war schließlich die Erste, die wieder Zuversicht und Lebensfreude zu vermitteln versuchte.

„Erna ist doch immer noch in unserer Mitte und würde sich wünschen, uns glücklich zu sehen."

Onkel Fritz bekam drei Franzosen, die im Frankreichfeldzug gefangen genommen worden waren, als Landarbeiter zugeteilt. Es waren aufgeschlossene junge Männer, die regelmäßig Briefe und Päckchen von zu Hause bekamen und quietschvergnügt ihre Arbeit machten.

„Ich kann mich gut mit ihnen verständigen", freute sich Onkel Fritz. „Sie kennen einige deutsche Wörter und ich frische mein Französisch auf. Das macht Spaß. Ich sehe sie nicht als Feinde."

Von Seiten der Regierung wurde propagiert, sie nicht wie Menschen zu behandeln. Sie sollten nicht am Tisch mitessen.

„Daran halte ich mich, aber sie bekommen das gleiche", erklärte Onkel Fritz. „Wer arbeiten soll, muss sich auch vernünftig ernähren."

Nach ein paar Wochen merkte er, dass Magda immer öfter bei ihm vorbeischaute und mit dem Hübschesten von den drei Franzosen, Charles, anzubändeln begann.

Da schob sich vor seine große Toleranz eine feine Schranke, die sich, je verliebter die Blicke von Magda und Charles wurden, zu einer großen Barriere aufbaute.

„Das bringt nur Schwierigkeiten, Magda", war sein Kommentar.

Von da an wartete Onkel Fritz auf ihre Besuche vergebens.

Seit Kriegsbeginn lagen die Orte wegen möglicher Luftangriffe in gespenstischer Dunkelheit, keine Straßenlaternen, nichts. Kein Licht aus den Häusern durfte nach außen dringen. Es gab Rollen mit schwarzem Papier zu kaufen, die über den Fenstern abgerollt wurden.

Wenn Licht durch einen freien Spalt nach außen drang, klopfte der Luftschutzwart: „Mensch, Licht aus!"

Aber Fliegerangriffe gab es zu der Zeit äußerst selten in unserer Region.

Wir waren sparsam mit Beleuchtung. Kerzen nur, wenn elektrisches Licht ausfiel.

„Jetzt verstehe ich auch, warum du mal in kritischem Unterton zu mir sagtest: ‚So viele Kerzen!?', als ich es uns gemütlich machte."

Zu Kriegszeiten wurde das Tanzverbot nur aufgehoben, wenn große Siege zu feiern waren. So gab es wenig Gelegenheit, jemanden kennenzulernen.

Regelmäßig ging ich mit Magda an der Angerapp spazieren. Die Natur bot uns Abwechslung. Wenn es zu warm wurde, konnten wir im nahen Birkenwald Frische auftanken.

An einem milden Sommertag liefen wir fröhlich gestimmt in unseren bunten Lieblingskleidern über die Bogenbrücke auf die andere Seite und ließen uns auf der Wiese neben dem kleinen Sandstrand nieder, um uns zu sonnen.

„Bist du glücklich mit Heinz?", fragte ich sie unvermittelt. Wir hatten in einer gemeinsamen Schwesternaktion für sie auf eine Heiratsannonce in der Zeitung geantwortet, und ich spürte eine Mitverantwortung für ihr Glück.

„Er bemüht sich sehr um mich, und der Krieg lässt uns nicht wählerisch sein", war ihre nüchterne Antwort. Ihren vielen vergebenen Chancen versuchte sie nicht nachzutrauern.

„Es konnte ja niemand ahnen, dass der Krieg unsere besten Jahre rauben würde", meinte sie.

Während wir ganz versunken in unser Gespräch über die Liebe waren, hatte sich – von uns unbemerkt – ein Paddelboot mit zwei Soldaten genähert.

„Guten Tag, schöne Fräuleins", rief einer von weitem. Sie kamen näher und stellten sich vor.

Franz Scheel, ein Kölner, war mit seinen lustigen großen blauen Augen sofort sympathisch. Er geizte nicht mit Komplimenten und strahlte pure Lebenslust aus.

Der andere, Hugo Kleingürtel aus Altenessen, hielt sich im Hintergrund, ruhig und versonnen. Franz versuchte, ihn einzubeziehen. „Hugo ist ein toller Kumpel, der die Schönheiten dieser Welt kennt."

Wir vertieften uns in einen unbekümmerten Gedankenaustausch. „Jetzt müssen wir aber nach Hause zum Mittagessen", erschrak ich schließlich, als ich auf die Uhr sah. Rasch brachen wir auf.

„Können wir uns noch einmal treffen?", bat Franz eindringlich.

Wir verabredeten uns in einem der Lokale.

„Ich komme nicht mit." Magda war verlobt und hatte es so beschlossen.

„Dann frage ich Käthe Stamm."

„Natürlich begleite ich dich gerne."

Käthe war sofort dabei. Sie liebte Kinder über alles und träumte von einer eigenen großen Familie. Da fehlte ihr nur noch der Mann zum Heiraten.

Käthe nahm den lustigen Franz gleich in Beschlag. Schon nach kurzer Zeit rutschten sie dicht aneinander und gaben sich für Minuten stumm ihren Träumen hin. Im nächsten Moment plauderten sie und gluksten selig wie zwei Kinder auf der Schiffschaukel. Es schien bei den beiden Liebe auf den ersten Blick zu sein.

Ein bisschen war ich neidisch. Hugo berührte meine Seele keineswegs. Er war zwar warmherzig und gebildet, Optiker von Beruf, aber ich fand ihn nicht begehrenswert.

„Ich erwische nur kleine Männer mit Mädchenpopos", werde ich Toni berichten. Hugo faszinierte mich nicht, wenngleich ich mich gut mit ihm unterhalten konnte. Er las viel und wurde enthusiastisch, wenn er über ferne Länder erzählen konnte.

„Ich möchte die ganze Welt bereisen und viele Sprachen lernen."

Wir verabredeten uns noch ein paar Mal, wobei er recht bald gestand, verheiratet zu sein.

„Dann ist für mich die Sache erledigt", meinte ich entrüstet. „Das lehne ich grundsätzlich ab."

„Meine Frau kann keine Kinder bekommen. Nach dem Krieg verlasse ich sie sowieso." Er versuchte, mich umzustimmen. Aber ich wollte ihn absolut nicht mehr.

Abgesehen davon, dass ich ihn nicht begehrte, entpuppte er sich für mich als herzloser Mensch.

„Bei Käthe und Franz überdauerte die große Liebe den Krieg. Sie heirateten 1946 und eröffneten eine Tanzschule. Inzwischen haben zwei der drei Kinder den Betrieb übernommen."

„Woher weißt du das alles?", frage ich.

„Käthe berichtete regelmäßig im Heimatblättchen. Dann stand eines Tages ihre Todesanzeige drin. Meine Generation stirbt langsam aus. Ich weiß gar nicht, ob es die Zeitung noch gibt. Ich habe sie vor ein paar Jahren abbestellt, als ich kaum noch bekannte Namen las. Über die Jahre war das Heimatblatt meine liebste Lektüre. Sie hat mich immer tief in die Zeit katapultiert, als Frieden herrschte und wir jung und unbekümmert waren."

„Während des Krieges dann war das Kino oder Theater die einzige schöne, Entspannung bringende Abwechslung, zumal ich von meinem guten Gehalt sonst nicht viel kaufen konnte. Ich liebte das Abtauchen in eine heile Welt mit Filmen mit Zarah Leander und Marika Röck, leidenschaftliche Liebe wie in dem Film ‚Es war eine rauschende Ballnacht'."

„Bist du eine große Träumerin gewesen?", frage ich meine Mutter.

„Ja, ich denke schon. Eine romantische und stürmische Liebe mit einem sensiblen gebildeten Mann schien mir das Wichtigste zu sein. Im Laufe des Lebens ist ein bisschen die Ernüchterung gekommen, weil ich erleben musste, wie zerbrechlich die Liebe ist und was aus einer unendlich großen Liebe werden kann."

In manchen Augenblicken beneide ich meine Mutter. Sie hat sich ihren Träumen lange Zeit hingeben können.

Und ich, bin ich ungerecht in der Beurteilung meiner Beziehung? Ich trage viele Zweifel mit mir herum. Manchmal fühle ich mich wie in einer Falle. Ich spüre, dass ich in meinem Leben nicht die erträumte tiefe Liebe in innigem Gedankenaustausch und großer Seelenintimität haben werde, die es vielleicht auch nur ganz selten gibt, und ich weiß, dass ich nicht der Mensch bin, der etwas ändern wird.

Und doch bin ich dankbar und zufrieden, eingebettet in meiner Familie mit zwei wunderbaren Kindern und einem Partner, der über weite Strecken das Zusammengehörigkeitsgefühl mitträgt. Ich möchte die positive Hoffnung nicht verlieren und das Schöne in den Fokus rücken.

„Für mich seid ihr eine Vorzeigefamilie", hatte ich zwei Tage zuvor von einer Freundin aus der Tennisclique gehört.

Vielleicht gilt es jetzt, verborgene Gefühle – durch das Alltagsgeschehen einem Schrumpfungsprozess ausgesetzt – rechtzeitig aus dem Schlummer zu wecken, ehe sie im grenzenlosen Tiefschlaf abhandenkommen.

18

Im Juni 1941 waren auf den Chausseen tagelang Kolonnen der Wehrmacht vorbeigezogen. Die Kinder am Straßenrand hatten den Soldaten zugewunken, als sie fröhlich singend in Richtung Osten marschierten.

In Scheunen, Turnhallen und Spritzenhäusern waren sie einquartiert und hatten ausgelassen den Vormarsch gefeiert, nicht ahnend, dass sie als gebrochene, verwundete oder verkrüppelte Männer zurückkehren würden. Wenn überhaupt ...

Der Angriff auf die Sowjetunion begann am 22. Juni 1941[3].

Nach anfänglichen deutschen Erfolgen in Russland folgte die militärische Krise im eiskalten russischen Winter 41/42. Die deutschen Soldaten lagen vor Moskau und Leningrad. Sie waren für zweistellige Minusgrade unzureichend ausgerüstet. Riesige Verluste waren zu beklagen.

Schwer verletzt heimkehrende Soldaten wurden am Bahnhof von Insterburg versorgt. Ich half mit, Essen an die entkräfteten, abgemagerten Männer zu verteilen.

Furchtbare Bilder sind in meinem Gedächtnis geblieben, völlig erschöpfte Soldaten mit unendlich traurigem, leerem Blick, viele mit erfrorenen Füßen oder Händen.

‚Krieg kann doch nichts Gutes bedeuten', schlichen sich zum ersten Mal negative Gedanken bei mir ein, in den Monaten zuvor war es mehr unkritische Begeisterung durch die allgegenwärtige Propaganda gewesen.

---

3 Angriffsvorbereitung für „Barbarossa" seit Dezember 1940

1940 war Italien an der Seite Deutschlands in den Krieg eingetreten. Im Dreimächtepakt sicherten sich Deutschland, Italien und Japan im September 1940 Unterstützung zu.
  Nach dem japanischen Überfall auf die amerikanische Pazifikflotte in Pearl Harbour am 7. Dezember 1941 erfolge der Eintritt der USA in den Krieg. Er hatte sich zu einem Weltkrieg ausgeweitet.

Magda heiratete im November 1941, und als sie von zu Hause auszog, mussten wir ein Zimmer untervermieten. Onkel Ernst kannte Herrn Rahn, den Untermieter. „Er ist ein gebildeter Mann und stammt aus einer wohlhabenden Familie. Leider haben sie durch die Inflation nach dem Ersten Weltkrieg alles verloren."
  Herr Rahn glaubte den Versprechungen Hitlers schon zu der Zeit nicht mehr. Von dem Verbot des Schwarzhörens ließ er sich nicht schrecken und informierte sich umfangreich.
  „Der Krieg ist doch sowieso verloren", schimpfte er. „Warum opfert Hitler so viele Menschen und verpulvert unendlich viel Geld dafür!? Er ist nur ein riesengroßer Angeber, größenwahnsinnig und besessen von seinen Zielen."
  „Käthchen, mach bitte das Fenster zu. Nicht so laut, Herr Rahn!"
  Mein Vater hatte Angst, es könnte jemand hören und uns anschwärzen. „Reden wir über etwas anderes als Politik", schlug er vor.

1942 bot die DAF die Möglichkeit an, eine verkürzte Ausbildung zur staatlich geprüften Fachlehrerin zu machen. Es mussten dringend Bürokräfte ausgebildet werden. Ich absolvierte einen Eignungstest und bekam einen Ausbildungsplatz in Bayreuth, vier Monate lang ganztags.

Es war eine schwere Zeit, in der Lebensmittelkarten knapp waren und ich ein unbeheiztes Zimmer mit der Österreicherin Edith Jausel teilte. Ihre lebenslustige Art tat mir gut, weil Schwermut immer öfter an mir zehrte. Die Bilder der zermürbten, elenden Soldaten ließen mich nicht mehr los.

‚*Es muss schrecklich sein, einen geliebten Partner als lebensfrohen Menschen zu verabschieden und als gebrochenen wiederzusehen oder noch schlimmer an der Front zu verlieren. Oder was muss es bedeuten, nicht zu wissen, ob er noch lebt!?'*

Ich ahnte zu dem Zeitpunkt nicht, dass auch ich solche Höllenqualen würde erleiden müssen.

Wenn es abends kalt wurde, verkrochen Edith und ich uns in die Betten, und Edith sang mit ihrer hellen klaren Stimme lustige, auch romantische Lieder. Ich sah sie nur an. „Danke, Edith."

Ein strahlender Blick zurück. „Schön, dass es dir guttut."

„Heute habe ich Tannen und Draht auftreiben können." *Edith kam mit roten Wangen von einem Rundgang durch die Stadt.* „Ich binde so gern Kränze … Ohh", *freute sie sich.* „Du hast schon Tee gekocht!"

Wir setzten uns zusammen an den kleinen Tisch. Sie schnitt die Tannen in 10-15 cm lange Zweige.

„Das duftet herrlich", *teilte ich ihre Begeisterung.*

„Wir binden erst einmal kleine Sträußchen", *erklärte sie mir.* „Ich mache den Anfang des Kranzes und dann wir beide abwechselnd."

Seit der Zeit habe ich Adventskränze immer selbst gefertigt.

Edith war ein Genussmensch. Ihre Eltern hatten ihr, was sie regelmäßig und häufig taten, ein Paket mit Apfelstrudel und Kaiserschmarrn geschickt. Glücklich schwenkte sie es hoch.

„Wir lassen es uns schmecken, Käthchen!"

Und schon zauberte sie zwei Tellerchen aus ihrer Tasche und platzierte ein dickes Stück Strudel für jeden von uns darauf. Ihre Mutter hatte liebevoll kleine bunte Tücher dazugelegt.

„Heute Abend bin ich noch verabredet", strahlte Edith. „Es sind lustige Jungs. Komm doch mit."

„Ich will noch ein bisschen büffeln."

„Igel dich nicht so ein", gab sie mir den Ratschlag. „Das Leben ist draußen!"

Edith kam spätabends vergnügt zurück und teilte mit temperamentvoller Gestik ihre Erlebnisse mit mir. Unser lautes Lachen ließ die Vermieterin gegen die Tür klopfen.

„Du musst beim nächsten Mal unbedingt mitkommen und den witzigen Klaus kennenlernen!"

Edith konnte sich kaum noch halten vor Lachen schon beim Gedanken an ihn.

„Er kann sämtliche Dialekte nachahmen, ich liebe sächsisch: Om Ohmd nur noch en scheenen Bliemchenkaffee daheeme, erscht mol en Niggorchn machen, das isch ma scheen! Eiforbibbsch, keene Zeit verblembern."

„Du hast großes Talent zu imitieren", lobte ich sie und amüsierte mich über ihre Sprachakrobatik.

„Das haben mir schon viele gesagt. Vielleicht kann ich es ja beruflich ausbauen", frohlockte sie augenzwinkernd.

Sie konnte nicht ahnen, dass das Schicksal es nicht gut mit ihr meinen würde.

„Mit der sächsischen Plapperei werde ich morgen meinen Verlobten aufmuntern", meinte sie jetzt und fing schon wieder an zu kichern. „Er ist nicht gern Soldat und muss im Urlaub abschalten. Ich schlafe die nächste Zeit im Hotel." Edith zwinkerte mir vielsagend zu.

Sie schwänzte in den nächsten Tagen das ein oder andere Mal morgens den Unterricht, kam mittags mit strahlenden Augen zu mir und ließ sich die Aufgaben geben.

Der Lehrgang war schließlich beendet.
Edith und ich gingen auseinander, nicht ohne uns zu versichern, dass unsere Freundschaft für ewig bestehen bliebe. Sie drückte mich fest und flüsterte in mein Ohr: „Ich glaube, ich bekomme ein Kind."

Auf der Rückfahrt von Bayreuth nach Ostpreußen kam ich im Zug mit zwei Soldaten ins Gespräch. Der eine stammte aus Mülheim. Er war den Krieg total leid.
„Das gibt nichts mehr", war seine Überzeugung. Sein Elternhaus war mehrfach von Bomben getroffen worden, seine Schwester bei einem Angriff ums Leben gekommen.
In meinen Augen war er ein großer Pessimist, wenngleich ich seinen unendlichen Schmerz nachempfinden konnte.
Als wir durch Königsberg fuhren, erzählte ich ihm von meiner Schwester Magda, die hier lebte. Ihr Sohn Klaus war gerade geboren.
„Ich beneide Sie", meinte er. „Sie haben Ihre Familie hier. Ein Baby gibt immer Hoffnung."
„Der Krieg geht doch bald vorbei", versuchte ich zu trösten, „dann kommen Sie auch wieder nach Hause."
Ich konnte nicht wissen, dass wir die schrecklichsten Jahre noch vor uns haben sollten.

Mit Edith aus Wien gingen lange Briefe hin und her. Sie hatte eine Fehlgeburt erlitten, vielleicht durch das Koffertragen bei der Heimfahrt nach Wien. Sie war traurig, aber zuversichtlich. „Ich werde noch viele Kinder bekommen."

Etliche Monate später erhielt ich von ihrer Mutter eine Todesanzeige mit einem Foto von ihr, so dass ein Irrtum ausgeschlossen war.

Ich starrte immer wieder auf die strahlende junge Frau auf dem Bild, ganz lebensecht, so wie ich Edith hunderte Male habe lächeln sehen.

Ihr Tod war für mich unfassbar! Was war geschehen? Hatte es mit einer möglichen Schwangerschaft zu tun, oder war sie Opfer des Krieges geworden?

Ich schrieb einen Kondolenzbrief an ihre Mutter und bat sie, mir doch mitzuteilen, woran Edith gestorben sei. Die Mutter schickte Wochen später einen ausführlichen Brief und beschrieb die letzten Minuten: „Es war die halbe Nacht Fliegeralarm. Die ganze Familie war zusammen im Luftschutzkeller. Beim Entwarnungston war Edith nicht mehr zu halten. ‚Kommt, wir können raus' rief sie und stürmte als Erste los – zu früh – es gab noch eine Bombe, von deren Splittern sie erschlagen wurde."

Auch zu Kriegszeiten wollte ich mich nicht an den Tod gewöhnen. Edith war so lebenslustig. Ich sah sie vor mir, wie sie mit den Augen, dem Mund, dem ganzen Gesicht lachte und mich ansteckte.

Und jetzt aus – alles vorbei!? Das konnte ich nicht begreifen.

Die trüben Gedanken blieben hartnäckig.

Ich grübelte über den Sinn des Lebens. Mein christlicher Glaube hat mir in schweren Momenten geholfen, Dinge zu akzeptieren. Ich glaubte an eine höhere Instanz, der gegenüber wir Menschen nur einen winzigen begrenzten Blickwinkel haben.

19

„Ich gehe joggen, falls ihr mich vermisst", rufe ich vom Korridor aus nach oben, ohne von Steffi und Florian eine Antwort zu erwarten.

Ich höre lautes Lachen, ein munteres Stimmendurcheinander, sie haben Besuch von Freunden. Auch Nickis Bellen bringt sie nicht aus ihrem Entspannungsmodus.

Ich seufze zufrieden. ‚So unbeschwert sein zu können ist wohl der Jugend vorbehalten.'

Ich laufe los, Nicki an der Leine neben mir. Nicki, unsere Hündin, die wir aus Griechenland mitgebracht haben. Zu der Geschichte, wie wir, die wir uns immer gegen die Anschaffung eines Hundes entschieden hatten, plötzlich einen hatten, später mehr.

Die ersten hundert Meter fallen mir schwer, aber dann ist plötzlich eine Leichtigkeit da, und ich lasse den Tag Revue passieren. Oft schon habe ich die Erfahrung gemacht, dass ich Ereignisse, die unverarbeitet gespeichert sind, beim Joggen gut bewältigen kann.

> Heute Vormittag war unsere Nachbarin, Frau Weiß, in der Praxis. Ich musste ihr, wie Tage vorher besprochen, die vier oberen, durch Parodontitis geschädigten Frontzähne ziehen, Zähne, die mir jahrelang beim Erzählen so vertraut geworden sind. Seit dem Tod ihres Mannes hatten wir Frau Weiß stark in unsere Familie einbezogen.
>
> Als ich die Zange ansetzte, spürte ich ein unbehagliches Gefühl, eine stark erhöhte Anspannung, auch dann noch, als die Zähne entfernt waren und eine dadurch völlig veränderte Persönlichkeit mich ansah.
>
> Ich beeilte mich, den vom Labor auf der Grundlage der alten Zähne schon angefertigten Zahnersatz einzusetzen.

2002

Barbara ging behutsam mit einem feuchten Tuch über den blutverschmierten Mund.

Der Ersatz sah natürlich aus, die Zähne schöner als die herausgewachsenen, im Laufe der Jahre lückig gewordenen eigenen. Ich reichte Frau Weiß einen Spiegel, den sie zögernd in die Hand nahm.

„Ich traue mich gar nicht zu schauen."

Die Lippe fühlte sich durch die Betäubung dick an, der Ersatz noch wie ein Fremdkörper. Aber als unsere Nachbarin in den Spiegel schaute, war sie mehr als erleichtert.

„Es sieht ja richtig gut aus!" Und sie drückte mich dankbar.

Das Bewusstsein, das unbedingt Notwendige so behutsam wie möglich zu tun, half mir in dieser für mich emotionalen Situation.

Beim Laufen lasse ich die Ereignisse noch einmal vorbeiziehen, eine gute Möglichkeit, mit meiner Dünnhäutigkeit und Sensibilität besser umzugehen.

Auch wenn ich mir manches Mal ein „dickeres Fell" gewünscht habe, gibt es genauso den positiven Aspekt dieses meines Naturells, Stimmungen intensiv spüren und ausleben zu können.

Jetzt, bei meiner Mutter, spreche ich das Erlebnis an und versuche, ihr mein Empfinden näherzubringen. Sie ist mit Frau Weiß genauso vertraut.

„Ich war von einem Gefühl emotionaler Anspannung erfüllt, auch ein Hauch von Ehrfurcht, dass ich es war, die eine so schwerwiegende Veränderung vornahm."

„Ich bewundere dich für deine Beherztheit, Utchen, weil ich dein sensibles Wesen genau kenne."

Und dann geht es wieder in die Vergangenheit.

Mit meiner Befähigung als Fachlehrerin versetzte mich die DAF nach Strobjenen, nördlich von Königsberg. Ich leitete dort ein

1942/43

Internat für Frauen und junge Mädchen, die meisten im Alter von vierzehn oder fünfzehn, ich selbst erst dreiundzwanzig Jahre alt.

Zweimal in der Woche unterrichtete ein pensionierter Rektor aus Königsberg Rechnen, Deutsch und Buchführung. Während der übrigen Zeit lernten die Mädchen bei mir Stenografie und Schreibmaschine.

Das zweistöckige ehemalige Gutshaus, in dem wir schliefen, lag wunderschön inmitten eines Parks mit hohen Laubbäumen, vor dem Wintergarten eine ausgedehnte sattgrüne Rasenfläche, die den Anschein erweckte, als würde niemand wagen, sie zu betreten. Dahinter blühende Sträucher in prächtigen Farben, rechts und links Blumen in malerischer Kombination von Weiß- und Blautönen, Rosen, die sich in ihrer Eitelkeit zu überbieten schienen, champagnerfarben, zarte Rosétöne, tiefrote stolze Exemplare. Es gab eine Vielfalt von Obstbäumen und Gemüsebeeten. Abends duftete es nach Jasmin, der an verschiedenen Stellen die Hecke auflockerte.

„Mein Lieblingsduft", schwärmte Lisa, ein zartes Mädchen mit einer hellklingenden Stimme, von der man nicht ahnte, welch ausdrucksstarke Darbietung bekannter Melodien sie hervorzuzaubern in der Lage sein würde.

Die Ostsee war ganz in der Nähe, der nächstgrößere Ort, das Seebad Cranz, nahe der kurischen Nehrung mit der schönen Uferpromenade und den Strandkörben.

Wir waren oft am Wasser. Es war Sommer, noch in den Anfängen, aber mit einer solchen Entschlossenheit, als habe er sich vorgenommen, einer der schönsten des Jahrhunderts zu werden.

„Lasst uns nach Bernstein suchen", schlug eins der Mädchen vor, als wir bei unserem gemeinsamen Spaziergang die Schuhe ausgezogen hatten und den warmen Sand unter unseren Füßen spürten.

„Ein Herz!", rief Klara plötzlich, und ihre schon in so jungen Jahren angedeuteten Sorgenfalten verschwanden. „Ich werde es beim Wiedersehen meinen Eltern schenken." Stolz hielt sie den Bernsteinsplitter hoch, und man konnte mit Fantasie die Herzform erkennen.

Schon bald hatte jedes der Mädchen ein Andenken gefunden, und mit unseren kleinen Schätzen kehrten wir ins Internat zurück.

Am nächsten Morgen lief ich durch alle Zimmer. „Aufstehen zum Strandlauf!"

In Windeseile waren alle versammelt, das Gemurmel und Gegacker noch sehr gedämpft, verschlafen und teilweise zerknautscht, aber bereit zum gemeinsamen Frühsport.

Wir erreichten schon bald unseren Lieblingsweg, einen schmalen Trampelpfad mitten in einem breiten Streifen Lupinen, entlang der Ostsee. Die Blumen waren höher als wir selbst, in den schönsten Farben, weiß, rosa, kräftiges Blau. So etwas Herrliches habe ich kaum mehr gesehen.

Während der Rektor unterrichtete, ging ich allein an die See. Ich lief einen kleinen Hügel hinab.

An einer Stelle lag ein riesiger Stein am Wasser. Dort ließ ich mich zu träumerischer Rast nieder, tauchte mit meinen Gedanken in die Vergangenheit, in meine Kindheit, sehnte mich nach meinen Eltern und wünschte mir eine friedvolle Zukunft mit einer eigenen Familie, einem zärtlichen Partner und einer großen Kinderschar.

Dann suchte mein Blick das weit entfernte Ufer gegenüber.

‚Wie sieht es wohl dort in Schweden aus?' An diesem Tag war die Ostsee bewegter als gewöhnlich, und ich badete in den herrlichen Wellen. Die Sonne strahlte vom lichtblauen Himmel, ich beobachtete die fliegenden Wolken.

Plötzlich wurde ich traurig.
‚Wie kann es sein, dass dieselbe Sonne, die mich in gute Stimmung versetzt, auch über den Schlachtfeldern steht, während Soldaten qualvoll verbluten?'
Meine Stimmungsschwankungen raubten viel Kraft.

Am Wochenende fuhr ich nach Hause. Ich nahm bis Königsberg die Samlandbahn, die beschaulich durch die Dünenlandschaft tuckerte, vorbei an den Bädern Rauschen und Palmnicken.
„Da kann man ja Blumen pflücken", hatte Magda bemerkt, als sie mich einmal besuchte. Ich hingegen genoss die idyllische Fahrt.

Wir hatten eine gute Zeit an der Ostsee. Die Mädchen waren unbeschwert, fröhlich und heiterten mich auf, wenn ich in dem Bemühen scheiterte, meine Traurigkeit zu verbergen.
„Sollen wir wieder singen?", fragte Lisa, als ich abends durch die Schlafräume ging.
Die Mädchen wussten inzwischen, dass ich gern „Heidschi Bumbeidschi" hörte, das alte Volks- bzw. Wiegenlied.
Sie hockten zusammen auf einem Bett in ihren romantischen Nachthemden. Lisa begann mit ihrer sanften Stimme. Ich war auch dieses Mal wieder ergriffen von dem unglaublichen Stimmvolumen, das ihre Statur nicht erwarten ließ, von der Reinheit der Töne. Die Mädchen lauschten eine Weile in andächtiger Stille, dann stimmten sie ein.
Nur Klara saß abseits am Fenster und grübelte mit leerem Blick vor sich hin. Sie bangte sich, wie so oft, nach Hause.
„Ich weiß nicht, ob ich meinen Vater noch einmal wiedersehe. Er ist beim letzten Angriff verletzt worden. Meine Mutter schafft es allein nicht."
Ich nahm sie in den Arm. Nur zu gut konnte ich ihre Traurigkeit nachempfinden, da schwermütige Gedanken auch mir zu

schaffen machten. Aber ich kämpfte dagegen an und wollte optimistisch in die Zukunft schauen.

Meine nächste berufliche Station, 1943, war Grodno in Polen, gut dreihundert Kilometer südöstlich von Königsberg.
Die deutsche Verwaltung war in weite Teile Polens eingezogen. Man brauchte Unterstützung für bürokratische Angelegenheiten. Es sollten auch Kriegerwitwen als Schreibkräfte ausgebildet werden, die nach dem Verlust des Versorgers ohne eigenen Beruf zurechtkommen mussten.
Das Internat, ein ehemaliges Krankenhaus, lag landschaftlich wunderschön nicht weit von der Memel.
Ich arbeitete dort mit Fräulein Dehn, einer diplomierten Handelslehrerin für kaufmännisches Rechnen, Buchführung und Deutsch, zusammen. Sie war mit ihren 32 Jahren um einiges älter als ich, was aber unserer Freundschaft und guten Unterhaltung nicht im Wege stand, auch nicht, dass sie wesentlich resoluter und forscher war.
„Du bist viel zu bescheiden, denk auch mal an dich", forderte sie mich auf, wenn ich eigene Interessen schnell zurückstellte. „Aber im Grunde weißt du sehr gut, was du willst. Ich mache mir um deine Zukunft keine Sorgen."
Fräulein Dehn war eine Kämpfernatur. Sie ließ sich nichts gefallen.
Ihr kurzer, frecher Haarschnitt passte gut zu der knabenhaft schlanken Figur und ihrer karesigen Art. Ihr Vater war im Ersten Weltkrieg gefallen, die Mutter seitdem kränklich. Fräulein Dehn musste früh Verantwortung übernehmen.
Unsere „Schüler" waren altersmäßig bunt gemischt, eine Witwe um die vierzig Jahre war die älteste, ein vierzehnjähriges Mädchen die jüngste Teilnehmerin.
Alle mussten um 22.00 Uhr zu Hause sein. Als Heimleiterin hatte ich dafür zu sorgen, dass die Zeit eingehalten wurde.

Ein Tanzlokal gab es in Grodno nicht, jedoch drei schöne Cafes.

"Heute Abend unternehmen wir auch mal etwas", meinte Fräulein Dehn, und wir gingen zu dritt – mit Frau Dankert, die nicht lange blieb – ins Café Kurau.

Am Nebentisch saßen drei Soldaten.

Fräulein Dehn, die lebenslustigste von uns, meinte kritisch: "Ach, die sind ja alle älter. Wenn schon, dann gebt mir wenigstens den Großen."

Ich erinnerte mich, dass ich „den großen Soldaten" schon einmal im Café Kurau gesehen hatte, als meine Mutter mich in Grodno besuchte. Er hatte auch genau an dem Tisch gesessen, allein, zeitunglesend, eine imposante gepflegte Erscheinung. Auf Anhieb hatte er mir gefallen mit seinen großen blauen Augen und dem markanten Gesicht. Die Haut war makellos, der schmale Mund schön geschwungen. Die ein wenig krumme Nase störte mich nicht.

Die zweite Begegnung im Café Schurek kam mir jetzt auch wieder in den Sinn. Er hatte gerade seine Kaffeetasse zum Mund geführt, als ich an ihm vorbeiging, und er kniff auffällig, zu mir gewandt, ein Auge zu. Über das meines Empfindens nach übertriebene Buhlen habe ich mich geärgert und schnell weggeguckt.

‚War er im Zivilleben auch so ein Pomadenheini, der durch Äußerlichkeiten imponieren will und meint, jede Frau zu bekommen?'

Jetzt lünkerte er zu uns herüber, eine ganze Weile, immer wieder. Dann plötzlich stand er auf, kam an unseren Tisch.

"Mein Name ist Löwe, darf ich mich zu Ihnen setzen?"

Fräulein Dehn bejahte schnell und spielte sich auch sofort in den Vordergrund, was mich nicht störte. Es wurde eine lustige Unterhaltung.

Einige Zeit später gingen wir nach Hause, Fräulein Dehn, Herr Löwe und ich. Fräulein Dehn war auffallend redselig. Sie hat alles über das Internat erzählt.

„Haben Sie auch etwas mit dem Internat zu tun?", wandte sich Herr Löwe plötzlich an mich. Ich war bis dahin still nebenhergelaufen.

„Ja, ein bisschen was", stammelte ich.

„Das ist unser Hausmütterchen", meinte Fräulein Dehn.

„Hausmütterchen ist gut", entgegnete ich, nun gefasster.

Beim Abschied fragte Herr Löwe uns beide, ob wir uns wiedersehen könnten. Wir bejahten einmütig.

„Er ist sympathisch", meinte Fräulein Dehn. „Ich beurteile einen Menschen immer nach den Augen, und der hat wunderschöne."

An dem verabredeten Tag bekam Fräulein Dehn Besuch von einem Studienkollegen, der auf sich warten ließ. Ich wurde schon nervös.

„Ich möchte aber auch unbedingt Herrn Löwe wiedersehen", sagte sie.

Fräulein Dehn bestand darauf, dass ich mit ihr wartete, was mir sehr recht war. Allein würde ich mich mit dem selbstbewussten, gutaussehenden Soldaten unsicher fühlen.

Mit einer halben Stunde Verspätung kam schließlich der Bekannte, und wir gingen zusammen los.

Herr Löwe und ein Unteroffizier hatten das Lokal gerade wieder verlassen und kamen uns entgegen. Herr Löwe machte ein wütendes Gesicht, wohl auch, weil da noch ein vermeintlicher Konkurrent mit im Anmarsch war. Dieser verabschiedete sich aber, und zu viert betraten wir das Lokal.

Herr Löwe setzte sich direkt an meine Seite! Seine Wut schien verflogen zu sein.

Ich war fasziniert von seiner Ausstrahlung und hatte plötzlich leichtes Herzklopfen. Ich spürte, dass mir sein Interesse für mich gefiel.

Der Abend war amüsant.
Rudolf Löwe war redegewandt, ein brillianter Unterhalter, seine klare, dunkle Stimme elektrisierend. Fräulein Dehn konnte seinen Neckereien gut entgegenhalten, aber Rudolf empfand sie als zu selbstbewusst, wie er mir später sagte. „Ich hatte es sofort auf dich abgesehen."
Von da an trafen wir uns zu zweit. Fräulein Dehn konnte ihre Enttäuschung anfangs nur schwer verbergen. Aber nach ein paar Tagen nahm sie mich in den Arm.
„Dir gönne ich ihn. Ihr seid ein tolles Paar."

„Es wäre doch schön, wenn ich dich im Internat besuchen könnte", drängte Rudolf schon bald.
Ich aber lehnte es ab: „Als Leiterin muss ich für die Mädchen Vorbild sein."
Insgeheim träumte ich davon, ein paar Stunden der Zärtlichkeiten zu haben, und ich ahnte, dass der Schwebezustand, den ich mit Rudolf erleben durfte, nur die Verheißung auf einen noch größeren Sinnestaumel bedeutete.

Im Internat rief ein Soldat an und fragte, ob die Mädchen länger Ausgang bekommen könnten. Als Ausnahme habe ich es erlaubt, sprach aber am selben Tag mit den Schülerinnen.
„Ich möchte nicht, dass noch einmal jemand von Ihren Bekannten anruft. Ich bin selbst jung und kann Sie gut verstehen. Aber ich bin der Behörde verpflichtet, und es könnte für mich schwierig werden."
Sie akzeptierten es, die Soldaten riefen nicht mehr an.
Rudolf war stolz, dass ich die Leiterin war und die Mädchen meinen Anweisungen folgten, zudem war ich vierzehn Jahre jünger als er. Er hat mir gewaltig den Hof gemacht, was ich von so einem gutaussehenden Mann nicht gewohnt war.

Ich war schüchtern und unerfahren, ein übersolides Leben gewohnt. Da imponierte mir seine forsche und draufgängerische Art. Rudolf war ein ausgesprochen guter Unterhalter mit spritzigem Humor und bestechenden Umgangsformen. Es war nicht langweilig mit ihm.

Meine Träume von Romantik und Liebe fingen an, Wirklichkeit zu werden. Ich genoss die aufregenden Treffen in dem sonst eher eintönigen trostlosen Leben.

„Es ist betörend, an deinem Busen zu ruhen", hauchte er in mein Ohr und liebkoste mich innig.

Die ersten Zärtlichkeiten spürte ich lange nach.

Rudolf wollte eines Tages von der Post aus mit mir telefonieren. Da sah er, wie ein Soldat vor ihm die Nummer des Internats wählte.

„Was wollen Sie von Fräulein Lenkeit?", stellte Rudolf ihn mürrisch zur Rede, ohne nachzudenken.

Der Soldat guckte verdutzt.

„Ich möchte mit meiner Freundin telefonieren!", antwortete er.

Ich war gerührt, als Rudolf mir die Geschichte seiner Eifersucht anvertraute.

„Morgen gehe ich mit den Mädchen ins Kino. Ich würde lieber mit dir zusammen sein", erklärte ich ihm, „aber ich habe es schon vor längerer Zeit versprochen."

Er nahm es ohne Kommentar zur Kenntnis.

Als wir Frauen am nächsten Tag dort ankamen, stand er mit einem Kameraden vor dem Portal und grinste triumphierend.

‚Was soll das?', kam es mir spontan in den Sinn. „Will er mich kontrollieren?"

Aber dann merkte ich, dass mich seine Anwesenheit glücklich machte.

„Du hast aber eine junge Freundin", wird Rudolf mir am nächsten Tag stolz den Kommentar seines Kameraden schildern.
Ich lächelte kurz.
Mir ging es an dem Tag nicht besonders gut. Ich hatte mir vorgenommen, ihm eine unbequeme Frage zu stellen, die ständig in meinem Kopf tobte. Vor seiner Reaktion war mir bange.
Rudolf hatte mir sein Alter mit fünfunddreißig angegeben, achtunddreißig war das richtige, wie ich später erfuhr. ‚Da hat man normalerweise längst eine Familie', grübelte ich.
Ich fragte ihn entschlossen, ob er verheiratet sei. Er verneinte vehement. „Ich bin viel zu beschäftigt."
Rudolf erzählte von seinem Großhandel für Weine und Spirituosen und seiner Mineralwasserfabrik, in der er auch Limonaden selbst herstellte. Coca Cola hatte er eingeführt und war darüber hinaus der Einzige, der es in der Region vertrieb.
„Wenn Erntezeit war und viele Leute auf dem Feld schwitzten, bin ich mit Coca Cola übers Land gefahren und habe probieren lassen. Du kannst dir nicht vorstellen, wie begeistert alle waren, Frauen wie Männer, alt und jung. Sie wollten mich gar nicht weiterfahren lassen und waren beschwingt, als ob sie Alkohol bekommen hätten."
Rudolf machte eine Pause. „So schön mein Beruf ist, für die Liebe hatte ich keine Zeit ..." Er schien nachdenklich.
Und dann erzählte er weiter, voller Stolz, von seinem Opel Kapitän: „In der ganzen Gegend war meiner der Einzige. Jetzt im Krieg musste ich ihn leider dem Kraftfahrzeugcorps zur Verfügung stellen und auch meinen Privat-LKW."
Von Rudolfs materiellem Wohlstand war ich nicht beeindruckt, wohl aber von seinem Selbstbewusstsein und seiner Ausstrahlung. Ich genoss das Gefühl, von einem außergewöhnlichen Mann begehrt zu sein.

Weihnachten war der Lehrgang zur Hälfte geschafft, und ich feierte mit den Mädchen Bergfest. Anschließend fuhr ich zu meinen Eltern nach Hause. Rudolf blieb bei seiner Truppe.

„Man muss verheiratet sein, um Urlaub zu bekommen." An Silvester durfte er dann fahren.

Seine Post an mich war auf kleine Notizzettel geschrieben, herausgerissen aus einem Buch.

„Ich vermisse dich so sehr und will immer für dich da sein."

Er berichtete, dass ihn seine Mutter verwöhne und sein Lieblingsessen gekocht habe. Ich hatte ein komisches Gefühl dabei. Ich weiß nicht genau, warum, aber ich glaubte ihm nicht.

Bei seiner Rückkehr habe ich ihn eindringlich nach der Wahrheit gefragt, und er hat schließlich gestanden, dass er verheiratet sei und die „Briefe" auf der Post geschrieben habe.

„Meine Ehe ist schlecht, ich habe schon die Scheidung eingereicht." Er vermutete sogar, dass seine Frau dafür gesorgt habe, dass er vom ersten Tag des Krieges an Soldat war. Normalerweise waren die Selbstständigen erst später eingezogen worden.

„Sie wollte mich partout loswerden und den Besitz für sich haben."

Für mich brach eine Welt zusammen. Noch nie war ich so belogen worden.

Zu dem Zeitpunkt kannten wir uns drei Monate!

Es ist verrückt, wie viele Parallelen es in unser beider Leben gibt! Ich schweife in Gedanken ab.

Ich selbst habe eineinhalb Jahre nach dem Kennenlernen erfahren, dass Jörg verheiratet war. Seine von ihm getrenntlebende Frau besuchte meine ahnungslosen Eltern – ahnungslos wie ich selbst auch – und bescherte uns die „Überraschung".

„Wissen Sie, dass Ihre Tochter mit einem verheirateten Mann zusammenlebt und einem Kind den Vater wegnimmt!?", provozierte sie.

„Obwohl ich Papa wirklich lieb hatte", reißt mich jetzt meine Mutter aus den schwermütigen Gedanken, „wollte ich nichts mehr von ihm wissen. Das Vertrauen hatte einen gewaltigen Knacks bekommen."

‚Wie sollte ich einem Mann Glauben schenken, der mich in der größten Verliebtheit anlügt?' ging es mir durch den Kopf. ‚Wer einmal lügt, dem glaubt man nicht ...'
Meine Eltern hatten mich zu großer Aufrichtigkeit erzogen. „Du kannst uns alles sagen", erklärten sie mir ihren Standpunkt, „auch wenn du Fehler machst. Hauptsache, es ist die Wahrheit."
Meine Zerrissenheit war kaum zu ertragen.
‚Ich liebe ihn schon jetzt mehr als ich es mir hätte vorstellen können', grübelte ich, ‚aber der Schmerz, den Rudolf mir durch seine Lüge zugefügt hat, drückt tonnenschwer auf mein Herz und lässt die Zweifel nicht verstummen.'
Ich spürte, dass ich ihm verzeihen wollte. Nur die tiefe Traurigkeit blieb bestehen.

„Ich weiß genau, wie du empfunden hast. Als du mir damals am Telefon gesagt hast, dass Jörg verheiratet sei, war es, als ob ich in einen bösen Traum taumeln würde. Alles schien mir zu entgleiten. Ohnmächtige Enttäuschung, Wut und Hilflosigkeit."
Meine Mutter ist auch jetzt wieder betroffen. „Du hast nur noch geweint."
Abrupt steht sie auf. Sie möchte mir wohl durch ihre Tränen das Herz nicht schwer machen.
Meine Gedanken von damals sind sofort wieder präsent.

> Am liebsten wäre ich ganz weit weg gegangen, von Münster in eine andere Universitätsstadt, aber das laufende Semester ließ kein Zaudern zu. Jörg hatte sein gemietetes

Appartement noch nicht aufgegeben und konnte jetzt dorthin ausweichen.

Er ließ mir Zeit. Er wirkte unbeholfen und überfordert in dem Versuch, seine Täuschung zu erklären. „Ich hatte Angst, du würdest sofort dicht machen", und er gab sich unendliche Mühe, rücksichtsvoll und sensibel zu sein.

Kann eine Lüge das probate Mittel sein, sein Ziel zu erreichen? Die Menschen versuchen es immer wieder.

„Nervennahrung", strahlt meine Mutter, als sie wieder ins Wohnzimmer kommt. „Wir sind beide zu nah am Wasser gebaut, und ein Vertrauensbruch schmerzt so sehr."

Aber was Rudolf betrifft: Er verstand es meisterhaft, Worte zu finden, die mein Herz berührten. „Wer weiß, ob ich heil zurückkomme, lass uns doch nicht endgültig trennen, lieber das Schicksal abwarten." Die Trennung im Krieg hat die Dramatik ungleich gesteigert.

Rudolf würde mit einigen Kameraden von Grodno aus Munition an die Ostfront liefern, eine gefährliche Aktion mit fraglichem Ausgang.

Er verstand es ausgezeichnet, mich wieder umzustimmen. Seine Sensibilität und Preisgabe von Emotionen halfen kräftig mit.

Auch weil er Soldat war, hatte ich Hemmungen, die Beziehung zu beenden. Soldaten hatten eine Sonderstellung als Verteidiger der Heimat, sie waren Ehrenmänner im Krieg, und man wollte sie nicht verletzen und mutlos machen. Außerdem wurde ich immer wieder von meinen Gefühlen zu diesem wundervollen Mann überwältigt.

Wir trafen uns noch einmal. Er hatte einen Brief von seiner neunjährigen Tochter bekommen, den er mir vorlas. Ich wollte den Brief mitnehmen, da ich misstrauisch geworden war.

‚Vielleicht verheimlicht er mir etwas von dem Geschriebenen.'
Rudolf gab ihn mir trotz inständigen Bittens nicht.
„Ich möchte nicht, dass du grübelst."
Wir gingen im Bösen auseinander.

20

Rudolf fuhr drei Wochen auf Transport. Es war eine geheime Mission, ich durfte nicht schreiben und hörte auch nichts von ihm.

‚Vielleicht soll es so sein.' Ich versuchte, mich damit abzufinden, dass unsere Beziehung beendet sei.

Tagsüber war der Schmerz erträglich, aber wenn ich im Bett lag, stellte ich mir die wundervollen Momente mit Rudolf vor, erinnerte mich an jedes liebevolle Wort, an jedes Lächeln, an jede Geste, an den Reigen wundervoller Zärtlichkeiten.

Bei dem Gedanken, es könnte ihm etwas zustoßen, fing mein Herz an zu rasen.

‚Ich liebe ihn!', tobte es in meinem Kopf. ‚Ich will nicht ohne ihn leben! Und er? Warum hat er mich so belogen!? Er wird es wieder tun ...'

Ich war verzweifelt. Das Grübeln nahm mir den Schlaf.

Als Rudolf zurückkehrte, rief er mich an. Allein seine Stimme genügte, um mich sofort wieder gefangen zu nehmen, der Verstand fand kein Gehör.

Rudolf bat mich um ein Wiedersehen. „Es ist doch Krieg, wir haben nicht viel Zeit miteinander. Wer weiß, ob ich noch einmal lebend da rauskomme." Der letzte Transport sei schon schlimm gewesen. Er versicherte, nur durch eine Vorahnung überlebt zu haben.

„Ja, ich erinnere mich, dass Papa oft von seinem siebten Sinn erzählt hat, der ihm mehrmals das Leben gerettet habe. Er war fest davon überzeugt", werfe ich ein.

Ich stimmte einem Treffen zu, und am nächsten Tag gingen wir in der Umgebung spazieren. Rudolf legte seinen rechten Arm um meine Taille, wir schlenderten versunken die Allee entlang.

„Ich hatte dir doch erzählt, dass wir mit dem Zug Munition an die Front bringen würden", begann er. „Wir saßen zu dritt in einem der letzten Wagen. Plötzlich packte mich eine innere Unruhe. ‚Lass uns mehr nach vorne gehen!', schlug ich meinen Kameraden vor. Die blickten verständnislos, kamen aber nach kurzem Zögern mit mir. Kurz nach dem Platzwechsel ein ohrenbetäubender Lärm, eine dichte Rauchwolke. Die drei letzten Waggons waren von den Russen in die Luft gesprengt worden."

„Wie dankbar bin ich, dich wieder spüren zu können", flüsterte ich voller Liebe und drückte mich noch stärker an Rudolf.

„Mir fällt es schwer, Soldat zu sein", klagte er nach einer Weile des Schweigens. „Ich ärgere mich, wenn ganz einfache, dumme Leute, nur weil sie einen höheren Rang haben als ich, mir Anweisungen geben und manche Parteibonzen mit nur Stroh im Kopf sich unangenehm aufspielen, weil sie plötzlich Macht haben. Aber nach dem Krieg bin ich wieder vorn."

Auch wenn ich seine Haltung arrogant fand, lauschte ich verliebt seiner klaren, dunklen Stimme, genoss die lebhafte Erzählweise und auch seinen Humor. Mit ihm schien alles leichter zu gehen, bei mir keine Spur von Traurigkeit mehr, kein Zweifel, keine Unsicherheit.

„Meine Ehe war von Anfang an nicht harmonisch", begann Rudolf nun mit dem ernsten Thema, das noch unbearbeitet zwischen uns lag. „Es gab ständig Streit, auch wegen Banalitäten. Das Schlimmste ist, dass meine Frau unsere Tochter gegen mich aufhetzt. Mit ihren neun Jahren ist Mona schon richtig verletzend mir gegenüber."

Rudolf tat mir leid. Ich drückte ihn fest an mich.

„Wenn ich den Krieg überlebe, kann ich die Ehe nicht mehr aufrechterhalten. Ich gehe daran kaputt."

Rudolf und ich sahen uns so oft wie möglich. An diesem Nachmittag schlenderten wir wieder aneinandergeschmiegt durch die Natur. Wir vergaßen für Momente alles um uns herum.

Als wir kurz aus dem Rhythmus liefen, löste Rudolf die Umarmung, guckte mich verliebt an und legte seine große Hand fest in meine, um dann weiterzugehen. So schön hatte ich es noch nie erlebt.

Es fing an zu dämmern. Schrecklich war seit Kriegsbeginn die ständige Verdunkelung wegen möglicher Fliegerangriffe. Das letzte Stück zum Internat ging ich gewöhnlich allein. Aber jetzt auf der schmalen Allee umklammerte ich Rudolfs Hand immer fester. Er spürte meine Angst.

„Lass mich dich doch begleiten", brachte er hervor. „Ich schenke dir meine ganze Liebe mit meiner größten Hochachtung vor deiner Jungfräulichkeit."

„Ich möchte nicht, dass die Mädchen uns so sehen", war meine Antwort. Ich hatte seine Worte nicht verstanden.

Ein paar Tage später teilte er mir mit, dass er wieder einen Transport zur Ostfront begleiten müsse. Wir sahen uns nur kurz.

Den Abschied habe ich in furchtbarer Erinnerung. Ich war mir plötzlich nicht sicher, ob es ein Abschied für immer sein sollte. Der Gedanke an seine Tochter, die er meinetwegen im Stich lassen würde, schürte Zweifel.

Die wochenlange Trennung steigerte – trotz zwiespältiger Gefühle – meine Sehnsucht nach ihm. Je länger die Trennung, umso rosaroter die Brille, mit der ich die Situation betrachtete. Meinen Alltag konnte ich nur mit Mühe bewältigen.

Während der Osterferien fuhren alle nach Hause, das Internat war verwaist. Ich kehrte als Einzige einen Tag früher zurück, als

Rudolf sich bei mir gemeldet und mich um ein Treffen gebeten hatte.

‚Wird es die Entscheidung bringen?'

Ich war mir meiner Gefühle nicht mehr sicher. Die Verletztheit brach zwischen der Euphorie immer wieder auf, die Warnsignale wollten nicht erlöschen.

Es wurde ein inniges Wiedersehen, ein Traum in zärtlicher Harmonie. Vorbehalte hatten sich in Luft aufgelöst. ‚Wie konnte ich zweifelnd sein!' Glück im Überfluss, ich spürte tiefe Dankbarkeit.

‚Soll ich es zulassen, dass er hier übernachtet?' Meine Gefühle und Sehnsüchte waren nie stärker als an diesem Tag. Ich zögerte die Entscheidung bis zum späten Abend hinaus.

„Lass dich nicht von deinen Ängsten leiten", bat mich Rudolf, „lieber von deinen Gefühlen."

Ich blieb bei einem Nein.

Nachts fingen plötzlich die drei Gänse, die wir geschenkt bekommen hatten, an zu schreien. Man sagt, Gänse seien die besten Wächter.

Mich überkam Panik, wie ich sie vor dem Krieg nie gekannt hatte.

‚Könnte Rudi mich jetzt nur beschützen! Warum habe ich ihm nicht erlaubt, die Nacht bei mir zu bleiben?!'

Bis zum Morgen machte ich kein Auge mehr zu und lag bewegungslos und horchend im Bett. Ich traute mich kaum zu atmen.

Dass es die letzte Gelegenheit für mehr Nähe gewesen war, erfuhr ich zwei Tage später. Rudolf wurde ohne Vorankündigung aus Grodno abkommandiert.

Eines Abends kamen Offiziere in unser Internat. Sie waren auf der Durchreise und wurden im Nebengebäude untergebracht.

Fräulein Dehn, einer Bekanntschaft nicht abgeneigt und um vielleicht ein paar Zigaretten zu ergattern, ging zu ihnen hinüber.

„Stell dir vor", erzählte sie am nächsten Tag, „die Offiziere stellten die Behauptung auf, der Endkampf des Krieges werde sich auf ostpreußischem Boden abspielen, und es nähme kein gutes Ende."

Ich war empört. „Nie und nimmer, die geben doch Ostpreußen nicht her!"

Fräulein Dehn war nachdenklich. „Na, ich weiß nicht, die Offiziere haben so schlecht berichtet. Ich bin skeptisch."

Man durfte keine ausländischen Sender hören. Wir waren überhaupt nicht objektiv informiert. Die ständige Propaganda wähnte uns in Sicherheit.

„Der Führer würde es nie zulassen, dass auch nur ein Fußbreit ostpreußischen Bodens verloren ginge."

Das hörten wir auch noch Monate später und glaubten daran bis fast zum Ende des Krieges, in unserer aus heutiger Sicht unfassbaren Naivität.

Langsam rückte die Front näher. Es muss meiner Erinnerung nach Mai 1944 gewesen sein. Auch in unserer Region gab es nun vereinzelt Luftangriffe. Unser Internat hatte keinen Luftschutzkeller.

„Stimmt es wohl, dass der Russe so weit im Vormarsch und unsere Region akut gefährdet ist?", fragte mich eine Schülerin. Ich zuckte nur die Achseln.

‚Ich muss eine Entscheidung treffen', drängte ich mich selbst.

Viele Horrorgerüchte waren auch an meine Ohren gedrungen. Die Stimmung verschlechterte sich zunehmend.

Die Verantwortung, die auf mir lastete, machte mir große Angst. Dem privaten Kummer ließ ich keinen Raum.

‚Es ist jetzt wichtig, einen klaren Kopf zu bewahren.'

Ein paar Tage wartete ich noch, dann aber ersuchte ich die Behörde, uns männlichen Schutz zu gewähren. Den bekamen wir vom nahegelegenen Bauhof, von dem aus Leute zur Wiederherstellung zerstörter Areale eingesetzt wurden. Ein Mann wurde zu uns abkommandiert mit Pferd, Wagen und Waffe.

Er fing als Erstes an, Erde auszuheben, um für den nächsten Fliegerangriff einen Schutz herzustellen. Als das Loch einigermaßen groß genug war, legte er ein paar Bretter darauf.

‚Besser so als gar nichts', war mein Gedanke, aber die Unruhe wollte nicht weichen.

Die Versorgungssituation wurde immer schlechter, es gab nicht genug zum Sattwerden und unzureichend Kleidung. Ich empfand es als eine der größten Entbehrungen, dass es keine festen Schuhe gab, nur ganz dünne aus Stroh. Bei Regen hatte ich nasse Füße und war ständig erkältet.

Auch Seife wurde eine Rarität. Anfangs hatten wir noch Lehmseife, die gar nicht schäumte, später dann nichts mehr. Ich dachte wehmütig an die Zitronenseife von Birnbachers. Was hätte ich für ein Stück davon gegeben!

„Deshalb dein ‚Horten' von Seife, Waschpulver und dergleichen im Keller! Solange ich als Kind zurückdenken kann, gab es davon immer große Vorräte."

„Erinnerst du dich noch an den Vertreter von Sunlicht, der in den Sechzigerjahren eine Garage bei uns gemietet hatte?", fragt mich meine Mutter. „Er konnte uns günstig solche Artikel besorgen. Wir kauften in recht großen Mengen und ließen sie als eisernen Vorrat, sicher irrational, weil ich ernsthaft nicht an einen Krieg glaubte."

Die Luftangriffe in unserer Region wurden jetzt von Woche zu Woche heftiger. Das provisorische Loch bot keinen verlässlichen Schutz.

Eines Nachts in dieser Zeit wachte ich schweißnass auf.

Eine Bombe war direkt über uns heruntergekommen, und wir konnten aufgrund der Staubwolken kaum noch atmen. Die Schreie und das Stöhnen der Verletzten rissen mich aus dem Schlaf.

So erleichtert ich war, dass ich alles nur geträumt hatte, blieb dennoch der quälende Gedanke, ob die Mädchen heil herauskommen würden. Ich machte kein Auge mehr zu und sehnte den Morgen herbei.

Am nächsten Tag rief ich entschlossen die Dienststelle in Königsberg an und schilderte die unsichere Situation. Auch, dass die Zugverbindungen immer schlechter würden.

„Ich kann die Verantwortung für die Mädchen nicht mehr übernehmen und möchte den Lehrgang auflösen."

Meinem Ersuchen wurde stattgegeben und der Lehrgang nach der ersten Hälfte abgebrochen.

Die Mädchen fuhren alle mit dem Zug nach Hause. Fräulein Dehn und ich mussten bleiben.

„Sie sind verantwortlich, dass alles Material in Sicherheit gebracht wird", hatte mein Vorgesetzter angeordnet.

„Hoffentlich kommen wir noch rechtzeitig raus!"

Dass ich seit Wochen keine Feldpostbriefe mehr erhalten hatte, machte mich mutlos.

Zwei Tage später hielt ein Transporter vor dem Internat und zwei Männer sprangen heraus. „Wir sollen hier Sachen abholen."

Sie verstauten Schreibmaschinen und Büromöbel in einer solchen Seelenruhe, dass unsere Nerven bis aufs Äußerste strapaziert wurden. „Nee, nee, wir machen das schon", wehrten sie ab, als wir ihr langsames Vorgehen nicht mehr mitansehen konnten und anpacken wollten.

Dann ging plötzlich kein Zug mehr. Saßen wir in der Falle!? Nach Stunden der Verzweiflung hörten wir von der Möglichkeit, vom Bauhof aus mit einem LKW aus Grodno wegzukommen. Der LKW war schon hoch bepackt, als wir dort ankamen, und Fräulein Dehn und ich wurden darauf platziert.

Es waren viele Partisanen, Heckenschützen, unterwegs, angeblich besonders viele bei Augustowo, durch das wir kamen. Wir fuhren weite Strecken durch Wälder und hatten Angst um unser Leben. Vor Anspannung sprachen wir kaum ein Wort.

‚Ich habe zu lange gezaudert', machte ich mir immer wieder quälende Vorwürfe. ‚Jetzt ist es vielleicht zu spät.'

Ich dachte an meine Eltern. ‚Wie werden sie den Verlust ... Nein, ich will so nicht denken.'

Ich suchte Blickkontakt zu Fräulein Dehn. Sie hatte die Augen geschlossen und schien zu dösen. ‚Was geht wohl in ihr vor?'

Die furchtbare Fahrt dauerte viele Stunden, Stunden zwischen Hoffnung und tiefgreifender Resignation, die mir körperliche Schmerzen bereitete.

Ich werde das Gefühl nie vergessen, als wir nachmittags bei den Eltern ankamen, uns in den Armen lagen und hemmungslos weinten und schluchzten. Wir waren noch einmal davongekommen.

Fräulein Dehn übernachtete bei uns in Insterburg und fuhr am nächsten Tag zu ihrer Mutter nach Tilsit.

Von Rudolf war auch hier in Insterburg keine Post angekommen, seit Wochen kein Lebenszeichen mehr von ihm.

21

Den Sommer 1944 verbrachte ich bei meinen Eltern in Insterburg.
Hier schien der Krieg noch nicht Einzug gehalten zu haben. Die Natur zeigte eine trügerische Idylle. Über den wogenden Kornfeldern lag die drückende Hitze des Hochsommers, die Bauern bereiteten die Ernte vor. Ostpreußen, die „Kornkammer Deutschlands", wirkte wie eine Insel des Friedens.
„Hoffentlich ist es nicht die Ruhe vor dem Sturm", sprach ich meine Ängste aus. „Ich bin durch Fräulein Dehns Informationen verunsichert."
Ich erzählte von den Prophezeiungen der Offiziere, denen meine Eltern keinen Glauben schenken wollten.
„Lasst uns zuversichtlich sein", meinte mein Vater.
„Ich versuche es, auch was Rudolf betrifft."

Mehr denn je spürte ich die beruhigende Wirkung der wunderschönen Landschaft bei meinem Ausflug mit dem Fahrrad.
„Du musst erst mal von den Strapazen abschalten", hatte mir meine Mutter ans Herz gelegt.
Wie schön der Geruch von Kamille, von Mohn, von gemähtem Gras, der Anblick der weidenden Kühe auf den sommerlichen Wiesen! Sie drehten ihre Köpfe, als ich vorbeiradelte. Ich hielt an einer Koppel und streichelte die herangaloppierenden Pferde.
‚Täusche ich mich oder sind es tatsächlich viel weniger als gewöhnlich? Ist nur diesen der Einsatz an der Front erspart geblieben?'
Nachdenklich kam ich von meinem Ausflug zurück.

Schon bald wurde die Stimmung auch hier in Insterburg angespannt. Alle Männer zwischen 16 und 60 Jahren wurden wie überall zum „Deutschen Volkssturm" einberufen, ohne genügend Ausbildung und Ausrüstung. Es war das letzte Aufgebot der Verteidigung. Mein Vater blieb wegen seiner Herzschwäche und des starken Gelenkrheumatismus bei der Stadtverwaltung.

Ende August 1944 sammelten wir uns wieder mit den Lehrgangsteilnehmern, der zweite Teil fand auf einem Gut bei Königsberg statt.
  So oft ich konnte besuchte ich meine Eltern in Insterburg, auch in der Hoffnung, Post von Rudolf vorzufinden.
  Und dann endlich, nach insgesamt drei quälenden Monaten, die erlösende Nachricht, dass er bei Tilsit läge. Vergebens hatte er noch mitgeholfen, Grodno zu verteidigen, das schließlich im Juli 1944 von der russischen Armee eingenommen wurde.

„Sie scheinen ganz weit weg zu sein", sprach mich der Rektor im Internat an, als ich träumend über den Flur schlenderte.
  Tatsächlich erlebte ich die Woche vor dem Wiedersehen, das mir Rudolf in einem zweiten Brief angekündigt hatte, in einem Schwebezustand, wie ich ihn noch nie erlebt hatte.
  Der Alltag war nicht präsent, Ärgernisse und Sorgen wie weggepustet. Meine Aufgaben erledigte ich mühelos, aber ohne wirkliches Interesse. Hätte mich irgendjemand in dieser Zeit getadelt oder durch böse Worte verletzen wollen, es wäre durch meinen Panzer der Glückseligkeit nicht an mich herangekommen.

Endlich war es soweit. Ich fuhr nach Insterburg und von da aus mit dem Fahrrad die vierzig Kilometer zu Rudolf. Er war im

Kreis Elchniederung südwestlich von Tilsit bei einem Ehepaar in Quartier, wie er geschrieben hatte.
„Herr und Frau Fischer sind wie Eltern zu mir und haben sich freiwillig bereiterklärt, Soldaten zu beherbergen."

Vier Monate hatten wir uns nicht gesehen!
Ich saß auf meinem Fahrrad, strampelte so schnell ich konnte. Selige Gedanken, die sich ganz bald erfüllen würden. Das Getose feindlicher Geschosse war verschwunden. Die Natur hatte wieder zur Ruhe gefunden.
Durch meine Vorfreude beflügelt, schaffte ich die Strecke leichter, als ich es mir vorgestellt hatte.
Rudolf hatte wohl schon länger draußen auf mich gewartet. Er kam entgegengelaufen, als er mich von weitem sah. Ich sprang vom Rad und rannte, so schnell ich konnte, in seine ausgebreiteten Arme und gab mich seinen Liebkosungen hin. Wie zärtlich und zugleich leidenschaftlich konnte Rudolf sein! Ich spürte solche Momente eines schier unwirklichen Schwebens noch lange Zeit nach. Rudolf erschien mir stattlicher und hübscher als jemals zuvor.
Er stellte mir Herrn und Frau Fischer vor, die mich herzlich begrüßten. „Sie sehen müde aus, schlafen Sie doch erst einmal."
Sie boten mir ihre Wohnzimmercouch an.
Jetzt erst merkte ich, dass ich doch erschöpft war, und streckte mich genüsslich aus, Rudolf setzte sich an meine Seite.
„Du warst auf der Stelle eingeschlafen", *erzählte er mir später.*

Als ich erwachte, war niemand mehr da.
Ich lief in den Flur, von wo ich leise Geräusche vernahm. Rudolf war gerade dabei, meine Schuhe zu putzen, die auf dem matschigen Feldweg ganz schön gelitten hatten. Ich war verwundert und gerührt zugleich. Er strahlte mich an. „Für dich mache ich alles gerne."

Ein Gefühl von unbändiger Wärme und Vertrautheit überrollte mich. ‚So fühlt sich wohl Liebe an', war mein Gedanke.

Noch bevor ich in meine Schuhe schlüpfen konnte, nahm Rudolf meine bloßen Füße in seine Hände und streichelte sie liebevoll. „Sie sind so samtig wie die eines Babys", flüsterte er und gab mir einen zärtlichen Kuss.

Rudolf und ich gingen während der beiden Tage viel spazieren. Jeder noch so kleine Körperkontakt durchströmte mich mit wohliger Wärme. Wir sprachen offen über unsere Gefühle, er war so sensibel. Gemeinsam hingen wir unseren Träumen nach, eine wunderbare Zeit.

Herr und Frau Fischer luden uns zum Abendessen ein. Sie beäugten uns verzückt und träumerisch, als ob sie selbst in die erste Verliebtheitsphase zurückversetzt würden und wir uns wie ein Liebespaar im Film vorkamen.

„Noch ein wenig Suppe?", fragte Frau Fischer schnell, als sie sich wohl bei ihrem Beobachten ertappt fühlte.

Ich durfte auf der Couch übernachten.

Der nahende Abschied ließ mich Rudolfs Hand ganz fest halten.

„Könnte ich mir Ihr Fahrrad ausleihen?", fragte er Herrn Fischer. „Ich fühle mich zwar im Auto wohler, aber ich möchte Fräulein Lenkeit ein Stück begleiten."

Welch großer Liebesbeweis!

Herr Fischer schmunzelte zufrieden und holte das Rad.

Als wir uns schließlich trennten – Rudolf musste an dem Tag noch zurück zu seiner Einheit – weinte ich so heftig, dass sich meine Augen ganz verquollen anfühlten. Er streichelte zärtlich darüber.

Abschiednehmen hatte für mich etwas Tragisches.

„Ich drücke auf deine Lippen das Siegel, dass wir uns gehören", und er gab mir einen leidenschaftlichen letzten Kuss.

Ich drehte mich lange um und winkte. Rudolf versuchte es auch, aber sich umzudrehen auf dem Fahrrad und dann auch noch zu winken, war ihm unmöglich.
Er sah so unbeholfen aus, dieser große Mann, dass es mich in meiner Traurigkeit rührte.

Ein paar Wochen hörten wir nichts voneinander, eine Verlegung seiner Einheit war bei meinem Besuch schon vorauszusehen. Es ging gen Westen.
Nach einem spontanen Urlaub zu Hause in Schlesien war Rudolf in Weisenheim bei Ludwigshafen stationiert. Er war enttäuscht, dass wir so getrennt wurden und wollte zusehen, dass er wieder nach Osten käme. Es war ein schlechter Wunsch!
Oft hatte er während langer Bahnfahrten zweimal am Tag Feldpostbriefe geschrieben, in denen er von unserer Zukunft schwärmte und wie schön es sein würde, „wenn wir uns dann ganz gehören, auch besiegelt." Er sagte das, was ich mir oft erträumt hatte.
Ich träumte weiter und hatte in den kommenden Wochen und sogar Monaten genug Zeit dazu, auch als keine Post mehr kam, nicht kommen konnte.

Ein Andenken aus diesen Jahren – in einer Zeitung entdeckt – habe ich bis heute aufbewahrt. Ich las die Zeilen wieder und wieder, selten ohne feuchte Augen.

Wart auf mich, ich komm zurück,
aber warte sehr.
Warte, wenn der Regen fällt,
grau und trüb und schwer.
Warte, wenn der Schneesturm tobt,
wenn der Sommer glüht.

Warte, wenn die andern längst,
längst des Wartens müd.
Warte, wenn vom fernen Ort
Dich kein Brief erreicht.
Warte - bis auf Erden nichts
Deinem Warten gleicht.

Wart auf mich, ich komm zurück.
Stolz und kalt hör zu,
wenn der Besserwisser lehrt:
„Zwecklos wartest du."
Wenn die Freunde, Wartens müd,
mich betrauern schon,
trauernd sich ans Feuer setzt
Mutter, Bruder, Sohn.
Wenn sie, mein gedenkend, dann
trinken herben Wein,
du nur trink nicht - warte noch
mutig - stark - allein.

Wart auf mich, ich komm zurück,
ja, zum Trotz dem Tod,
der mich hundert-, tausendfach
Tag und Nacht bedroht.
Für die Freiheit meines Lands
rings umdroht, umblitzt
kämpfend, fühl ich, wie im Kampf
mich dein Warten schützt.
Was am Leben mich erhält,
weißt nur du und ich;
dass du, so wie niemand sonst
warten kannst auf mich.

Schon sehr früh liebte ich solche Gedichte, je rührseliger, desto besser.

Ich sammelte sie und schenkte zum Geburtstag meiner Freundin Toni eine Auswahl davon, fein säuberlich jedes Gedicht auf hellblaues Leinenpapier geschrieben und mit einer dunkelblauen Schleife zusammengebunden.

Toni war mir ähnlich. „Das ist das schönste Geschenk, das ich jemals bekommen habe."

Es war eine Zeit, in der wir beide von der Liebe schwärmten und unseren Träumen nachhingen.

So sehr mich das Wiedersehen mit Rudolf der Wirklichkeit entrückt hatte, so jäh holte mich die Realität ein.

Gerüchte von Russen auf ostpreußischem Boden wurden zahlreicher, Luftangriffe hier bei uns im Osten auch.

‚Flucht kommt ja nicht in Frage', grübelte ich. ‚Selbst die Vorbereitung zur Flucht steht unter Todesstrafe.'

Ich versuchte, meinen Schülerinnen die Angst zu nehmen.

„Hier haben wir einen sicheren Luftschutzkeller. Und wir haben Vorräte. Der Lehrgang ist ja bald geschafft."

In den Nächten vom 26. zum 27. und vom 29. zum 30. August 1944 bombardierte die britische Royal Air Force Königsberg und zerstörte fünfzig Prozent der historischen Innenstadt mit ihren zum Teil jahrhundertealten Bauwerken. Der Dom brach zusammen, das Schloss stürzte ein. Es gab 5000 Tote.

Der Angriff ereignete sich nur achtzehn Kilometer von unserem Internat entfernt. Ich hatte es mir nicht vorstellen können.

Der Feuerschein am Horizont erhellte unser Gebäude, der Wind brachte uns das Grollen der Detonationen noch näher. Wir fanden Zuflucht in dem düsteren Luftschutzkeller.

‚Hätte ich den Lehrgang frühzeitig auflösen müssen?', ging es mir durch den Kopf. ‚Wenn eine von meinen Schülerinnen Schaden nimmt', hämmerte es weiter, ‚könnte ich es mir nie verzeihen.'

Erneut eine schwere Detonation, die uns ganz nah zu sein schien. Ich schaute in vertraute Gesichter, die voller Panik und Hilflosigkeit gegenseitig Blickkontakt suchten.

„Wir haben hier im Keller einen sicheren Platz", versuchte ich sie erneut zu beruhigen, doch es kam mir so vor, als zitterte meine Stimme und als sähen die Schülerinnen mich prüfend an.

„Hoffentlich bleiben wir verschont", sprach Karin das aus, was wir alle dachten.

Nach einer gefühlten Ewigkeit wurde Entwarnung gegeben.

Die Tage, die darauf folgten, waren emotionstrunken, spannungsgeladen und ließen kaum Unterricht zu. Ich spürte, dass es für viele Teilnehmerinnen nach dem traumatischen Erlebnis schwer war, sich zu konzentrieren und überhaupt Motivation zu finden.

Die Fröhlichkeit war auch bei denen gewichen, die sonst immer für gute Stimmung gesorgt hatten, einige waren bedrückt oder tieftraurig, andere unangenehm gereizt, einige traumatisiert.

Klara weinte wieder einmal leise vor sich hin. „Ich werde die Momente der Todesangst nie mehr vergessen können", flüsterte sie.

Durch persönliche Gespräche versuchte ich, Entspannung zu schaffen, eine innere Verbundenheit, um die schwierige Zeit besser durchzustehen.

Erleichtert nahm ich in den nächsten Tagen wahr, dass die Mädchen, abgesehen von vertrauten Gesprächen mit mir, auch untereinander begannen, ihre Sorgen zu teilen, sich Mut zuzusprechen und zu einer familiären Gemeinschaft zusammenzuwachsen. Es wurde für alle erträglich.

Als schließlich die zweite Hälfte des Lehrgangs beendet war und ich die Schülerinnen gesund entlassen konnte, waren sie beim Abschied gerührt.
„Sie strahlen so viel Zuversicht aus", lobte die älteste Teilnehmerin, die ihren Mann im Russlandfeldzug verloren hatte. „Das hat mir geholfen."
Ich fuhr noch am selben Tag nach Insterburg. Eine riesige Last war von meinen Schultern gepurzelt.
‚Es wird alles gut', dachte ich glücklich.

„Aus heutiger Sicht kommt mir mein Verhalten gutgläubig und unverhältnismäßig naiv vor, vielleicht gepaart mit einer gewissen Obrigkeitstreue."
„Ja, wenn ich mir vorstelle, achtzehn Kilometer von Moers krachen die Geschütze und der Himmel ist hell erleuchtet von Raketen, würde ich Angst um mein Leben haben. Und dass du dann noch kurze Zeit später den Mut, oder wie du es auch nennen willst, hattest, dreißig Kilometer mit dem Rad in östliche Richtung zu fahren und zurück, um ein bisschen Hausrat zu retten, ist für mich unfassbar… Aber ich will nicht vorgreifen."
Meine Mutter schaut mich ernst an. Sie nickt ein paar Mal und erzählt weiter.

Rudolf hatte in Weisenheim/Pfalz ein paar erträgliche Wochen, wie er mir später erzählen würde. Er war bei einem älteren Geschwisterpaar einquartiert, das einen kleinen Weinberg besaß und Rudolf oft zur Weinernte mitnahm.
„Sie waren aufgeschlossen, wenn auch ein bisschen schrullig, besonders Gertrud, die Schwester", wie er später belustigt bemerkte. „Sie lief meist in grauen Männerpantoffeln durch die Gegend. Selbst ihr voluminöses, zerknittertes Nachthemd, in dem sie morgens den Hof überquerte, um die Kleintiere zu füttern, konnte ihre Leibesfülle nicht kaschieren, viel weniger die

spack sitzenden Röcke mit den bunten Blusen. Sie war stets gut gelaunt und schlagfertig. Das gefiel mir. Schon mittags gab es ein Gläschen guten Weines."

In Briefen schwärmte Rudolf davon, dass er vielleicht einmal das kleine Weingut übernehmen könne. Es sei landschaftlich wunderschön und eine gute Existenz. Er könne Coca Cola dort einführen.

Mir schickte er in der Zeit ein kleines Paket mit Pfirsichen und Weintrauben, die es bei uns schon lange nicht mehr gab. Zu unser beider Enttäuschung hatten sie den langen Postversand aber nur als Mus überstanden.

Rudolf kam schließlich nach Frankreich, er schrieb einige Male. Dann hörte ich bis April 1945 nichts mehr von ihm.

Wie hätte ich eine Ahnung davon haben können, was es bedeutete, kein Lebenszeichen von dem Menschen zu bekommen, ohne den zu leben ich mir nicht mehr vorstellen konnte, mit ihm zu leben ich nie hatte auskosten dürfen. Ich taumelte im luftleeren Raum, versuchte, mich im Pläneschmieden zu zügeln, aus Angst vor Enttäuschung, um dann zu spüren, wie viel Kraft ich bei träumerischen Gedanken an Rudolf schöpfen konnte.

Ich holte die Briefe hervor, die zu lesen ich mir eine Fastenzeit auferlegt hatte. Jetzt aber, am Rande der Verzweiflung, beschloss ich, mich nicht länger zu kasteien.

,Lieben ist Leiden, ich weiß jetzt, was gemeint ist. Aber auf die Liebe verzichten?' Ich war bereit zu warten.

22

Die russische Armee brach am 21. Oktober 1944 zwischen Goldap und Gumbinnen nach Ostpreußen durch. Nemmersdorf wurde durch furchtbare Gräueltaten bekannt.

Die Front stand dann noch einmal bis Dezember zehn Kilometer vor Insterburg. Nemmersdorf und Goldap waren nach erbitterten Kämpfen von der Wehrmacht zurückerobert worden.

Vonseiten der deutschen Regierung wurde die Zeit des Stillstandes nicht für eine systematische Evakuierung der Menschen genutzt. Schlimmer noch, jegliche Vorbereitung zur Flucht, „Wehrkraftzersetzung", wie es die NS-Kreisleitung nannte, stand unter Todesstrafe.

Meine Mutter kam aus Dopönen im Kreis Stallupönen, elf Kilometer von der litauischen Grenze entfernt, mit einem der letzten Züge nach Insterburg zurück. Ihr Bruder Fritz hatte sie um Unterstützung gebeten. Er begann, wegen der sich zuspitzenden Lage, mit seinen Landarbeitern Trecks für die Flucht fertigzumachen.

Nur für diese ganz östlichsten Orte war von offizieller Seite angeordnet worden, die Bevölkerung zu evakuieren. Dopönen war Mohrungen zugeordnet.

„Es herrscht ein heilloses Chaos", erzählte meine Mutter, als sie wieder nach Hause kam. „Alte Männer sind noch in den letzten Wochen gen Osten abgezogen worden. Fritz und seine Leute versuchten, die mut- und kopflosen Nachbarinnen zu beruhigen, und sie halfen ihnen beim Packen des Nötigsten. Wo Pferde fehlten, mobilisierten sie alte Trecker. Schwägerin Elly flüchtet mit Fritz. Die Stimmung ist trostlos. Und dann die Tiere ... sie

haben sie einfach losbinden müssen und ihrem Schicksal überlassen."

Ich sah meiner Mutter den Schmerz an.

„Die Kühe trotten verloren über Wiesen und Äcker, wie ein Symbol des Abschieds. Auf dem Bahnhof von Dopönen habe ich dann noch Papas Jugendfreund Franz getroffen. ‚Es ist alles verloren. Wir werden Ostpreußen nicht wiedersehen', meinte er schwermütig."

Meine Mutter wirkte erschüttert.

Onkel Fritz hatte vor einiger Zeit Schwägerin Elly aus Berlin mit ihren vier kleinen Kindern wegen der Luftangriffe auf die Hauptstadt bei sich aufgenommen. Bruder Emil war Soldat. Zu der Zeit war es im Osten noch ruhig gewesen.

Wie meine Mutter berichtete, brachen sie von Dopönen gemeinsam auf, zusammen mit den beiden Tanten Mett, meinen Großtanten.

Später wird uns Elly berichten, was sich schon kurze Zeit nach ihrem Aufbruch ereignete: „Wir drei Frauen und meine Kinder waren hinten im Treckwagen, wegen der klirrenden Kälte eingemummt mit allem, was wir hatten. Onkel Fritz saß vorne auf dem Kutscherbock. Plötzlich hörte man aus nicht allzu großer Ferne das Rasseln von Panzerketten. ‚Die Russen scheinen schon ganz nah zu sein', war mein Gedanke. Ich hatte mich voller Panik zu Onkel Fritz gebeugt und forderte ihn auf, sich lieber in das Innere des Wagens zu setzen. ‚Die nehmen dich sonst mit.' Er weigerte sich. ‚Ich verstecke mich doch nicht und lasse eine Frau kutschieren.' Es dauerte nicht lange, da hielten russische Soldaten den Wagen an, Onkel Fritz wurde heruntergerissen. Ich sah nur noch, wie sie ihm die Stiefel auszogen."

Er blieb für immer verschollen.

Als ich Schwägerin Elly nach dem Krieg wiedersah, erkannte ich sie kaum wieder. Ich hatte sie als bildhübsche, strahlende junge Frau auf dem zugefrorenen See in Erinnerung, jetzt war sie ergraut, verhärmt, viel zu früh gealtert.

„Das Erlebnis mit den Russen war wie ein Trauma", erzählte sie mir. „Ich fühlte mich ohne Fritz überfordert, für alle verantwortlich, meine vier kleinen Kinder und die beiden alten Tanten. Drei meiner Kinder bekamen Typhus. Das Einzige, was sie retten konnte, war ein Medikament, das man nur über Beziehungen im wahrsten Sinne des Wortes bekommen konnte."

Sie hielt inne, das Weitersprechen fiel ihr sichtlich schwer.

„Ich habe mich überwunden und einem russischen Offizier das gegeben, was er wollte, um das Nötige für meine Kinder zu bekommen." Ihr leerer Blick ließ mich frösteln.

„Und was wurde aus den beiden Tanten?", versuchte ich abzulenken.

„Die Versorgungslage war katastrophal. Tante Berta und Tante Trude schrien immer nach Brot, und ich hatte kaum genug für die Kinder. Ich habe die beiden schließlich verhungern sehen."

„Ich versuche, von meiner Aussteuer so viel wie möglich zu retten", besprach ich jetzt im Spätherbst 1944 meine Pläne mit meiner Mutter.

„Macht es überhaupt Sinn, sich mit den Sachen zu belasten?", gab sie zu bedenken. „Und dass du in östliche Richtung fährst …?"

„Das schöne Geschirr kann ich doch nicht zurücklassen!" Mein Entschluss stand fest. „Wie mühsam hat Erna das zusammengespart! Ich werde mich heute noch auf den Weg mit dem Rad zu Tante Ida machen." Ich hatte meine Sachen dort deponiert.

„Papa und ich haben mit Magda vereinbart, dass wir zu ihr nach Königsberg fahren." Meine Mutter zögerte. „Ich hoffe, wir kommen alle heil davon."

Unsere Oberbetten hatten wir schon zur Sicherheit nach Königsberg geschickt, wenn es in Insterburg Probleme geben würde. Töpfe vergruben wir hier auf dem Hof. Es war schwierig, weil der Boden schon etwas gefroren war. Wir bedeckten alles mit lockerem Sand, damit nichts mehr herausguckte. „Wird schon niemand finden."

Noch in Insterburg traf ich Käthe Massat, die Tochter von Tante Idas Nachbarn.

„Deine Tante ist schon unterwegs. Sie hat deine Sachen bei Lenzen abgegeben."

„Was machst du hier noch?" fragte ich sie.

„Ich bin auf dem Weg zum Bahnhof und will versuchen, zur Ostsee zu kommen, und dann mit dem Schiff nach Amerika."

Ich begleitete Käthe ein Stück.

Da gab es plötzlich Fliegeralarm. Wir saßen Stunden im Keller.

„Langsam werde ich unruhig." Ich wollte noch im Hellen zurück sein.

Nach der Entwarnung machte ich mich auf zu Lenzen, dreißig Kilometer mit dem Fahrrad in östlicher Richtung. Ich kam kaum voran, weil Treck an Treck auf der Flucht in Gegenrichtung dahintuckerte.

Viele waren auch mit Handwagen unterwegs, in dem die Großmutter saß oder alle Habe untergebracht war. Frauen mit hochbepackten Kinderwagen und kleinen Kindern an der Hand reihten sich ein.

‚Macht es Sinn, in die falsche Richtung zu fahren?', konnte ich meine verdrängten Zweifel langsam nicht mehr beschwichtigen. Dass schon so viele Menschen auf der Flucht waren, hatte ich nicht erwartet.

‚Es ist ja nicht mehr weit', versuchte ich mir Mut zu machen, *aber mein gesunder Menschenverstand gab keine Ruhe. Mein Kopf dröhnte. Quälende Gedanken übernahmen das Kommando.*

…Gott sei Dank, jetzt kam schon Lenzens Haus in Sichtweite.
Zwei Soldaten, die die Bahnschranke überwachten, versperrten den Weg: „Nein, in **die** *Richtung geht es nicht mehr, die Russen sind knapp zehn Kilometer entfernt. Wir können Sie nicht durchlassen."*
Ich zeigte auf Lenzens Haus.
„Ich muss dort etwas ganz Wichtiges abholen und komme sofort wieder zurück."
Auf mein hartnäckiges Bitten gaben sie schließlich nach. „Auf eigene Verantwortung", riefen sie kopfschüttelnd hinter mir her.

Lenzens waren nicht mehr da, auch meine Sachen nicht, die hatte Tante Ida mitgenommen. Nur eine alte Oma, die sich geweigert hatte mitzugehen, war noch im Haus.
„Tun Sie mir den Gefallen, nehmen Sie ein paar Hihnerchen[4] mit, sonst verhungern die", bettelte die alte Frau.
Erst wollte ich nicht, meine Nerven waren in den letzten Stunden schon arg strapaziert, aber da sie nicht lockerließ und betonte: „Ich bin ganz verzweifelt, was soll ich nur mit den Tieren machen!?", nahm ich schließlich zwei Hühner in einem Netz auf mein Fahrrad.
Die Soldaten an der Schranke brachen bei meinem Anblick in schallendes Gelächter aus.
„Ja, die zwei Hühnerchen sind aber auch wirklich ganz wichtig!", feixten sie hinter mir her.
Ich habe mich so geschämt, machte bloß, dass ich wegkam. Ich hörte ihr Gejohle noch eine Weile hinter mir.

---

4 Hühner

Jetzt fuhr ich die Richtung all der Trecks wieder zurück zu unserer Wohnung in Insterburg und kam schneller voran als die Flüchtlingswagen, die sich nur meterweise vorwärts schoben.

Unterwegs entdeckte ich Tante Ida, die ich bei der Hinfahrt übersehen hatte. Sie thronte hoch oben auf einem vollgeladenen Wagen. Die meiste Zeit standen die Trecks, es war kein Vorwärtskommen.

„Was mache ich nur mit den Hühnern?"

Tante Ida spürte meine Anspannung. „Lass mich mal machen."

Sie hielt zwei vorbeiziehende Soldaten an. Für versprochene Zigaretten schlachteten sie meine beiden Hühner mitten auf der Straße. Ich habe weggeguckt, nahm die blutverschmierten Tiere dankbar in Empfang.

Mit den Hühnern kehrte ich in unsere Wohnung zurück, rupfte sie, bereitete sie zu und weckte sie in Gläser ein. Nur kleine Stückchen, die nicht mehr ins Glas passten, aß ich gierig.

‚Das andere muss bleiben, bis wir wieder alle beisammen sind. Hoffentlich!'

Der Bratenduft war verlockend, es fiel mir schwer, zu widerstehen.

Dann machte auch ich mich auf den Weg Richtung Königsberg zu meiner Dienststelle.

An Weihnachten war ich zum ersten Mal in meinem Leben nicht mit meinen Eltern zusammen. Die Weihnachtsfeier beim Volkssturm hat kaum Erinnerung hinterlassen, nur, dass ich mich riesig über ein Paar Schuhe gefreut habe.

Ich ging früh ins Bett und weinte mich in den Schlaf. Der einzige Trost war, dass ich an Silvester nach Hause fahren durfte.

„Es wäre doch schön, wenn wir alle zusammen in Insterburg Silvester feiern", hatte mein Vater vorgeschlagen, und Magda und ich waren sofort begeistert.

„Hoffentlich ist es dort nicht das letzte Mal", fügte meine Mutter skeptisch hinzu. Mein Vater war zuversichtlich.

Ich musste mir die Genehmigung für den Silvesterurlaub von meiner Dienststelle erkämpfen.

„Gut, wir machen eine Ausnahme unter der Bedingung, dass Sie Neujahr wieder zurückkommen."

Da schlechte Zugverbindungen bestanden, sollte ich mich für den Rückweg bei der Kreisleitung melden. „Dort wird ein Holzvergaser, der die Front beliefert und wieder zum Volkssturm nach Königsberg zurückfährt, um 24 Uhr auf Sie warten."

Die wenigen Stunden zu Hause vergingen wie in Trance. Der Gedanke, dass es das letzte Silvester in unserer Wohnung in Insterburg, ja, vielleicht sogar das letzte Silvester miteinander sein könnte, ließ mich nicht entspannen. Meine Mutter gab sich große Mühe, ein bisschen Normalität in den Wahnsinn zu bringen. Sie bereitete aus den eingeweckten Hühnern ein köstliches Mahl.

„Habt ihr Lust zu singen?" Mein Vater versuchte es auf seine Weise. Wir sangen „Befiehl du deine Wege", was noch mehr Melancholie auslöste. Ich spürte, dass alle geplagt wurden von der Angst vor dem, was kommen würde.

Unser Untermieter machte seinem Ärger über Hitler Luft. „Wir werden alle verheizt!"

„Ich muss mich auf den Weg machen." Dauernd hatte ich schon auf die Uhr gesehen und den Moment, solange es ging, hinausgezögert.

Wir drückten uns wortlos, der Abschied überstieg fast das Erträgliche.

Der quälende Gedanke, ob wir uns jemals wiedersehen würden, war jetzt mehr denn je erbarmungslos präsent. Ich riss mich los, lief ein paar eilige Schritte, um mich dann noch ein letztes Mal zu den Weinenden umzudrehen.

Insterburg war wie immer verdunkelt, keine Menschenseele unterwegs. Es war gespenstisch.

Mir war furchtbar kalt bei zweistelligen Minusgraden, verstärkt durch die Aufregung und durchdringende Traurigkeit. Ich lief kurz vor 24 Uhr am alten Schloss vorbei.

Plötzlich überquerte eine schwarze Katze von links nach rechts die Straße.

Ich kam an einem Haus vorbei, dessen Fenster offenstanden. Ich hörte den „Führer" sprechen und nahm es als Beschwörung eines Irrsinnigen wahr, zum allerersten Mal. Schnell verdrängte ich meine unheilvollen Gedanken.

Bei der Kreisleitung angekommen, setzte sich der Holzvergaser, am Steuer ein düster blickender, unrasierter Volkssturmmann, mit lautem Getöse in Bewegung. Der Unbekannte musterte mich kurz von der Seite. Mir lief ein Schauer über den Rücken. In die unmittelbare Angst in dieser gespenstigen Situation mischte sich die Abschiedswehmut und Sorge um die Zukunft.

Wir sprachen kein Wort. Die Fahrt schien mir endlos.

Bei unserer Ankunft in Pobethen bei Königsberg fand ich sie alle betrunken vor, Parteibonzen, Volkssturmmänner und die Arbeitskolleginnen. Lieselotte Schwarz aus meiner Abteilung schwankte bedenklich.

„Sei kein Spielverderber. Wir machen die Nacht durch." Und schon hing wieder dieser schmalzige Kollege aus der anderen Abteilung an ihren Beinen.

Ich war gar nicht in der Stimmung zu feiern, vielmehr angewidert von der grölenden Gesellschaft. Ich ging sofort ins Bett.

Meine Eltern fuhren von Insterburg mit Magda nach Königsberg zurück. Eingelullt in falsche Versprechungen der deutschen

Propaganda, waren wir noch immer voller Hoffnung, wieder zurück nach Insterburg zu kommen.

Die Erinnerungen an 1914, als russische Truppen schon einmal Ostpreußen überrannt hatten, dann aber in der Schlacht bei Tannenberg zurückgeschlagen werden konnten und die Bevölkerung zurückkehrte, waren wacher denn je.

Nur meine Mutter äußerte hin und wieder Zweifel, die sie aber schnell verstummen ließ.

Meine Bedenken wurden von Tag zu Tag lauter.

Am 12. Januar begann erneut der russische Sturm auf Ostpreußen. Das unheilvolle Grollen des Kanonendonners schien immer näher zu kommen.

„Wo stecken denn unsere Vorgesetzten?", fragte meine Arbeitskollegin. „Ich warte sehnsüchtig auf die Erlaubnis zu gehen. Meine Familie ist schon unterwegs gen Westen."

„Am liebsten würde ich einfach abhauen", entgegnete ich. „Aber wir würden wahrscheinlich nicht weit kommen."

Wir wussten ja, dass sogar jede Vorbereitung zur Flucht unter Todesstrafe verboten war.

„Dass die Kreisleiter besser informiert und deshalb schon aus den Amtsstuben getürmt waren, ahnten wir nicht", erklärt meine Mutter.

Mit nur noch wenigen Frauen arbeitete ich weiter im Büro des Volkssturms.

Soldaten kamen vorbei und inspizierten die Räume.

„Was wollen denn Frauen noch hier?", meinten sie entsetzt, als sie uns erblickten. „Seht zu, dass ihr wegkommt! Die Front ist doch ganz nah."

Wir waren verunsichert. Auch jetzt noch hatten wir Angst, eigenmächtig zu handeln.

„Aus heutiger Sicht ist es schwer nachzuvollziehen, wie fügsam wir dem Staat gegenüber zu dem Zeitpunkt immer noch waren."

Am 18. Januar schließlich wurden die wenigen Frauen mit einem LKW von der abgelegenen Dienststelle nach Königsberg gebracht. Ich kauerte mit Liselotte Schwarz in der hintersten Ecke des Wagens.

Als wir vom Hof herunterfahren wollten, wartete der LKW-Fahrer einen kurzen Augenblick, dann erzwang er sich Platz zwischen den dicht an dicht vorbeiziehenden Trecks. Es knackte schrecklich, als wir einen Wagen an der Seite erwischten. Leute schrien auf, ein Rad war wohl beschädigt.

Es schneite, und die Temperatur lag weit unter Null. Wegen der vielen Trecks war es schwer, voranzukommen. Sie standen mehr, als dass sie in Bewegung waren.

‚Wo wollen die vielen Menschen hin?'

Viele der Pferde waren nicht scharf beschlagen und glitten aus. Dort stand schon wieder eins quer zur Straße. Der Bauer trieb es mit der Peitsche an. Mühsam nahm das Gespann die Richtung wieder auf.

Viele Wagen hatten keine schützenden Planen.

Die Mütter und Kinder saßen zwischen ihren Bündeln, und der Schnee puderte sie ein, bis sie kaum noch zu erkennen waren. Immer wieder sahen wir Kinderwagen mit kleinen, steifgefrorenen Körpern am Straßenrand. In Lumpen gewickelte Kinderleichen ragten aus den Schneeverwehungen.

Dort lag ein Wagen mit gebrochenen Rädern im Chausseegraben. Ein Panzer hatte ihn erbarmungslos von der Straße gedrängt. Es wurde umgeladen und umgespannt.

Das Chaos hätte nicht größer sein können durch das Ineinanderfluten von drei großen Wellen: das Zurückströmen einer geschlagenen Armee, die planlose Flucht der Zivilbevölkerung und das Hereinbrechen eines zu äußerster Grausamkeit entschlossenen Feindes.

Erst jetzt wurde mir das volle Ausmaß des Elends richtig bewusst. Wie konnten wir noch in unserem Büro sitzen, während sich hier draußen der Kampf ums Überleben in grauenvollster Weise inszenierte!

Ich war erschüttert. Meine Gedanken ließen sich nicht mehr ordnen.

Viehherden standen auf verschneiten Feldern und brüllten. Die Bauern hatten sie vor der Flucht losgebunden. Ich sah eine Frau, die ein Tier mit einem ganz prallen Euter zu melken versuchte.

Im Lager einer Brauerei setzte man uns ab. Keiner kümmerte sich weiterhin um uns, nur Schulterzucken auf alle Fragen. Noch sah man viele Männer in Parteiuniform, einen Tag später waren alle Uniformen von der Bildfläche verschwunden.

Es waren drei furchtbare, aussichtslose Tage, die wir in dieser trostlosen Umgebung fast ohne Essen und Trinken zubrachten. Es herrschten weiterhin zweistellige Minusgrade.

Ich spürte, dass mein Gefühl von Hoffnung immer mehr verblasste und Resignation sich breit zu machen drohte. Und ich dachte an Rudolf und an das Gedicht. „… kämpfend, fühl ich, wie im Kampf mich dein Warten schützt."

Plötzlich wusste ich wieder, was meine Aufgabe war …

23

Neben dem Weg über die Ostsee per Schiff bestand nur die Möglichkeit, über das gefrorene Haff auf die Frische Nehrung zu gelangen – eine schmale Landzunge, bis zu 2 km breit, 70 km lang, die das Frische Haff von der offenen Ostsee abtrennt –, um dann weiter Richtung Danzig zu kommen.

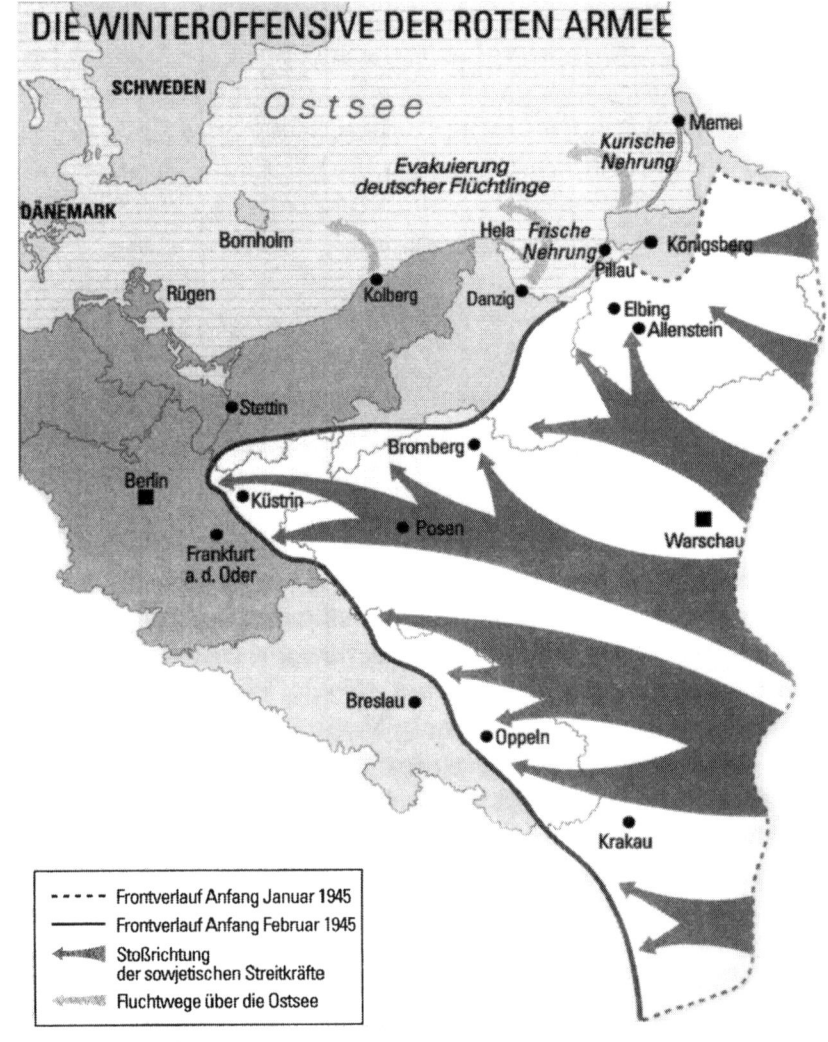

Liselotte Schwarz und ich beschlossen, nach Pillau zu gehen, um mit einem Schiff weiterzufahren.

"Da nehmen sie nur Frauen mit kleinen Kindern mit", riet man uns ab. "Die Schiffe sind sowieso schon stark überladen."

Wir waren verunsichert.

Später wurde uns klar, dass das Schicksal es wieder einmal gut mit uns gemeint hatte ...

Das KdF-Schiff „Wilhelm Gustloff", das am 25. Januar 1945 auch Flüchtlinge aus Pillau aufgenommen hatte und mit 6000(!) Passagieren (anstelle von 1800 KdF-Reisenden) vollkommen überladen war, wurde von russischen U-Booten torpediert und ist mit 5000 Verwundeten und Flüchtlingen untergegangen. 1000 Menschen konnten sich wohl unter größten Strapazen und Verwundungen retten.

Schließlich fasste ich den Plan, Magdas Wohnung aufzusuchen, um zu sehen, ob sie und meine Eltern vielleicht noch dort waren und wegen eventuell angekommener Post von Rudolf.

Liselotte Schwarz hatte sich völlig verändert. Sie war nur noch verzweifelt und weigerte sich vehement, mitzukommen.

"Ich bleibe hier, mir ist alles egal. Du wirst auch verrecken."

"Jetzt dreh nicht durch!" Langsam machte sie mich wütend.

Das Grollen der Front war wieder stärker geworden.

"Wir können es doch wenigstens versuchen", redete ich auf sie ein. "Hier haben wir keine Chance."

Sie aber war wie ein störrisches Kind, keinen Argumenten mehr zugänglich.

"Nun komm schon mit", wollte ich sie nicht aufgeben, „vielleicht ist deine Mutter noch dort."

Liselotte blieb lautstark bei ihrem Nein.

So machte ich mich allein auf den Weg. Ich ließ sie zurück, mit einem kläglichen Gefühl der Ohnmacht, weil mir nichts anderes übrigblieb, als sie ihrem schrecklichen Schicksal zu überlassen.

Zuerst fuhr ich ein Stück mit der Straßenbahn. Ich hatte einen großen Rucksack bei mir mit den neuen Schuhen, die ich an Weihnachten vom Volkssturm bekommen hatte, einer Flasche Birnenlikör, die mein Vater an Magdas Hochzeit beiseitegelegt hatte – „Die trinken wir zusammen, wenn alles vorbei ist" –, mit Unterwäsche und ca. zweihundert Briefen von Rudolf, die ich wie ein Kleinod hütete und ein paar wenige noch bis heute aufbewahrt habe, mit einem Fotoalbum, aus dem ich Bilder mit NS-Symbolen, auch Bilder von Erna beim BdM, herausgerissen und Teile von Fotos entfernt hatte.

„Ich habe die Briefe und Alben schon bereitgelegt, wenn du mal gucken möchtest, Utchen?"

Und ob ich das möchte! Ich beginne, in den kostbaren Erinnerungen herumzustöbern. Mein Vater hat die Briefe in einer ausdrucksvollen, gleichmäßigen, wunderschönen Handschrift verfasst. Das braune Feldpostpapier ist sehr dünn, die Schrift verblichen, so dass ich mir Mühe geben muss, den Text zu entziffern.

Nr. 6 Freitag, d. 25. 8. 44, 19.30 Uhr

Mein liebes, liebes Käthchen!

Heute will ich Dir gern wieder einige Zeilen schreiben. Du, Herzchen, freust Dich, wenn Post kommt und mir ist immer etwas leichter zu Mute, wenn ich Dir ein Briefchen schreiben kann. Es ist dann so, als säßest Du neben mir, und wir unterhalten uns. Ja,

Käthchen, wie oft haben wir immer so schön nebeneinander sitzen dürfen, und jetzt ist alles so anders. Es ist noch gar nicht so lange her und scheint wie eine Ewigkeit, geht es Dir auch so? Ach, wenn ich doch diese Zeit noch einmal erleben könnte. Ich würde so schnell wie möglich Klarheit schaffen, um endgültig dann Dir gehören zu können. Es steht so einwandfrei fest, mein Süßerchen, dass wir zusammen gehören, und trennen kann uns nur ganz allein der Tod. Aber daran wollen wir nicht denken, so hart ist das Schicksal nicht. Es hat uns zusammen geführt, hat unsere so große, sich nie erschöpfende Liebe gewollt und wird auch unseren schönsten, von uns beiden ersehnten Tag bringen, der unser Bündnis siegelt. Mein liebes, liebes Käthchen, kannst Du Dir ausmalen, wie herrlich schön das sein wird? Bei dem Gedanken strahlt heute schon mein Gesicht, und ich weiß es, dass es der schönste Tag meines Lebens sein wird ... Ich weiß auch, dass es schon schöne Tage in meinem Leben gab, bevor ich Dich hatte, aber ein Vergleich ist nie und nimmer zu ziehen. Heute nicht, viel weniger erst dann, wenn wir uns auch nach außen hin gehören dürfen ...

Nr. 18 Dienstag, d. 19. 9. 44, 20.50 Uhr

Mein liebes, liebes Käthchen!

Wir sind noch immer in Schliengen ... Was so ein liebes Briefchen von Dir für mich bedeutet, kannst nur Du ermessen. Nur Du *allein, mein liebes Käthchen, weißt ja, wie groß meine Liebe zu Dir ist ... Die Hoffnung bleibt, denn wenn das Fünkchen Hoffnung nicht mehr glühen würde, wäre es ja ganz aus. Ich brenne direkt auf eine Nachricht von Dir, mein liebes Käthchen. Bist du auch gesund und ist sonst alles in Ordnung? Und, Käthchen, hast Du mich noch lieb? Noch genauso lieb, wie Du mich in Grodno gehabt hast, mein Herzchen, genauso lieb, wie ich Dich habe, mein liebes, liebes Käthchen? Zweifel sind mir bisher noch nicht gekommen, Herzchen, und mein Glaube an Dich ist genau so stark und unerschütterlich wie damals, genauso groß und unerschöpflich wie meine Liebe zu Dir ist.*

Könnte es möglich sein, dass in Dir eine Wandlung vorgegangen ist? Nicht wahr, Käthchen, Du bist ehrlich und sagst bzw. schreibst mir, falls dieser Fall eingetreten ist oder mal eintreten sollte. Verheimliche mir bitte nichts, mein Süßerchen, und denke nicht: ‚Das kann ich Rudolf nicht sagen, er verliert ja sonst das Vertrauen und seinen so festen Glauben.' Bitte, bitte, mein liebes, liebes Käthchen, denke an unsere Zeit in Grodno und denke daran, was ich manchmal zu Dir sagte, ja?

Auch heute, mein liebes, liebes Käthchen, recht liebe und herzliche Grüße und wie immer viele liebe Küsschen von Deinem Rudolf.

Sind dies die Worte meines Vaters? Ist es derselbe Mann, vor dem ich oft Angst hatte, Angst, wenn er getrunken hatte, Angst um meine Mutter, die er einst so geliebt hat?!

    Solch zärtliche Seiten von ihm sind ganz neu für mich. Wie kann sich ein Mensch so verändern?

Ich bedauere, dass ich nie mit ihm über die Liebe, über Gefühle, über das Leben gesprochen habe. Ein Teil von ihm blieb mir verborgen. Ich sehe mich, die Träumerin, die Romantikerin, in seinen Briefen wieder. Es ist verrückt!

Als meine Mutter sieht, dass ich Tränen in den Augen habe, meint sie: „Ja, Rudolf war später völlig verändert. Ich habe einen anderen Mann geliebt, der so war wie in den Briefen, ein warmherziger liebevoller Mensch, mit dem ich über Gefühle sprechen und Gedanken intensiv austauschen konnte. Mehr als ich ihn geliebt habe, geht nicht. Aber die Liebe ist leider etwas Zerbrechliches, etwas Vergängliches …"

24

1945

Königsberg war stark zerstört. Viele Häuser ragten nur noch als schwarze Stümpfe in den Himmel, Schutt und Asche überall auf den Wegen. Es fiel mir schwer, die Orientierung zu behalten. Das gewohnte Bild der Stadt war verschwunden. Ich geisterte durch die Straßen, zu erschöpft, um den Schmerz meiner Seele in seinem ganzen Ausmaß zu spüren.

Schließlich fand ich Magdas Wohnung. Mein Herz pochte.
Ich klingelte.

Die Freude kann ich kaum beschreiben, als ich dort meine Eltern, Magda mit Kindern, ihre Schwiegereltern und meine Cousine Toni beisammen fand. Wir lagen uns in den Armen und weinten.

„Ich war verzweifelt, als ich fast nicht hergefunden habe", erklärte jetzt Toni. „Wenn ich früher Magda besuchte, konnte ich mich immer am Dom orientieren. Den suchte ich vergebens."

„In einer halben Stunde lässt uns Heinz abholen." Magda packte ein paar Habseligkeiten zusammen.

Welcher Wahnsinn, welche Fügung des Schicksals, dass ich sie noch vorgefunden hatte! Durch solch glückliche Wendungen in meinem Leben wurde der Glaube an eine höhere Macht bestärkt.

Dass ich ihn als Hoffnungsanker noch mehr als jemals zuvor brauchen würde, ahnte ich zu diesem Zeitpunkt nicht.

Der LKW vom Volkssturm – von Heinz, Magdas Mann, geschickt – war mit einer Plane bedeckt, es gab ein paar Kisten als Sitzgelegenheiten. Niemand durfte uns sehen. Der LKW diente nur als Verteilungswagen.

Magda hatte ihren Sohn Klaus im Kindersport-, die Kleine im Verdeckwagen, der vollgepackt war mit Bettstücken, Windeln und dem Nötigsten für die beiden.

Wir hockten geduckt unter der heruntergelassenen Plane, mucksmäuschenstill, als der LKW sich in Bewegung setzte.

Einen Tag später, am 23. Januar 1945, stießen sowjetische Panzer bei Elbing zur Ostseeküste vor. Damit war die Landverbindung zwischen Ostpreußen und dem Reichsgebiet im Westen abgeschnitten, über zweieinhalb Millionen Menschen saßen in der Falle. Königsberg wurde von russischen Truppen belagert.

Wir waren im letzten Moment von dort entkommen.

Wir fuhren zu Heinz' Quartier in einen Außenbezirk von Königsberg, von wo aus er einen Wagen zur Weiterfahrt organisieren wollte. Da er in der Marketenderei des Volkssturms mit der Verteilung von Lebensmitteln beschäftigt war, hatte er gute Beziehungen. Wir blieben wartend in seiner kleinen Wohnung mit neun Personen. Heinz hatte Stroh zum Schlafen ausgebreitet.

Seine Hilfe für uns alle und seine wohltuende Zuversicht in diesen schweren Tagen habe ich nie vergessen und in späteren Jahren auf sein „Habenkonto" gelegt, wenn die „Sollseite" durch sein Alkoholproblem Magda und die Familie zur Verzweiflung zu bringen drohte.

‚Wahrscheinlich sind die Kriegstraumata auch an ihm nicht spurlos vorbeigezogen ...'

Nach zwei Tagen angstvollen Wartens kam ein kleinerer LKW, der uns mitnahm. Wir legten mehrere Etappen Richtung Südwesten zurück, bis schließlich der Wagen von der Wehrmacht beschlagnahmt wurde. Wir waren in Heiligenbeil nahe des Haffs.

Heinz war resigniert. Er sah keine Möglichkeit, weiterzukommen. Zu Fuß war es für meinen Vater zu weit.

Wir fanden Unterschlupf in einer Maschinenfabrik. Sie war vollgepfropft mit Flüchtlingen. Auch hier drinnen herrschte eisige Kälte. Die Luft war geschwängert von Schweiß und Urin der vielen getriebenen Menschen, von Windeln, die man nicht wechseln konnte, von den Ausdünstungen der kranken Alten. Die meisten Flüchtlinge lagen auf der Erde, dicht an dicht. Es war leises Gemurmel zu hören, ab und zu Schreie von hungrigen Kindern.

Ich fand einen Schlafplatz auf einem harten Schreibtisch, den ich mit einer fremden Frau teilte. Nachts hakten wir uns unter, um nicht vom Tisch auf die anderen Menschen zu fallen. Meine Familie schlief auf der Erde.

"Habt ihr auch kein Auge zugetan?", fragte meine Mutter am nächsten Morgen.

"Ja, leider ... Zu viele Flüchtlinge auf so engem Raum."

Wir sahen uns ein bisschen um und entdeckten einen fast menschenleeren Dachboden. Die nächsten Nächte haben wir dort geschlafen, aber der Boden aus Zement war so kalt, dass wir es selbst durch die Decken hindurch spürten.

"Besser als die erste Nacht", waren wir uns einig.

Toni und ich wollten uns waschen. Wir liefen nach draußen, um Schnee zu holen. Plötzlich tauchten Soldaten auf, sie kamen direkt auf uns zu. Wir erstarrten vor Schreck.

"Sind das Russen?" flüsterte Toni. Ich nickte. Meine Hände zitterten, ich konnte kaum die Schüssel halten.

Die Männer lachten über das ganze Gesicht. "Warum so furchtsam?"

Da erkannten wir, dass sie Deutsche waren. Wir füllten erleichtert unsere Schüsseln mit Schnee. Es schneite und stürmte und war eisig kalt.

Dann hieß es, Frauen mit kleinen Kindern und alte Leute, die nicht mehr laufen könnten, würden mit dem Flugzeug in den Westen gebracht. Meine Eltern, Toni und ich wollten den Weg über das Haff nehmen. Ein Flugzeug würde uns ohnehin nicht mitnehmen, und für Magda mit den Kindern – die Kleine war erst vier Monate alt – kam der weite Weg nicht in Frage.

„Wir warten noch eine Weile", beruhigte ich Magda, die der Trennung von uns mit großer Panik entgegensah. „Vielleicht gibt es gleich konkrete Informationen für euer Weiterkommen."

Es blieb ein unerfüllter Wunsch. Die Stimmung wurde immer bedrückender. Ich konnte ahnen, was in meiner Mutter vorging, hatte sie doch schon den Verlust eines ihrer geliebten Kinder aushalten müssen.

Noch nie zuvor hatte ich Magda so ergriffen erlebt. Sie schien zu ahnen, dass ihr eine harte Zeit bevorstehen könnte.

Schließlich machten meine Eltern, Toni und ich uns am frühen Nachmittag auf den Weg, schweren Herzens. Magda blieb mit ihren Kindern und Schwiegereltern zurück. Ich drehte mich noch einmal um, sah in ihre tränengefüllten Augen. Für einen Augenblick stockte ich. Es war hart, sie so zurückzulassen, aber es ging nicht anders.

Der Himmel war bezogen, es war diesig, eine gespenstige Atmosphäre. Die feuchte, schwere Luft, gepaart mit der auf uns lastenden Anspannung, machte das Atmen mühsam. Meinem Vater sah man an, dass er kämpfen musste ...

Ich schleppte den schweren Rucksack. Toni schimpfte: „So wichtig kann das doch nicht sein!"

„Ich lasse meinen Rucksack nicht stehen." Rudolfs Briefe waren das Kostbarste, was ich hatte.

„Ich kann mich noch daran erinnern, dass, wenn du von der Flucht erzählt hast und von dem Rucksack, ich als Kind mir ganz häufig abends im Bett überlegt habe, was ich als Wichtigstes mitnehmen würde. Unter den Teddys zu entscheiden, fiel mir besonders schwer."

Wir waren nicht sicher, ob wir die richtige Entscheidung getroffen hatten. Weit und breit waren die Wege menschenleer, trostlos. Ich hatte das Gefühl, in einem „Niemandsland" zu sein. Wir sprachen kaum ein Wort.

Plötzlich tauchte ein Wehrmachtjeep auf. Ich winkte, die Soldaten hielten an.

„Könnten Sie freundlicherweise meine Eltern bis zum nächsten Dorf mitnehmen und den Rucksack? Mein Vater ist sehr krank."

Sie waren bereit. Toni und ich gingen die vier Kilometer zu Fuß, ganz langsam, auch wir waren schon recht kraftlos. Es regnete und regnete. Meine Eltern warteten bereits auf uns.

Wir kamen an einem größeren Haus vorbei, kein Laut drang nach außen.

„Ich würde gern eine kleine Pause einlegen", flüsterte ich, ohne zu wissen, warum so leise. „Meine Füße tragen mich kaum noch." Der Hunger war quälend.

Wir drückten vorsichtig die Türklinke herunter, ein erleichterter Blick untereinander, als sich die Tür öffnen ließ. Beim Aufschieben knarrte sie lauter als erwartet.

Ohrenbetäubendes Hundegebell war die Antwort, ein Soldat erschien mit grimmiger Miene.

Wir erzählten ihm, dass wir Unterschlupf vor dem Regen suchten.

„Hier liegt eine Strafkompanie. Raus!", war die barsche Antwort.

Verschreckt und traurig wollten wir weiterziehen, da öffnete sich auf dem Gelände unweit des Hauses eine Stalltür. Ein bärtiger Soldat guckte heraus. Er winkte uns heran.

„Hier ist ein Auto", erklärte er. „Parteibonzen haben es stehen lassen, weil sie keinen Sprit mehr hatten. Ihr könnt dort übernachten."

Wir entgegneten, dass wir noch an diesem Abend über das Haff gehen wollten.

„Auf keinen Fall", gab der Soldat zurück. „Es ist eine Rinne für die Passage von kleinen Schiffen geschlagen. Nur an einer Stelle gibt es eine Brücke, die man überqueren muss. Die findet ihr im Dunkeln nicht, wenn ihr nicht ortskundig seid. Ihr würdet elendig ertrinken."

Aber mein Vater zögerte.

Jetzt war das Haff noch einigermaßen gefroren. Die Temperatur stieg ständig. Es fing an zu tauen. Wenn wir zu lange warteten, würde das Haff unbegehbar sein.

Schließlich folgten wir dem Rat des Soldaten. Er holte ein paar Scheite Holz und machte damit den eisernen Ofen an. Das helle Licht der kleinen Feuerstelle spendete ein bisschen Wärme.

Das Säuseln aus dem Feuer erschien mir wie von Stimmen armer Seelen aus der Ferne.

Der Soldat stellte uns warmen Kaffee in seinem schmuddeligen Kochgeschirr hin. „Das wird gut tun."

Ich guckte Toni an, Toni guckte mich an. Wir schüttelten mit Blickkontakt fast unmerklich den Kopf. Nein, ich konnte ihn nicht hinunterkriegen. Nicht in diesem widerlichen Geschirr.

Wir übernachteten in dem Auto.

Obwohl wir durch das Tauwetter durchnässt ankamen, waren wir dankbar, überhaupt eine Unterkunft zu haben, wenn auch lausig kalt und unbequem.

Ich saß vorne am Steuer. 'Ob ich mal so mit Rudolf im Auto sitzen werde?', war ein flüchtiger Gedanke. Toni saß neben mir, meine Eltern hinten. Wir waren nass bis auf die Haut, völlig durchgefroren. An Schlafen war nicht zu denken. Wir dösten vor uns hin.

Während der ganzen Flucht trug ich mein grünbraunes Kostüm vom Volkssturm, dazu eine Weste mit Kaninchenfell.

Am nächsten Tag gingen wir zum Haff, es war der 1. Februar 1945.

Auf der Oberfläche standen zwanzig Zentimeter Wasser. Es strömten von überallher Menschen. Viele kehrten wieder um, aus Angst, einzubrechen.

Mein Vater, sehr geschwächt, ging zum Bürgermeister und bat ihn, uns aufgrund der ärztlichen Bescheinigung über seinen kritischen Gesundheitszustand Pferd und Wagen zur Verfügung zu stellen. Bis zum Mittag fragten wir immer wieder nach.

Inzwischen konnte man schon kleine Wellen auf dem Haff beobachten. Toni wollte nicht mehr hinüber, „Ich bin doch nicht lebensmüde."

Ich jedoch war fest entschlossen. Lieber ertrinken als den Russen in die Hände fallen!

Schließlich hatte uns der Bürgermeister ein Gespann besorgt, zwei total ausgehungerte Pferde, von denen man glaubte, sie fallen jeden Moment vor Erschöpfung um. Ein Wagen dazu, in dem meine Eltern Platz fanden; ein Weißrusse führte das Gespann.

Wir mussten etwa zehn Kilometer überwinden, die schmalste Stelle des zugefrorenen Haffs.

Andere Flüchtlinge liefen mit uns. Viele hielten ihr letztes Hab und Gut krampfhaft in den blaugefrorenen Händen.

Obwohl es taute, spürte man noch bittere Kälte. Einige banden Fahrräder an den Wagen, die hinterherschwammen. Wir hatten ein mulmiges Gefühl, ob das Gespann nicht zu schwer werden würde. Aber wir wollten niemandem etwas verwehren.

Lastautos mit Flüchtlingen aus Braunsberg trauten sich nicht mehr über das Haff. Sie kehrten um.

Etwa fünfhundert Meter entfernt, parallel zu uns, überquerten Soldaten das Haff. Sie schienen verwundet zu sein, mit Kopfver-

bänden, teilweise einer den anderen stützend. Einige hatten sich auf den Gepäckwagen gelegt, den sie mit sich führten.

‚Wie wohl wird es Rudolf gehen?'

Immer wieder sahen wir Stellen im Eis, die gebrochen waren und sicher Menschen mit schwer beladenen Fuhrwerken in den Tod gerissen hatten.

Die gleißend weiße Fläche bot keinerlei Schutz vor Tieffliegerangriffen. Der Himmel schimmerte blutrot und violett am Horizont, wo schon Städte von den Russen in Brand gesetzt waren.

Dort, wo Sprengbomben Löcher in das Eis gerissen hatten, war nur eine tückisch dünne Eisschicht vorhanden, die sich Tage zuvor bei Temperaturen von -20 Grad Celsius gebildet hatte.

Wenn das Eis belastet wurde, bildeten sich häufig Wasserlachen.

Wir hörten in der Ferne das Grollen der Front, dann zwischendurch Geschützdonner, der sich nah anhörte. Wir kämpften uns voran, ohne ein Wort zu sprechen. Jeder hatte seine eigenen Gedanken und Angstfantasien.

Ich versuchte, konzentriert zu bleiben, um keine dünnen Stellen oder Löcher im Eis zu übersehen. Aber oft verfiel ich in eine Art Lethargie, im Kopf dumpfe, gedankenlose Stille. Nur die Hoffnung trieb mich weiter.

Im Nachhinein bin ich selbst erstaunt, was wir ausgehalten haben. Ich erinnere mich noch gut, dass ich meine neuen Schuhe im Rucksack hatte, weil ich sie schonen wollte. Ich trug alte Schuhe, die nicht wasserdicht waren. Wir waren nass von Kopf bis Fuß.

Wir kamen an die offengehaltene Fahrrinne und erreichten so die andere Seite über eine kleine klapprige Brücke. Das Wasser platschte beängstigend, als wir hinüberfuhren.

Zum Schluss wateten wir zwischen Eisschollen im Wasser. Wir waren nun auf der Frischen Nehrung, dem schmalen Landstreifen zwischen Haff und Ostsee.

Ein paar Tage später sind viele Flüchtlinge eingebrochen, mit Pferd und Wagen untergegangen. Viele wurden auch – wie schon Tage zuvor – von Tieffliegern bombardiert. Sie haben den Weg über das Haff nicht geschafft.

Meine Mutter schaut mich an. „Schreckliche Bilder tauchen wieder auf, wenn ich abends im Bett liege und vom ‚Hundertsten ins Tausendste' denke, das Bild der jungen, zierlichen Frau, die ihre drei kleinen Kinder auf einem Schlitten hatte. Der Schnee war inzwischen vollständig getaut, und sie zog verzweifelt unter Aufbringung all ihrer Kräfte die Kinder auf dem Dreck entlang. Manche Erinnerungen an Flucht und Vertreibung sind schmerzlich."

„Hast du nach unserem letzten Gespräch gut schlafen können?"

Meine Mutter nickt. „Du weißt doch, ich schlafe sowieso wenig und kann meine Gedanken nicht bremsen, aber das ist seit der Flucht schon immer so gewesen."

Wir waren erleichtert, als wir auf der Nehrung Boden unter den Füßen hatten. Dort kamen wir mit zwei der verwundeten Soldaten ins Gespräch.

„Wir kommen alle direkt aus einem Krankenhaus", erklärten sie. „Einige von uns sind frisch operiert, aber sie waren nicht zu halten."

„Wo kommt ihr her?", wollten sie wissen.

„Insterburg!? Daher kommen auch meine Eltern und meine Verlobte", meinte ein Soldat. „Wo könnten die jetzt sein?"

Wir erzählten von unseren Stationen und der Möglichkeit, mit dem Schiff oder Flugzeug in den Westen zu kommen.

„Wir beten jeden Tag, dass meine Schwester Magda es geschafft hat."

Sie boten an, unseren Rucksack auf ihren Wagen zu laden. Die nächsten Tage zogen wir mit den Soldaten und übernachteten in Turnhallen oder Schulen.

„Wenn der junge Leutnant fragt, wer ihr seid, sagen wir Onkel, Tante und Cousinen. Er ist unser Vorgesetzter und mit Vorsicht zu genießen."

In den Fischerdörfern, die wir passierten, herrschte Aufbruchstimmung. Die Bewohner packten jetzt auch ihre Sachen zur Flucht zusammen, denn in Elbing wurde schon gekämpft.

„Gleich müssen wir uns trennen", meinte schließlich einer der Soldaten. „Bei Stutthof bekommen wir Verpflegung."

Wir entdeckten ein Wachhäuschen an der Straße. Es stellte sich heraus, dass es zu dem KZ Stutthof gehörte. Ein Mann in Sträflingskleidung erschien. Er signalisierte uns, dass wir bleiben könnten.

„Ich hole Holz, ihr seid ja völlig durchgefroren."

Mit zwei großen Holzscheiten kam er zurück und machte den eisernen Ofen an. Die Soldaten waren erleichtert, dass sie uns einigermaßen versorgt wussten.

„Warum sind Sie hier?", fragte der eine Soldat den Bärtigen.
„Wegen Schwarzhören", war seine knappe Antwort. Dann ließ er uns allein. Die Soldaten verabschiedeten sich.

Am nächsten Morgen kamen sie noch einmal zu uns, „Wir müssen jetzt weiter." Sie brachten Büchsen mit Fleisch. Wir umarmten uns zum letzten Abschied. Ich weinte leise und sah, dass einer der Soldaten erfolglos gegen seine Tränen ankämpfte.
„Krieg ist eine schreckliche Erfindung", brachte er mit zittriger Stimme hervor und versuchte, seine Fassung wiederzuerlangen.

Dass all das jüngste Vergangenheit ist, kann ich kaum fassen. Ich bin überwältigt von solch rührseligen Momenten. Beim Abschied drücke ich meine Mutter. Ich empfinde sie als eine außergewöhnlich starke Frau. Sie vermittelt so viel Lebensfreude, obwohl sie unglaublich Schweres ertragen musste und das Schicksal es nicht immer gut mit ihr gemeint hat.

Sie hat nie aufgehört zu kämpfen und nie die Zuversicht verloren.

„Nicht aus wenig gleich ein Drama machen", ist einer ihrer Leitsprüche.

25

Das Alltagsgeschehen entfernt mich von meinem Gedankenkarussell. Waschmaschine an, Telefonat wegen Krankengymnastik, Abendessen auf den Tisch. Und schon trudelt die Familie ein.

Mein Mann ist euphorisch, weil er heute „einen guten Lauf" beim Golf hatte. Florian kommt aus dem Park und will gleich mit dem neuen Kicker „abhängen".

„Ich schlafe heute bei Kathrin. Da esse ich auch was." Steffi ist auf dem Sprung. Es ist Freitagabend. Sie packt schnell ein paar Sachen zusammen und weg ist sie.

Florian kommt zum Abendessen. Er ist heute redselig. Es gibt *keine* abfälligen Bemerkungen über uns Eltern, *kein* unzufriedenes Gemecker.

Jörg und ich genießen die harmonische Atmosphäre, es kann schon bald wieder anders sein.

Wir wussten vorher, dass die Zeit der Pubertät keine einfache werden würde, aber mit der Heftigkeit, mit der sie plötzlich da ist, kommen wir nur langsam zurecht. Die ständige Gratwanderung zwischen langer Leine, aber auch Orientierungshilfe und klaren Grenzen kostet viel Energie und ist immer wieder eine Herausforderung.

Unsere Kinder sind Weltmeister im Argumentieren. Und natürlich dürfen die Freunde immer mehr als sie selbst.

„Wir sind echt die Gezwickten."

„Ich denke, es hätte schlimmer für euch kommen können." Mein Versuch, die Härte aus dem Gespräch zu nehmen, wenn sie gerade wieder in Selbstmitleid zerfließen. Dann halten sie einen Moment inne und können auch schmunzeln.

Bei meiner Mutter möchte ich heute Dampf ablassen.

„Ich kann mir genau vorstellen, wie viel Nerven das kostet", meint sie. „Aber mit dir war es auch in der Zeit der Rebellion nicht einfach. Du wolltest mir immer erklären, wie viel besser der Marxismus für uns wäre. *Du* konntest mir dann gnadenlos meine letzte Kraft rauben."

„Wir haben lange nicht mehr darüber gesprochen. Ja, es stimmt, ich war beseelt von manchen Theorien. Leider ohne Blick für die Realität. Aber wir wollten schließlich beide wieder Waffenstillstand. Spätestens wenn du vor Aufregung rote Wangen bekommen hast, war ich bereit einzulenken."

„Anders hätte ich es nicht ausgehalten." Meine Mutter seufzt nachdenklich. „Bei den Enkeln habe ich mehr Gelassenheit, als Oma sicherlich auch den hilfreichen Abstand."

Die Zeiten, in denen die Kinder viel bei ihr waren, sind längst vorbei, aber die Bindung ist geblieben. Meine Mutter freut sich über jeden kurzen Besuch.

An diesem Abend kommen Steffi und Florian stürmisch und vergnügt die Wendeltreppe hoch.

„Was habt ihr bei Oma gemacht?"

„Karten gespielt. Oma ist sooo süß! Das Spiel heißt nun mal Arschloch, aber sie wollte das Wort ‚nicht in den Mund nehmen' (O-Ton). Natürlich haben wir auch von früher gesprochen. Ich wusste gar nicht, dass Oma *zwei* Schwestern hatte."

Ein paar Tage später bin ich wieder an der Reihe, mit meiner Mutter in die Vergangenheit abzutauchen.

„Ihr habt doch die Soldaten wiedergetroffen?", frage ich sie.

„Langsam, langsam." Sie schmunzelt über meine Neugier.

1945

Wir hatten uns in Stutthof getrennt. Noch gefangen von der Abschiedsstimmung gingen wir zu einer Bushaltestelle, aber es kam kein Bus. Zu Fuß mussten wir weiter. Mein Vater blieb häufig stehen.

„Schaffst du es?", fragte meine Mutter besorgt. Er nickte müde.

Seine Erschöpfung war nicht mehr zu übersehen, und die Pausen kamen in immer kürzeren Abständen.

Schließlich konnten wir ihn und unser Gepäck auf einem Treckwagen unterbringen. Die gesamte Chaussee war mit Trecks überzogen, große Wagen mit Pferden davor, auch Familien mit vollbepackten Handkarren. Nur schleichend ging es voran, oft auch gar nicht.

Plötzlich stand da eine Kleinbahn Richtung Danzig. Ich lief schnell hin und fragte, ob wir mitfahren dürften.

„Dann aber fix, wir fahren gleich los."

Toni und ich liefen wieder zurück, holten meinen Vater vom Treck, zogen ihn mehr als dass er lief, und erreichten alle vier noch rechtzeitig die überfüllte Bahn.

Wir quetschten uns zwischen die Menschen, unwirkliche Stille. Hier und da weinte ein Kind.

Nachdem wir die Weichsel mit einer Fähre überquert hatten, erreichten wir schließlich Danzig. Dort verbrachten wir ein paar Tage in einem Kino. Zu essen gab es Graupensuppe vom Roten Kreuz. Wir waren ausgehungert.

„Ich stelle mich noch einmal an." Unser kärgliches Mahl versteckten wir unter den Bänken. Wir schliefen im Sitzen, so gut es ging. Auch die chronischen Magenschmerzen hielten mich vom Schlaf ab.

„Am Eingang gibt es Verzeichnisse, welche Trecks hier durchgekommen sind", meinte Toni zu mir. „Ich gehe sie durchsehen."

„Ich begleite dich."

Die Namen ihrer Familie suchte sie vergebens.

Es kam das Gerücht auf, dass junge Frauen und Mädchen eingezogen werden sollten, um Befestigungsgräben zu schaufeln.

„Wir müssen hier weg, sonst holen sie euch." Die Strapazen und Sorgen waren meinem Vater als tiefe Furchen ins Gesicht gezeichnet, die Zuversicht war inzwischen nicht mehr sein Begleiter.

Meine Mutter sah ihn an. Er nickte flüchtig, die Antwort auf die ungestellte Frage, dass er sich zutraute, wieder ein Stück zu laufen.

Die örtliche Bahn fuhr noch kurze Etappen Danzig – Oliva, Oliva – Gotenhafen. Dann war Stillstand.

Viele Flüchtlinge, völlig am Ende, warteten an der Chaussee auf eine Möglichkeit des Weiterkommens.

Plötzlich ein LKW mit Soldaten, er hatte Munition geladen.

„Wir dürfen keine Zivilbevölkerung mitnehmen."

Aber der Anblick der verzweifelten Menschen schien ihr Herz zu berühren.

„Dann schnell, es geht sofort weiter."

Wir kamen bis Lauenburg in Pommern. Dort ging mein Vater zur NSV (Nationalsozialistische Volkswohlfahrt). Er hatte eine Bescheinigung wegen seiner Krankheit und erhielt Fahrkarten für uns alle nach Thüringen.

„Eine Krankheit muss einem auch mal zum Vorteil gereichen", frohlockte er zaghaft.

Aber wir wurden bitter enttäuscht.

Tagelang warteten wir auf einen Zug. Es kam keiner.

Die Front rückte immer näher. Der ganze östliche Himmel war rot gefärbt aufgrund der brennenden Städte. Wir hörten ständig ein fernes monotones Poltern und wurden von Unruhe gepackt. Das Warten wurde unerträglich.

„Wir müssen hier weg!"

Toni und ich gingen zu der Luftwaffenbaracke, schräg gegenüber des Bahnhofs, und fragten am Empfang nach einer Möglichkeit, in den Westen zu kommen.

„Was haben wir denn mit Zivilisten zu tun!?", schrie uns ein Offizier an. „Selbst unsere Luftwaffenhelferinnen sitzen hier noch fest!"

Erschreckt und enttäuscht hasteten wir zurück zum Bahnhof.

Eine große Gruppe verwundeter Soldaten kam von der Seite auf uns zu, als wir gerade die Straße überqueren wollten. Wir ließen sie passieren, und da plötzlich – ganz am Ende des Trupps – entdeckten wir die beiden Soldaten, mit denen wir auf der Nehrung entlanggegangen waren.

Auch sie erkannten uns sofort. Ein freudiges Wiedersehenhallo, „Was macht ihr hier, wo wollt ihr hin?"

Wir erzählten, dass wir seit Tagen mit den Eltern festsäßen.

„Wir fahren mit dem Lazarettzug in den Westen", meinte einer der Soldaten. „Er fährt vom Güterbahnhof ab."

Sie schlugen vor, dass wir dorthinkommen sollten und beschrieben uns den Weg.

„Aber beeilt euch, wir wissen nicht, wann es losgeht."

Nach einer Woche, die wir mit unbekanntem Ziel unterwegs waren, kam jetzt die Aussicht auf Rettung. Es war ein Wunder geschehen ...

Voller Freude stürmten Toni und ich zu meinen Eltern und berichteten von dem Wiedersehen mit den Soldaten.

Meine Mutter umarmte mich, die Erleichterung war ihr ins Gesicht geschrieben. Aber mein Vater schaute uns ernst an.

„Wir haben Fahrkarten, ich nehme verwundeten Soldaten nicht den Platz weg."

„Aber Hans", entgegnete meine Mutter, „wer weiß, ob noch ein Zug kommt. Wir können nichts riskieren."

Nach einigem Zögern und ihrem starken Drängen, „Bitte, Hans, wir müssen los", willigte er ein.

So machten wir uns auf den Weg zum Güterbahnhof. Dort stand schon der lange Verwundetenzug.

Meine Eltern rückten dicht aneinander, meine Mutter mit Angst in den Augen, mein Vater starrte ausdruckslos vor sich hin. Ich hatte Herzklopfen, eine kaum zu ertragende Anspannung.

Wie wir es mit den Soldaten besprochen hatten, warteten wir, bis der Zug zur Abfahrt bereit war. Sie gaben uns ein Zeichen, auf das wir in letzter Minute einstiegen, meinen Vater mit uns schleifend.

„Ich dachte, jeden Moment bricht Hans zusammen", wird mir meine Mutter später sagen.

Schon ein paar Tage später erreichte die Rote Armee Danzig. Wir waren noch einmal davongekommen.

Unterwegs sahen wir andere hoffnungslos überfüllte Züge, bei denen Menschentrauben an den Wagen hingen, auf dem Trittbrett und dem Dach.

Unser Zug hielt plötzlich auf offener Strecke. Wir zuckten zusammen. ‚Was hat es zu bedeuten …?'

Mein Vater, den ich immer als gelassenen Fels in der Brandung erlebt habe, zitterte plötzlich unübersehbar und drehte den Kopf zum Fenster, um seine feucht gewordenen Augen vor uns zu verbergen. Ich war erschüttert.

Es folgten endlose Minuten des Bangens. Dann setzte sich der Zug ohne ersichtlichen Grund wieder in Bewegung.

Auf den Bahnhöfen gab es vom Roten Kreuz Versorgungsstände, aufgeteilt für Militär und für Zivil. Mein Vater füllte ordnungsgemäß einen Zettel aus, vier Zivil-Personen. Einer der beiden Soldaten lief los.

Mit großen Mengen Brot kam er zurück.

„Ich habe unterwegs eine Eins vor die Vier gemacht."

Selbstverständlich wurde alles geteilt.

Meinen 26. Geburtstag am 11. Februar 1945 werde ich nicht vergessen.

Wir hatten für uns vier noch eine Scheibe trockenes Brot, danach erst mal gar nichts mehr. Dann hielt der Zug auf freier Strecke eine längere Zeit. In weiter Ferne war ein Dorf.

„Habt ihr noch Lebensmittelkarten?", fragte der Soldat aus dem Westerwald.

„Ja, für Brot", entgegnete ich.

„Wir könnten ins Dorf laufen und versuchen, darauf etwas zu bekommen", schlug er vor.

Ich zögerte. Meine Eltern schüttelten andeutungsweise den Kopf, mit ängstlicher Miene und gerunzelter Stirn.

„Wir beeilen uns", wischte ich ihre unausgesprochenen Bedenken weg.

Wir bahnten uns den Weg durch die vielen Menschen, stiegen aus dem Zug und rannten, was wir konnten, ins Dorf. Wir wussten überhaupt nicht, wann der Zug weiterfahren würde.

„Das war aber riskant."

„Heute kann ich mir solch einen Leichtsinn nicht mehr vorstellen. Aber wenn man von Hunger gequält wird, hat die Vernunft Aussetzer."

Schnell fanden wir einen Bäckerladen. Aber welches Pech ... eine lange Schlange draußen vor der Tür und viele Menschen im Geschäft!

Ich wollte schon auf dem Absatz kehrtmachen, da hielt mich der Soldat am Arm fest.

„Verwundete Soldaten werden immer vorgelassen", flüsterte er. Er trug einen dicken Kopfverband. Wir gingen an der Schlange draußen vorbei. Im Laden machten die Menschen sofort Platz, damit er durchkam.

Freudestrahlend traten wir mit drei großen Broten den Rückweg an. „Hoffentlich schaffen wir es noch!"

Schon von weitem hörte ich den Zug puffen. Mein Herz fing an zu rasen.

Wir hasteten das letzte Stück noch schneller. Gerade als wir aufgestiegen waren – der Soldat stand noch auf dem Trittbrett – setzte sich der Zug in Bewegung!

Während der Fahrt hatte mein Vater einen Sitzplatz. „Nimm du ihn, Emmchen", hatte er gesagt, aber meine Mutter lehnte vehement ab, wusste sie doch, wie geschwächt mein Vater war. Später fand auch sie einen Sitzplatz.

Toni und ich hockten an der Tür, es war zugig. Wir handelten uns große Rückenprobleme ein, die uns noch lange begleiteten.

Bei Stargard unweit von Stettin hieß es plötzlich, „Die Russen brechen durch." Die Soldaten machten ihre Gewehre bereit. Ich meinte, mein Herz laut klopfen zu hören. Das flaue Gefühl in der Magengegend grenzte an Übelkeit. Ich versuchte, ruhig zu atmen.

„Hoffentlich geht alles gut!", flüsterte Toni.

Ich nickte zuversichtlich. „Wird schon", war aber nicht davon überzeugt. Meine Nerven waren so dünn geworden wie eine gespannte Saite auf der Geige, die jeden Moment reißen wird.

Die Ankündigung der Russen stellte sich schnell als falscher Alarm heraus.

Über Stunden verlief die Fahrt ohne Zwischenfälle, aber plötzlich dann Kontrolle durch einen selbstgefällig auftretenden Offizier.

„Was hat denn Zivil hier zu suchen!" Seine Stimme war laut und kalt.

Wir entgegneten eingeschüchtert, wir nähmen ja keinem den Platz weg, worauf er einen Moment starr vor sich hinblickte, als überlege er. Es war ein Moment, der mir wie eine Ewigkeit vorkam.

Dann ging er forsch weiter, ohne uns noch einmal anzusehen. Wir waren die einzigen Zivilisten.

Der Zug erreichte Berlin.

„Fahrt doch mit uns", meinten die Soldaten, aber wir hatten ein paar Sachen in Thüringen, stiegen aus und später in einen anderen Zug.

Wir verabschiedeten uns mit einem tief empfundenen Dank und tauschten Adressen aus.

Der Abschied fiel mir nicht schwer, ich dachte nur an Rudolf und freute mich auf unser vorübergehendes Zuhause bei den Verwandten.

Die Soldaten fuhren weiter bis Münster.

Meine Mutter und ich schmunzeln. Schließlich sind wir ja doch noch in Münster gelandet: Gudrun und ich haben in Münster studiert.

26

2001

Heute besuche ich mit Jörg eine Fortbildungsveranstaltung in Düsseldorf. Im Anschluss daran sitzen wir mit ein paar Kollegen zusammen.

„Es lohnt sich fast gar nicht mehr zu arbeiten", stöhnt ein Zahnarzt neben mir.

Ich gucke ihn erstaunt an.

Er gehört zu unserem Stammtisch, und ich weiß, dass auch er sich vor vielen Jahren selbstständig gemacht hat, zu Zeiten, als der Konkurrenzkampf noch nicht so groß, das Gesundheitssystem gesünder war.

Noch sensibilisiert von dem, was meine Mutter über die Kriegszeit erzählt hat, will ich etwas Provozierendes entgegnen, aber ich ziehe es dann vor, zu schweigen, was mir schwerfällt. Später ärgere ich mich über meine Feigheit.

„Warum willst du dir das Leben schwer machen?", beruhigt mich Jörg.

Wie kann es sein, dass es Menschen gibt, die den Bezug zur Realität verlieren, die völlig vergessen, welche wirklichen Existenzsorgen viele Menschen haben oder welche Zeiten andere erleben mussten? Wie kann es sein, dass sie das Positive nicht sehen und deshalb nicht wertschätzen? Schade, wenn daraus Unzufriedenheit entsteht.

Ich will nicht behaupten, dass der ärztliche Beruf immer Wohlstand bedeutet. Die Zeiten für sich neu niederlassende Kollegen sind schwer geworden. Ein desolates Gesundheitswesen, Budgetierung, enorme Bürokratisierung, mitunter weniger Patienten durch große Konkurrenz, steigende Kosten bei gleicher Vergütung lassen manche Ärzte nicht mehr ruhig schlafen.

Enormes Engagement bei teilweise unangemessenem finanziellem Ergebnis, das Risiko der Selbstständigkeit, auch durch Knebelung vonseiten der Krankenkassen, tragen dazu bei, dass

Ärztemangel herrscht und die ärztliche Versorgung der Patienten nicht überall mehr gewährleistet ist.

Aber gerade diejenigen, die gute Zeiten hatten und vielleicht Kürzungen hinnehmen müssen, stöhnen bemerkenswert. Das zieht sich durch alle Berufe. Es ist eine Frage der Vorstellung von Glück und Zufriedenheit, was man sicher nicht an Umsatzzahlen festmachen kann.

Ich bin dankbar für die Lebensmaxime, die meine Mutter weitergegeben hat, ein bedeutender Motivationsgrund für dieses Buch.

„Auf Wünsche verzichten, kann eine Form von Freiheit sein", ist einer ihrer Leitsprüche.

Mein Wunsch ist es, dass auch wir es schaffen, in dieser unserer materialistisch geprägten Zeit unseren Kindern die Sicht auf die wirklich wichtigen Dinge vermitteln zu können.

„Manchmal nervt mich allerdings Muttis übertriebene Sparsamkeit und das penetrante Pflichtbewusstsein", muss ich heute bei meiner Schwester loswerden, als wir uns über unsere Kindheit unterhalten, über unsere Prägung. „Wenn ich in ihren spärlich bestückten Kühlschrank gucke, macht es mich traurig, dass sie sich nichts gönnt. Ohne Grund."

„Sie will es so und ist doch dabei zufrieden."

„Ja, du hast recht. Es sollte mich nicht belasten. Aber bei ihr ist manchmal nur Sicherheit, Sorge um die Zukunft im Fokus, und das Genießen bleibt auf der Strecke."

„Mach dir nicht so viele Gedanken."

„Leichter gesagt als getan. Manche Leichtigkeit muss ich mir selbst schwer erkämpfen und wäre froh, wenn ich leichtsinniger und unbekümmerter sein könnte."

Gudrun lacht. „Da habe ich kein Problem."

„Du bist ja auch nicht immer Ansprechperson, weit weg im Münsterland." Ich schmunzele, Gudrun auch.

„Aber ich will mich nicht beschweren. Nur schade, dass Mutti, außer jetzt in den Wochen des Schreibens, bei meinen Besuchen oft erst eine Liste abarbeiten möchte, anstatt das Beisammensein und Plaudern zu genießen."

„Was denn zum Beispiel?", will Gudrun wissen.

„Sie erinnert daran, dass die Heizung gewartet werden, der Gärtner zum Heckeschneiden bestellt werden muss. Sie fragt nach der Nebenkostenabrechnung. ‚Und hast du das Vorsorgevollmachtformular mitgebracht? Und wir müssen uns um eine günstigere Versicherung kümmern' … Ich habe auch nicht immer Zeit, alles prompt zu erledigen. Das nervt."

„Du würdest lieber entspannen und erzählen?"

„Du hast es auf den Punkt gebracht. Das Leben ist doch auch zum Genießen da. Aber ja … niemand kann aus seiner Haut heraus, und jeder hat seine Geschichte. Du weißt, dass ich Mutti bewundere und sie als Vorbild immer sehr schätze."

Gudrun schmunzelt. „Mein Schwesterchen entspannt sich wieder."

„Ich schaffe es auch nicht immer, Entspannung in unser Leben zu bringen und Leichtigkeit vorzuleben. Aber ich bin froh, wenn ich Anregungen in guten Gesprächen bekomme, um den eigenen Standpunkt wieder neu zu überdenken. Und von dir kann ich auch noch manches lernen, große Schwester."

Nachdem Gudrun sich auf den Weg gemacht hat, gehe ich noch eine Runde joggen und lasse meine Gedanken schwirren …

Ich muss an unseren letzten Urlaub in Griechenland denken.

> Der schönste Abend war der in einer Taverne am Strand, mit Bekannten und Freunden. Wir diskutierten über Lebenskonzepte, auch über Perspektiven, wenn wir älter werden.
>
> Bernd, 62 Jahre alt, früher erfolgreicher Fagottist in einem großen Orchester, ist seit vier Jahren Frührentner aus Überzeugung. Acht Monate ist er mit seinem Segelboot in Griechenland unterwegs. Für den kurzen Winter mietet er sich eine winzige Wohnung.

„Ich bin Minimalist geworden", strahlte er, und seine Zufriedenheit war nicht zu übersehen.

Es war schön, ihm zuzuhören: „Mein Boot schaukelt sanft in einer kleinen geschützten Bucht. Ich werde wach, weil die Sonnenstrahlen durch das Luk mir direkt in die Augen blinzeln. Ich tapse noch verschlafen an Deck, ein laues Lüftchen empfängt mich, die Möwen kreischen am tiefblauen Himmel. Für mich ist es einfach nur schön!"

„Wenn ich mit Bernd zusammen bin, fühle ich mich so leicht, so froh", meinte Maria an diesem Abend, und ich wusste genau, was sie meinte. Die innere Ruhe und Zufriedenheit übertrug sich.

Bernd lebt den Augenblick. „Ich weiß nicht, wie lange ich es so genießen kann", wobei sich seine Worte in gewisser Tragik bewahrheiten würden.

27

1945

Am 22.2.1945 kamen wir über Jena in Groß-Schwabhausen bei Familie Geier an. Lenchen Geier war eine Cousine meines Vaters. Sie sahen sich selten, aber mochten sich sehr. Geiers hatten immer wieder bekundet, dass wir willkommen seien.

Nie werde ich vergessen, wie gastfreundlich wir empfangen wurden.

Das Wenige, was Geiers hatten, trugen sie für uns und die vielen anderen Verwandten, die vorübergehend bei ihnen wohnten, zusammen; sie selbst eine große Familie mit fünf Kindern.

„Gretchen, holst du Porree aus dem Garten, ich schäle schon mal die Kartoffeln." Frau Geier wirbelte in der Küche herum, ihre Tochter plünderte das Gemüsebeet.

Es dauerte nicht lange, da erfüllte herrlicher Essensduft das Haus.

Wir setzten uns alle zusammen um den großen Tisch in der Küche. Der Eintopf schmeckte himmlisch.

Während der ganzen Flucht hatten wir uns nicht waschen können. Geiers stellten einen Bottich in die Küche.

„Ein warmes Bad tut euch bestimmt gut!"

Sogar ihre Betten überließen sie uns. Wir kamen uns vor wie im Himmel. Da wir völlig übermüdet waren, schliefen wir die ganze Nacht und den folgenden Tag.

Willy, der älteste Sohn, gutmütig und hilfsbereit, war in Kulmbach beim Bürgermeister beschäftigt. Er hatte immer wieder eintrudelnde Kisten der Verwandtschaft zu Geiers geschleppt und im Keller, im Schuppen und auf dem Dachboden verstaut. Wir ahnten zu dem Zeitpunkt nicht, dass seine wichtigste Mission für uns noch kommen würde.

Tochter Grete war Kindergärtnerin. Als der Platz wegen der unaufhörlichen Flut von geflüchteten Verwandten immer knapper wurde, schlief sie eine Zeitlang im Kindergarten, Cousine Elsa, die Tochter von Onkel Carl und Tante Ida, mit ihr.
  „Wie können wir das nur wieder gutmachen!" Wir waren erfüllt von tiefer Dankbarkeit.

„Dadurch, dass ich selbst so viel Hilfsbereitschaft in der schwersten Zeit meines Lebens erfahren durfte, hatte ich immer den Wunsch, etwas davon zurückzugeben."
  „Das erklärt vielleicht ein bisschen deine Selbstlosigkeit, dein riesengroßes Herz und deinen Leitspruch: ‚... und die Freude, die wir geben, kehrt ins eigene Herz zurück'. Du warst immer Vorbild für mich."
  „Und dennoch muss ich sagen", fährt meine Mutter fort, „dass die Hilfsbereitschaft und Offenheit uns Flüchtlingen gegenüber leider auch während dieser Zeit nicht selbstverständlich und nicht immer spürbar war."

Nach ein paar Tagen wurden wir auf die Bauern des Ortes verteilt.
  Wir wohnten bei Schladers, die uns auf Schritt und Tritt skeptisch wie Eindringlinge beobachteten, bis sie schließlich Vertrauen entwickelten. Von da an verstanden wir uns gut.
  Wir bewohnten einen größeren Raum in der ersten Etage mit zwei Betten, eins für meine Eltern, das andere teilten Toni und ich. Neben uns hatte Tante Ida, die etliche Tage vor uns angekommen war, einen winzigen Raum, von unserem nur durch einen Vorhang abgetrennt.
  „Habt ihr auch so himmlisch geschlafen", fragte meine Mutter am Morgen. Toni und ich nickten. Hinter dem Vorhang ertönte ein fröhliches „Wunderbar, jetzt weiß man erst alles zu schätzen!"

Während der letzten Monate des Krieges ging es den Landwirten richtig gut. Sie konnten ihre Produkte gegen anderes Nützliches eintauschen.

„Die Bauern haben schon Teppiche im Stall", meinte Toni bissig. „Und die Vogelscheuchen sind besser gekleidet als wir."

Ich errötete, fühlte ich mich in dem Moment ertappt. Gerade heute Mittag auf dem Weg zurück zu Schladers war mir der Gedanke gekommen, der Strohpuppe den schwarz-weißen Glockenrock auszuziehen. Ich war beschleunigten Schrittes weitergehastet und dann erleichtert, der Versuchung widerstanden zu haben, auch wenn ich weiterhin nur den abgetragenen grauen Rock von Cousine Elsa tragen würde, den Tante Ida mir überlassen hatte.

Arbeitskräfte gab es reichlich, die – so wie wir – den ganzen Tag nur für ihre Verpflegung schufteten. Schladers hatten hinter dem Haus einen kleinen Garten, aber auch noch mehrere bewirtschaftete Stückchen Land an anderer Stelle.

Meine Mutter half bei der Ernte. Sie fuhr mit einem schäbigen Handwagen durch das ganze Dorf und sammelte das Gemüse und Obst von den verschiedenen Äckern und Gärten.

An das Bild musste ich mich erst gewöhnen. Solche Arbeit hatte sie in Ostpreußen nicht machen müssen.

Onkel Otto und Tante Anna, mit denen wir in Ostpreußen wegen verweigerter Hilfe für den Bruder keinen Kontakt mehr hatten, waren ein paar Tage vor uns in Thüringen angekommen, auch nur mit ein paar Habseligkeiten.

Als wir uns begegneten, gab es ganz am Anfang leichte Berührungsängste. Dann aber waren im Nu alle früheren Unstimmigkeiten und Enttäuschungen vergessen, Tante Annas Arroganz war verschwunden.

„Erst die Not lehrt uns Menschen das Wesentliche", meinte sie leicht beschämt. „Es gibt keine Zufälle im Leben."

Als mein Vater mit seinem Bruder Otto in den Wald zum Holzsammeln ging und Ottos Hand auf meines Vaters Schulter ruhte, schaute Tante Anna ihnen lächelnd nach, ein Ausdruck von tiefer Zufriedenheit in ihrem Gesicht, dass die Familienharmonie wieder hergestellt war.

Ihre Tochter Jutta, sieben Jahre älter als ich, hatte früh geheiratet und war mit drei kleinen Kindern schon Witwe. Wir entwickelten eine vertraute Freundschaft.

„Karl und ich kannten uns aus der Schule", erzählte mir Jutta von ihrem gefallenen Mann. „Wir machten zusammen das Abitur und heirateten ein Jahr später. Unser Max war unterwegs. Wir träumten von einer großen Kinderschar." Jutta schaute mich an. „Meine Kleinen sind mein ganzer Trost. Karl begann sein Medizinstudium, ich war bereit, auf meins zu verzichten, ‚vielleicht später noch'. Als Karl gerade seine Facharztausbildung begonnen hatte, wurde er eingezogen und ist schon 1940 gefallen. Er war die Liebe meines Lebens."

Den Kummer sah man ihr an, wenngleich sie immer noch eine bildschöne Frau war, ihre Kinder kleine, faszinierende Persönlichkeiten.

Jutta war mir inzwischen sehr vertraut geworden. Ich fühlte mit ihr mit. Manchmal stellte ich mir die Frage, ob ich ihren oder meinen Kummer schwerer zu tragen empfand. Sie hatte den wunderbaren Trost, dass ihr Mann in den Kindern weiterleben würde.

„Max ist wie Karl", sagte sie oft, „so sensibel und hilfsbereit."

Ab und zu sprach ich über Rudolf. Jutta machte mir Mut.

„Wie du erzählt hast, wird ihm sein siebter Sinn helfen, Gefahren auszuweichen."

Als sie aber die ganze Geschichte gehört hatte und Rudolfs Unehrlichkeit realisierte, distanzierte sie sich von ihm und versuchte, mich auf andere Gedanken zu bringen und – da hörte ich meinen Vater sprechen – meinte, dass mir die Welt noch offen stehe.

„Du hast es nicht nötig, auf einen solch unehrlichen verheirateten Mann zu warten."

Ab diesem Zeitpunkt behielt ich meine Gedanken und Gefühle für mich.

Von Rudolf hatte ich über ein Jahr lang nichts gehört. Die quälende Frage, die mich tagsüber von einer Minute zur anderen traurig machen konnte und mich nachts manchmal nicht schlafen ließ, war, ob er noch lebte und unversehrt geblieben war.

Es gab zwar von Anfang an kritische Phasen, aber Liebe und Sehnsucht waren größer als alle Zweifel. Liebe auf den fast ersten Blick, ich hatte immer davon geträumt.

An diesem Morgen wäre ich am liebsten im Bett geblieben. Die Nacht hatte mir schlimme Träume gebracht, in denen Rudolf vergeblich um sein Leben gekämpft hatte.

Mitgenommen erschien ich beim Frühstück.

„Du kannst gleich Ruth beim Backen helfen", schlug ihre Mutter vor. Ein verständnisvoller Blick, ein dankbarer von mir zurück.

Ruth und ich holten im Garten Rhabarber.

„Ich backe so gern. Rhabarbertorte ist mein Lieblingskuchen", strahlte sie. Ich erzählte ihr von meiner Zeit in der Hauswirtschaftsschule.

Plötzlich hielt ich inne. „Was ist das für ein komischer Geruch in der Luft", fragte ich sie. „So verbrannt!"

„Bestimmt wieder von Buchenwald aus dem KZ", war Ruths Antwort.

„Wie meinst du das?" fragte ich.

„Na, im KZ, da verbrennen sie doch die Juden."

Ich fragte mehrmals nach, weil ich es nicht glauben konnte. Es war das erste Mal, dass ich von der Vernichtung der Juden hörte. Ich dachte bis dahin, dass sie nur zur Arbeit herangezogen würden. Es war für mich unfassbar!

Der Gedanke ließ mich nicht mehr los und nächtelang nicht durchschlafen.

Ich stellte viele Fragen, auf die ich eine Verneinung erhoffte, aber die Antworten waren erschütternd.

‚Wenn ich wüsste, dass Rudolf nicht mehr am Leben wäre, hätte ich in dieser schrecklichen Zeit keinen Lebensmut mehr', kam ein düsterer Gedanke, der mich selbst erschreckte. Mein christlicher Glaube und meine Zuversicht waren erschüttert. Nie wieder in meinem Leben war ich so mutlos und verzweifelt.

Eines Tages zog eine Gruppe elend aussehender Männer bei uns vorbei, abgezehrte Gestalten in schmutzig grauen Häftlingslumpen. Einheimische erzählten, sie seien KZ-Häftlinge aus Buchenwald. Sie lachten uns an.

‚Was haben sie für ein Martyrium durch', war mein Gedanke. ‚Dass sie überhaupt noch fröhlich sein können.'

Wenig später hörten wir zwei Schüsse. Wir erfuhren, dass zwei der Männer, die zu schwach waren, um weiterzugehen, erschossen worden waren.

Meine Mutter hält inne. Sie sieht unendlich traurig aus. „Manchmal ist die Erinnerung schwer zu ertragen", fährt sie fort. „Erst später wurde mir klar, dass es einer der Todesmärsche nach Theresienstadt gewesen sein muss. Seit dem 7. April 1945 hatte die SS zahllose Evakuierungsmärsche zur Räumung des KZs Buchenwald vor dem Einmarsch der Amerikaner angeordnet."

Häufig gab es Fliegeralarm.

Herr Schlader, niedergeschlagen und verbittert, weil sein Sohn in Stalingrad vermisst gemeldet war und er mit der unehelichen Tochter seiner Frau nicht zurechtkam, trank regelmäßigt über den Durst und posaunte laut: „Und der letzte Soldat, der marschiert, wird doch ein Deutscher sein."

„Nicht so laut, es könnte in falsche Ohren geraten."

„Ich lasse mir nicht den Mund verbieten."

Er ahnte nicht, dass er für die ketzerischen Parolen bitter würde bezahlen müssen.

Mitte April zog ein großes Aufgebot an Amerikanern in Groß-Schwabhausen ein. Es dauerte nicht lange, da klopften zwei Soldaten an unsere Tür und forderten uns recht ruppig auf, die Wohnung zu räumen. Wir sammelten hastig unsere wenigen Habseligkeiten ein und fanden Unterschlupf bei den Bauern, die unsere Verwandten aufgenommen hatten.

Wie es weitergehen würde, war mir fast gleichgültig, meine Stimmung niedergeschlagen. Ich konnte Ruths unvorstellbare Äußerungen nicht mehr loswerden.

‚Sind Menschen wirklich zu solchen Taten fähig?", grübelte ich.

„Erst später erfuhr ich die grausame Wahrheit von Buchenwald, dem größten KZ der bestialischen Terrorherrschaft."

Aufgrund eines Hilfe-Funkspruchs einiger Insassen des KZs „die SS will uns vernichten" rückten Amerikaner mit Panzern am 11. April 1945 in Buchenwald ein und befreiten die Menschen. Die Amerikaner waren von dem Grauen, das sie sahen, so erschüttert, dass sie eintausend Weimarer Bürger zur Zwangsbesichtigung abkommandierten.

Nach vierzehn Tagen verließen die amerikanischen Soldaten, genauso überraschend wie sie gekommen waren, den Ort, und wir kehrten wieder zu Schladers zurück. Als Überbleibsel entdeckte Toni in einer Schublade eine nicht angebrochene Packung Kaugummis.

„Guck mal hier, Käthchen." Sie zeigte mir freudestrahlend auch noch eine Dose Corned beef.

Toni war jetzt die optimistischere von uns beiden und diejenige, die mich aus meinen tiefen Zweifeln herauszuholen versuchte. Aber ich war dem Alltagsleben zeitweise entrückt. Ich musste mich neu justieren.

Wie sollte ich mein naiv anmutendes positives Weltbild angesichts des Grauens dieser Zeit noch aufrechterhalten?

Der Hass auf das Nazi-Regime, auf Hitler, auf die Parteifunktionäre, auf den Krieg überwucherte die bisherige Ordnung, kaum dass er aufgrund der wahrhaftigen Informationen gesät war.

Nie hätte ich mir vorstellen können, dass meine Zuversicht, mein unerschütterlich geglaubter Optimismus derart auf die Probe gestellt werden könnten.

Rudolf wird mir später berichten, dass er verzweifelt war, nicht zu wissen, ob wir heil aus Ostpreußen herausgekommen waren.

„Ich überlegte, an welche der beiden Adressen, die du mir gegeben hattest, ich einen Brief schreiben sollte und nahm schließlich die von deiner Tante in Recklinghausen."

Feldpostbrief vom 6. 2. 1945 nach Recklinghausen

Sehr geehrte Frau Birnbacher!

Vor etwa einem Jahr habe ich von Frl. Käthchen Lenkeit Ihre Adresse erhalten, um für alle Fälle Frl. Käthchens Anschrift durch Sie erhalten zu können.

Ich habe seit Wochen keine Nachricht bekommen können, da ich bei einer anderen Einheit und mit meiner früheren Kompanie ohne jegliche Verbindung bin, so dass mir evtl. eingehende Post nicht zugestellt werden kann. Durch die Ereignisse in Ostpreußen bin ich in großer Sorge und setze auf Sie meine ganze Hoffnung. Bitte seien Sie so freundlich und beschaffen Sie Käthchens Anschrift bei Verwandten, falls Sie diese nicht vorliegen haben. Sie tun wirklich ein gutes Werk. Ich danke Ihnen für Ihre Bemühungen und erwarte umgehende Nachricht.

Viele Grüße erlaubt sich zu senden Rudolf Löwe.

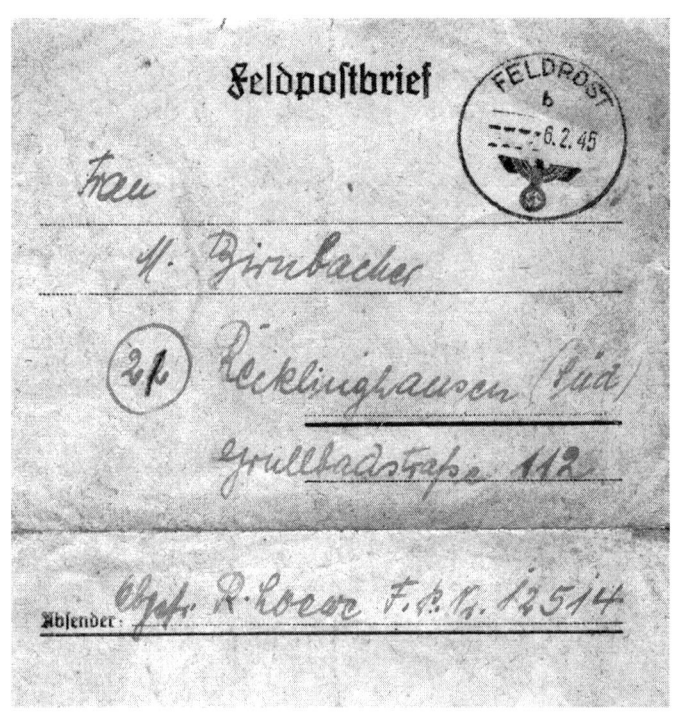

28

„Am 8. Mai 1945 endete der Krieg mit der Kapitulation Deutschlands."

„Wie habt ihr es empfunden?", frage ich meine Mutter.

„Ja, einerseits war es das Gefühl, es ist der endgültige Zusammenbruch, alles ist verloren, gleichzeitig ein Aufatmen, dass der Krieg nun zu Ende war und die Hoffnung auf eine neue Zeit keimen konnte. Es war ungeheuer schwierig, die Komplexität und Realität der vergangenen Jahre zu begreifen und zu verarbeiten, eine Realität, die mit der von der NS-Propaganda dargestellten nicht im Geringsten übereinstimmte. Der Glaube an das Gute und an eine Rechtstaatlichkeit war fundamental erschüttert und ließ sich nicht mühelos ersetzen. Ich fühlte mich verraten in dem Deutschland, das mir als Heimat alles bedeutet hatte. Hilfreich war für mich, dass ich mit meinen Eltern über das Unfassbare sprechen konnte."

„Ich mache mir Vorwürfe, dass ich zu gutgläubig, ja blauäugig war", begann ich das Gespräch. *„Hätten wir nicht aktiv werden müssen, als Juden enteignet wurden und studierte Leute Straße fegen mussten?"*

„Ich glaube", sagte mein Vater nachdenklich, *„dass es da schon für aktiven Widerstand sehr gefährlich war. Eigentlich zu spät, wenn man nicht sich und seine Familie in Gefahr bringen wollte."*

„Hoffentlich werden Konsequenzen gezogen, von jedem Einzelnen, in Bezug auf Toleranz und Menschenwürde, aber auch vonseiten der Politik, dass sich Ähnliches nicht wiederholen kann."

Unter diesem Aspekt erscheint es mir unfassbar, dass jetzt, Anfang des 21. Jahrhunderts, ultrarechte Strömungen nicht deutlicher in die Schranken gewiesen werden.

Meine Eltern, Toni und ich blieben nach Ende des Krieges erst einmal in Thüringen, harrend der Ereignisse, die jetzt kommen würden. Überall im Ort tauchten amerikanische Jeeps auf, auf einem saß am nächsten Tag vorn auf der Kühlerhaube Herr Schlader. Auch beim Einmarsch der Amerikaner hatte er seine provozierenden Reden nicht eingestellt.

Der Anblick seiner öffentlichen Demütigung hat mich tief berührt, wenngleich ich keinen Draht zu ihm gefunden hatte.

„Jetzt erst, zwei Jahre nach eurer Abreise, ist er zurückgekehrt", werden uns Geiers später berichten. „Er ist total verändert, ein psychisches Wrack."

Eine angenehmere Erinnerung, bei der ich heute schmunzeln muss, ist das Erlebnis mit der angebotenen Ananasdose.

Toni und ich waren zu Fuß von Schladers zu Geiers unterwegs. Es war einsam, weit und breit kein Haus, als ein Jeep mit zwei dunkelhäutigen Amerikanern an uns vorbeifuhr. Noch nie in unserem Leben hatten wir Schwarze gesehen.

Sie hielten an, strahlten mit ihren weißen Zähnen aus den pechschwarzen Gesichtern und zeigten uns eine Büchse Ananas. Wie auf Kommando drehten Toni und ich die Köpfe zur anderen Seite, um gleich darauf die Beine in die Hand zu nehmen und zu rennen, so schnell wir konnten. Die Amerikaner lachten lauthals hinter uns her.

Es dauerte aber nicht lange, bis die fremde Sprache zum Alltag gehörte, die Uniformen, die fremdländischen Gesichter. Es war ein freundliches Nebeneinander mit recht wenigen Berührungsmomenten.

Anfang Juli 1945 dann zogen alle Amerikaner ab. Die Siegermächte hatten über die zu besetzenden Gebiete verhandelt, und Thüringen wurde den Russen überstellt. Die Nachricht beunruhigte uns zutiefst.

„Das ist das Schlimmste, was uns jetzt noch passieren konnte", seufzte mein Vater. „Ich weiß nicht, ob wir damit leben können."

Der Wunsch, in den Westen zu gehen, nahm – wenn auch noch schemenhaft – Gestalt an.

Am späten Nachmittag des 18. Juli kam ein russischer Offizier zu Schladers.

„Heute Abend werden Soldaten ins Dorf einrücken", meinte er. „Sie sind nicht zu bändigen. Vom Waldesrand aus, wo wir liegen, könnte sich auch hier jemand sehen lassen. Es ist ratsam, wenn junge Frauen sich zurückziehen."

„Dass die eigenen Vorgesetzten ihre Leute nicht mehr unter Kontrolle haben, lässt nichts Gutes ahnen", meinte mein Vater voller Angst und Verzweiflung.

Wir hatten schon genug gehört, was in Ostpreußen geschehen war, um russische Soldaten zu fürchten. Immer wieder waren die grausamen Bilder von Nemmersdorf in der Wochenschau gezeigt und mit detaillierten Berichten ins Gedächtnis eingebrannt worden. Von brutalen Vergewaltigungen gab es scheußliche Schilderungen.

Toni, Cousine Elsa und ich sahen nur den einzigen Ausweg, uns im Keller unter der Scheune zu verstecken. Wir legten Holzkloben bereit, damit meine Eltern den Außeneingang verdecken könnten.

Die Panik in den Augen meiner Eltern machten meine Angst und meinen Kummer kaum erträglich. Ich hatte das Gefühl, im nächsten Moment in Ohnmacht zu fallen und versuchte, ruhig durchzuatmen.

Meine Mutter schien zu spüren, was in mir vorging. Sie nahm mich in ihre Arme, und wir weinten beide leise.

Wir drei Mädchen gingen nun in den Keller. Meine Eltern schoben die Holzkloben davor, so dass man den Eingang nicht sehen konnte. Der Keller hatte zwei kleine Fenster, eins ging auf den Nachbarhof hinaus, das andere auf die Tenne. Wir verkrochen uns in einer Ecke, die durch die Fenster nicht einsehbar war.

"Glaubt ihr, dass sie uns hier entdecken?" Toni sah verzweifelt aus.

"Ich möchte es mir gar nicht vorstellen", gab ich zurück. "Wir sind bisher verschont geblieben. Ich bete, dass wir auch dieses Mal Glück haben."

Elsa kämpfte gegen ihren Husten. "Ich hoffe, dass ich ihn unterdrücken kann, falls Russen auftauchen."

Plötzlich hörten wir, dass ein Pferdefuhrwerk direkt auf die Tenne zufuhr. Es gab ein Stimmendurcheinander, Gerenne, Geraschel, alles schien durchsucht zu werden.

Tonis Augen verrieten ihre Panik. Sie hatte Schweiß auf der Stirn. Ich legte beruhigend den Arm um sie.

Wir hörten von Zeit zu Zeit eine russische Frauenstimme. Die Russen blieben die ganze Nacht.

Noch nie in meinem Leben hatte ich solche Angst. Das Schlimme war, dass Elsa ihren starken Husten kaum unterdrücken konnte. Wir hielten ihr immer wieder ein Taschentuch vor das Gesicht.

Zusammengekauert, aneinandergedrückt, hockten wir drei unter dem Kellerfenster zur Tenne hin.

Plötzlich hörten wir jemanden deutlich atmen. Er lag wohl direkt "neben" uns, nur durch die Wand und das Fenster getrennt. Es war dunkel, so dass uns niemand sehen konnte.

Wir schlichen zur anderen Seite, wagten kaum zu atmen, dann aber immer wieder Elsas Husten. Es war so schrecklich!

‚Wie halten das wohl die Eltern aus, die nicht wissen, was hier vor sich geht und die uns nicht helfen können!?' Ich spürte ihre Verzweiflung in mir.

Die finstere kalte Nacht schien unendlich und nicht der Morgendämmerung Platz machen zu wollen.

Als es schließlich anfing, hell zu werden, versteckten wir uns hinter zwei großen Tonnen, für den Fall, dass die Russen durch das Fenster schauen würden.

„Sollen wir versuchen, hier rauszukommen?", flüsterte ich.

„Wer weiß, wie lange sie noch bleiben."

Ich stellte mich auf die höhere Tonne in der Ecke und spähte vorsichtig aus dem Fenster zum Nachbarhof. Sofort schnellte mein Kopf wieder zurück.

„Was ist?" fragte Toni, angsterfüllt.

„Es wimmelt dort von russischen Soldaten."

Wir waren verzweifelt. „Wir kommen hier nicht heil raus."

Es gab keinen Fluchtweg. Wir waren dazu verdammt, auszuharren zwischen Ohnmacht und Hoffnung.

„Was unsere Eltern durchmachen!"

Dann plötzlich ein Durcheinander von Stimmen, von Wortfetzen, die mehr geschrien als gesprochen wurden, das Gepolter von Wagenrädern über die Scheunenschwelle.

Jetzt schienen die Stimmen leiser zu werden, ja, die Schritte entfernten sich.

Wir warteten einen Moment und sahen dann durch das Fenster. Tatsächlich … Der ganze Trupp war schon am anderen Ende des Hofes angekommen und auch schnell unserem Blickfeld entschwunden.

„Ob wir es wagen können, den Keller zu verlassen?", war Elsas zögerlicher Vorschlag.
Da hörten wir, dass meine Eltern die Holzkloben an der Kellertür entfernten. Welche Erlösung!
„Alles gut bei euch?", guckten sie uns mit einer Mischung aus Freude, Erleichterung und Skepsis an. Sie waren noch immer bleich.
Wir fielen uns in die Arme. Da erst merkte ich, dass meine Mutter am ganzen Körper zitterte.
„Sie haben uns nicht entdeckt."
„Es waren die schlimmsten Stunden unseres Lebens", hörte ich meine Mutter sagen.

Die nächsten Tage trauten wir uns nicht, das Haus zu verlassen.
„Vielleicht lauern die Russen noch irgendwo in der Nähe."
Meine Eltern wirkten traumatisiert. „Bleibt bitte im Haus."
Schließlich wagten wir uns in den Garten vor und pflückten Johannisbeeren. Aber jedes Motorgeräusch ließ mich hochschrecken.
„Hast du auch immer noch Angst?", fragte Elsa.
„Furchtbare Angst. Die Soldaten sahen brutal aus."
„Ich fürchte", brachte Toni hervor, „dass ich das teuflische Gesicht des grobschlächtigen Anführers und seine herrische Stimme niemals mehr vergessen kann."

Wir brauchten, um zu arbeiten, einen Arbeitspass. Beim Arbeitsamt standen wir in der Schlange, als plötzlich zwei Russen auftauchten.
Die Frau hinter uns murmelte: „Sie holen Frauen auch als Putzhilfe, aber wer weiß ..." Schon kamen die Russen auf uns zu und packten Toni am Arm.

„Du, komm mit."

Ich signalisierte ihnen, dass wir noch auf den Pass warten müssten.

„Lass uns schnell abhauen." Toni war leichenblass.

Die Russen waren jetzt außer Reichweite. Ich zögerte nur einen kurzen Moment. Dann waren wir weg.

Tage später gingen wir wieder zur Feldarbeit. Josefa, die neben uns Mohrrüben aus dem Boden zog, berichtete begeistert von ihrem Nähkurs. „Ich mache mir gerade ein festliches Kleid für die Hochzeit meiner Tochter."

Unsere Bewunderung schwächte sie ab. „Ich kann nicht nähen, aber in der Zuschneideschule helfen sie mir."

Da Toni und ich kaum etwas anzuziehen hatten, meldeten wir uns auch dort an. Ich nähte unter Anleitung aus einer Wolldecke einen Wintermantel.

Wehmütig dachte ich an meinen wunderschönen Mantel, der in Insterburg geblieben war. Er war aus dunkelgrauem flauschigem Wollstoff, mit einem ganz weichen Fell und gepufften Ärmeln. Auf den Ärmeln war ein hübsches Muster abgesteppt. Der Gürtel war aus dem gleichen Stoff wie der Mantel. Ich hatte ihn Weihnachten 1943 bekommen und zu meinem Lieblingsteil erkoren.

Aber als ich dann schließlich meinen neuen Mantel fertiggestellt hatte, trug ich ihn voller Stolz.

Aus Stoffflicken nähte ich für Magdas kleine Tochter ein niedliches Kleidchen und malte mir den Moment aus, wie meine Schwester sich bei unserem Wiedersehen darüber freuen würde.

Als wir uns wiedersahen, war die Kleine schon fast ein Jahr tot.

Mit Toni hatte sich durch die gemeinsame Flucht unsere Cousinenfreundschaft zu einem ganz engen Bund verdichtet. Auch für meine Eltern war sie so nah wie eine Tochter, der meine Mutter aber nicht die eigene ersetzen konnte. Toni litt stark unter der langen Trennung von ihrer Familie.

„Ich weiß gar nicht, ob meine Mutter und meine Geschwister noch leben."

Ich versuchte sie zu trösten, wenn ich sie im Bett leise schluchzen hörte. In meinen Armen wurde sie erst heftig von ihrem Schmerz geschüttelt, um dann ganz langsam ruhiger und ruhiger zu werden. Sie sah mich dankbar an.

„Es ist nicht leicht für mich", stieß sie unter abebbendem Schluchzen hervor. „Wir waren seit Vaters Tod immer eine unzertrennliche Einheit." Ich hielt sie einfach nur umschlungen und streichelte ihren Kopf.

„Es geht wieder, danke", flüsterte Toni. „Gute Nacht."

Dann aber, irgendwann Tage später, wechselte sie bei unserem gemeinsamen Spaziergang plötzlich die Straßenseite und ließ mich allein weiterlaufen.

‚Habe ich etwas Unbedachtes geäußert, ohne es zu merken?'

Ich ging ihr nach und wollte eine Erklärung. Sie sprach nicht mit mir.

„Kann ich dir helfen?", versuchte ich die Situation zu entspannen.

„Lass mich in Ruhe", war das Einzige, was ich von ihr hörte.

Erst Ende 1945 erreichten Tonis Schwestern Meta, Idchen und Klara Thüringen. Sie waren zusammen mit ihrer Mutter noch in Ostpreußen, als die Russen einmarschierten und sind wie so viele Frauen vergewaltigt worden. Erst im Laufe der kommenden Wochen waren sie in der Lage, darüber zu reden.

„Einmal hatte ich mich im Heu versteckt", erzählte mir Meta schluchzend. „Mit Mistgabeln stocherten die Russen nach mir. Sie waren in Rage, als sie mich fanden." Die Erinnerung schien *sie kaum aushalten zu können. Sie so zu sehen, tat mir unendlich weh.*

Idchen, ihre Schwester, wurde an Händen und Füßen in einen dunklen Keller geschleppt. Auch sie wurde brutal vergewaltigt. Es standen noch mehrere Russen an.

Ein anderes Mal kam ein Russe, als sie gerade über den Hof ging.

„Frau, komm mit."

Wieder ging es in den Keller. Anschließend musste sie sich drei Tage lang übergeben.

Nur mit Mühe konnten die Geschwister von ihrer Mutter davon abgehalten werden, sich das Leben zu nehmen. Die Mutter selbst starb kurz darauf an Schwäche und Kummer.

Die Geschichten meiner Cousinen verfolgten mich jahrelang.

„Erzähl mir etwas Erfreulicheres, Utchen", unterbricht meine Mutter die schrecklichen Erinnerungen.

„Letzte Woche war ich der Einladung zum Semestertreffen gefolgt. Wir haben uns logischerweise in Münster getroffen. Da Jörg auf Segeltörn ist, bin ich allein hingefahren. Ich spürte eine leichte Aufgeregtheit, als ich das Restaurant Feldmann betrat. Ich fragte, wo das Semestertreffen der Zahnmediziner stattfände. Eine freundliche Dame führte mich in das Jagdzimmer. Im ersten Moment dachte ich, sie habe sich geirrt, alles ältere fremde Menschen, aber auf den zweiten Blick erkannte ich vertraute Gesichter. Und dann war auf einmal alles so, als hätten wir gestern noch zusammengehockt."

Viele Erinnerungen wurden wachgerüttelt, die aufregenden Stunden im Labor, wo wir alle zahntechnischen Arbeiten für unsere Patienten selbst anfertigen mussten, Inlays, Kronen, Brücken, Vollprothesen. Hektik blieb dabei nicht aus, aber die gute Stimmung ist in meiner Erinnerung präsenter. Lustige Sprüche hier und da, gute Tipps und Hilfe gegenseitig, Musik aus dem Radio, wenn wir über unseren Bunsenbrennern – im Sommer gefühlte 40 Grad – saßen und mühsam die Kronen in Wachs fertigten, um sie dann in Gold zu gießen.

„Ich drück die Daumen."

„Danke, einen Fehlguss kann ich jetzt gar nicht gebrauchen."

Der verbale Schlagabtausch brachte jede Menge Spaß, wir alberten und veralberten uns gegenseitig.

„Schickedanz, mit dem kein Auskommen war" (im Scherz, angelehnt an eine damalige Fernsehserie) ist inzwischen Professor der Parodontologie.

Kurt war mit seinen witzigen Anmerkungen nicht zu toppen. „Sag bloß, du willst diese Schmetterlinge dem Patienten einsetzen!" Er kriegte sich gar nicht mehr ein, als er Kallis Inlays begutachtete.

„Bist du immer noch die Stimmungskanone, wenn ihr feiert?", fragte mich Klaus schmunzelnd.

„Kann passieren!"

Ja, in der Rolle gefalle ich mir gut, dann genieße ich völlig befreit das Leben. Wenn die Musik passt, zappele ich stundenlang herum. Manchmal wünsche ich mir, auch im Alltagsleben unbekümmerter sein zu können.

Wir tauschten Erinnerungen aus, „Weißt du noch…" Sahen ein altes Video an, „Wer ist denn das da mit der langen Matte?" Und dann allgemeines Gelächter.

„Weißt du noch, als beim Examen Margot im letzten Moment vor der Abgabe den Drahtbogen des kieferorthopädischen Gerätes durchsägte? Schade, dass sie heute nicht dabei ist. Ihr blieb damals das Herz stehen, als der strenge Professor auf sie zukam: ‚Ich habe etwas mit Ihnen zu besprechen.' Er hatte von dem Missgeschick nichts bemerkt … und bot ihr einen Platz als Assistentin an."

Jetzt beziehe ich meine Mutter mit ein. „Wir amüsierten uns über den ‚Opakurs', einzigartig in Münster, in dem wir zwei von der Uni ‚bezahlte' Opas und eine Oma mit Vollprothesen versorgt hatten. Bereitwillig machten sie auch beim zehnten Mal noch den Mund für den Abdruck weit auf und ließen sich ordentlich ‚zukleistern'. Herrliche Fotos gibt es aus der Zeit. Ein Opa, viele Semester erfahren, rückte den Abdrucklöffel hin und wieder zurecht, wenn ein Student sich ganz ungeschickt anstellte. ‚Du musst noch viel üben, Junge.' Es war lieb gemeint. Du kennst doch noch die Bilder aus der Zeit?", frage ich meine Mutter.

Sie nickt amüsiert. Und dann kommen Fragen, so wie auch während des Studiums, als sie sich für meine Kommilitonen interessierte.

„Was machen eigentlich Jürgen Bunde und Kurt Deiter?"

„Kurt war leider nicht da." Meine Gedanken schweifen ab …

> Damals hatten wir lange Zeit knisternde Aufmerksamkeit füreinander. Es gab schließlich ein wunderschönes Kurzmärchen. „Mit deinen Marotten würde ich gern leben", meinte Kurt, aber dann blieben wir doch nicht zusammen.
>
> „Du warst ja auch mit allen befreundet", war seine Version. Ich hatte eher das Gefühl, dass er sich (noch) nicht festlegen wollte.
>
> Auf ihn hatte ich mich besonders gefreut und ertappte mich an dem Abend dabei, dass ich immer wieder zur Tür schaute, wenn jemand hereinkam. Ich wunderte mich selbst, wie traurig mich sein Fehlen stimmte, als sich der Abend dem Ende neigte.

Ich hole mich zurück aus den Gedanken und nehme meiner Mutter den duftenden Kaffee ab, den sie gerade gekocht hat.

„Jürgen ist inzwischen geschieden und hat gerade zum zweiten Mal geheiratet. Ich habe mich lange mit ihm über Beziehungsprobleme unterhalten, das war spannend. ‚Eigentlich hätte die Trennung nicht zu sein brauchen', meinte er. ‚Aber das haben wir erst im Nachhinein gemerkt. Wir hätten mehr für unsere Beziehung kämpfen sollen.'"

„Ein schwieriges Kapitel", meint meine Mutter. Wie recht sie hat!

Ich verschweige den Rest des Gespräches, um ihr das Herz nicht schwer zu machen. Wir verabreden uns für das kommende Wochenende.

> Ich lasse mir das Gespräch mit Jürgen immer wieder durch den Kopf gehen.
> „Und Jörg und du, seid ihr glücklich miteinander?", kam seine direkte Frage, der ich nicht ausweichen wollte.
> „Es gibt viele gemeinsame, spannende Erlebnisse, viele schöne Momente, aber auch immer wieder Phasen, in denen sich Enttäuschung breitzumachen droht und ich alles hinwerfen möchte. Mit Jörg zu reden, stellt sich als schwierig heraus. Du kennst ihn ja noch aus dem Studium. Er will sich nicht mit Problemen auseinandersetzen. Er scheint zufrieden zu sein. Sein Credo: ‚Wenn wir es nicht schaffen, wer dann', vielleicht ist es auch nur Bequemlichkeit. Ich vermisse intensive Gespräche, die konstruktiv das Miteinander verbessern und Vertrautheit wachsen lassen, anstatt dass wir Gefahr laufen, uns zu verlieren."
> „Ich weiß genau, was du meinst, weil eben in die Falle bin ich mit meiner Exfrau getappt." Jürgen schaute mich an. „Da war dann auch die Lust aufeinander plötzlich nicht mehr da, und jetzt verstehen wir es selbst kaum."

Mir bleibt nur übrig, im Stillen für unsere Beziehung zu kämpfen. Ich versuche, mehr die positiven Dinge zu sehen. Wir sind ein gut funktionierendes, erfolgreiches Team. Die Kinder sind glücklich. Dann kommen Momente, die an Vergangenes anknüpfen, die voller Vertrautheit sind, voller schöner Erinnerungen.

Ich spüre, dass es sich lohnt, den Kampf immer wieder aufzunehmen, die Auseinandersetzung lebendig zu halten und die vom Eingehen bedrohten Pflänzchen der Gefühle zu umsorgen.

29

Von Tonis Geschwistern schien Meta diejenige zu sein, die das Erlebte am schnellsten verdrängen konnte. Sie arbeitete schon bald in einem Lebensmittelladen. Wenn begehrte Produkte verfügbar waren, sagte sie uns Bescheid.

„Schnell, Tante Emmchen, es ist Wurst da."

„Ich lauf schon, dann kannst du in Ruhe weiterbügeln, Mutti."

Ich war gerade zu Hause und machte mich schnurstracks auf den Weg. Als ich ankam, hatte sich schon eine lange Schlange gebildet.

‚Stehen macht mir nichts aus', dachte ich, ‚wenn bloß nicht vor meiner Nase Schluss ist.'

Toni wich ihrer Schwester Ida nicht von der Seite. Sie waren – wie auch vor ihrer Trennung – in ihrer Seele eng verbunden. Lange nicht mehr hatte ich Toni so ausgeglichen erlebt.

Nach ein paar Wochen fingen sie gemeinsam in der nahegelegenen Fabrik an zu arbeiten. „Es ist erträglich. Wir brauchen ja die Lebensmittelkarten."

Da mir der Mut fehlte, außerhalb des Dorfes eine Stelle anzunehmen, entschied ich mich auch für die Fabrik.

Wir gingen zu dritt den kurzen Fußweg.

„Mit dem Zug würde ich jetzt nicht fahren wollen. Ich habe das Gefühl, dass überall Russen lauern."

Die Arbeit in der Fabrik war schrecklich stupide. Den ganzen Tag drehten wir mittels einer Maschine mit der gleichen Bewegung ein Schraubgewinde in einen Metallstift hinein. In der riesengroßen Halle herrschte ein Höllenlärm, gequälte Gesichter, unfreundliche Aufseher. Die Zeit verging überhaupt nicht.

Schon nach ein paar Wochen war mein rechter Knöchel des Handgelenkes ganz dick. Ich hatte große Schmerzen.

„Ich denke, er muss operiert werden", stellte der Arzt fest. „Ich schicke Sie zur Krankenkasse zwecks Genehmigung."

Neidvoll beobachtete ich dort die angestellten Damen.

‚Wie selbstbewusst sie da an ihren Maschinen sitzen ...', bewunderte ich sie und wurde ganz traurig. ‚Wirst du jemals wieder im Büro arbeiten?'

In den nächsten Wochen ließ mich das Bild der eifrig und zufrieden agierenden Büroangestellten nicht los. In mir reifte ein Entschluss ...

Ich schrieb in den Weihnachtstagen Bewerbungen an fünf Behörden.

‚Im Moment brauchen sie bestimmt keine Arbeitskräfte aus dem Osten, da haben die Einheimischen sicher Priorität', war mein Optimismus gedämpft. ‚Aber dann bin ich schon mal registriert, wenn alles angelaufen ist.'

Meine Skepsis war unbegründet.

Am 2. Januar bekam ich vom Finanzamt in Weimar eine Einladung zum Vorstellungsgespräch. Der Leiter, Herr Kadura, ein Schlesier, stellte mich nach kurzer Prüfung ein.

„Rudolf wäre bestimmt auch stolz auf mich", jubelte ich überglücklich, als mir meine Eltern zu meinem Erfolg gratulierten.

„Dass alles so schnell klappt, hätte ich in meinen kühnsten Träumen nicht erwartet."

Ich arbeitete zusammen mit zwei Kolleginnen in der Kanzlei des Finanzamtes. Ab und zu schrieb ich für Herrn Kadura.

Eines Tages ließ er mich in sein Büro holen. Ich war aufgeregt. ‚Hatte ich etwas falsch gemacht?'

Er sah mich freundlich an, als ich eintrat.

„Wollen Sie nicht zu mir in mein Büro kommen? Ich würde mich freuen, wenn Sie für mich arbeiten." Er war aufgestanden und mir entgegen gekommen. Da registrierte ich erst, wie riesig er war.

Ich fühlte mich durch so viel Vertrauen geehrt. Aber warum hatte er gerade mich ausgewählt? Würde ich seinen Ansprüchen gerecht? Ihm eilte der Ruf voraus, extrem pingelig zu sein.

Sein Büro wirkte elegant. Er würde immer da sein, ging es mir durch den Kopf, auch wenn ich mittags mein trockenes Brot mit verdünnter Milch essen würde. Der Gedanke ließ mich erröten.

„Überlegen Sie in Ruhe und sagen Sie mir morgen Bescheid." Seine Stimme wirkte weich, aber deutlich und durchdringend, so als ob er schon öfter vor großer Gesellschaft ohne Mikrofon geredet hatte.

Er schien feinfühlig zu sein und meine Skepsis zu spüren.

In großer Zwiespältigkeit sagte ich am nächsten Tag zu.

Ich musste nach Weimar zwei Stationen mit der Bahn fahren.

Im Dunkeln lief ich morgens los. Da sah ich von weitem, dass vor dem Bahnhof russische Soldaten lagerten. Ohne zu zögern, drehte ich um.

‚Nein, da gehe ich nicht vorbei.'

„Wir begleiten dich, wenn es hell geworden ist", beruhigten mich meine Eltern, als ich atemlos zu Hause ankam. Herr Kadura hatte Verständnis für mein Zuspätkommen, als ich ihm den Grund erklärte.

„Machen Sie es wieder so, wenn eine solche Situation auftreten sollte", legalisierte er mein Verhalten.

Schon bald merkte ich, dass er trotz seiner Strenge und Zielstrebigkeit sensibel und warmherzig war. Als er wahrnahm, dass wir so gar nichts hatten, stellte sein Schwiegersohn, Lungenspezialist, Rezepte für uns aus über Süßstoff und Lebertran. „Lebertran ist ein guter Ölersatz."

Unser Traum von Flinsen konnte Wirklichkeit werden.

Die Hälfte des Finanzamtes war von der russischen Verwaltung besetzt.

Eines Tages sollte ich für eine russische Dolmetscherin einen deutschen Text korrigieren und mit der Maschine schreiben. Innerlich sträubte sich alles, aber ich erledigte die Aufgabe notgedrungen und reichte der Dolmetscherin, als sie mich im Büro aufsuchte, wortlos die Mappe. Sie war freundlich, warf einen Blick auf die maschinengeschriebenen Seiten. „Du gut gemacht", sagte sie und streckte mir aus Dankbarkeit eine Schachtel Konfekt entgegen, zu damaliger Zeit eine Kostbarkeit.

Ich zögerte keine Sekunde, schüttelte ganz ernst den Kopf. Die Dolmetscherin sah mich fassungslos an und verschwand mit ihren Pralinen.

Tante Ida musste bis zum Herbst 1946 auf ihren Mann Carl warten, der abgemagert aus russischer Gefangenschaft in Thüringen eintraf.

„Als ich zu Beginn meiner Gefangenschaft in Insterburg war", erzählte Onkel Carl, „kam ich zufällig an eurem Haus vorbei. Draußen standen eure Möbel und das Klavier. Ich bekam einen Stich ins Herz bei der Erinnerung, wie wir alle in der guten Stube zusammenhockten und Ernas kleinem Konzert lauschten."

Ich kämpfte mit meinen Tränen und konnte nicht umhin, verstohlen zu meiner Mutter hinüberzusehen. Erschüttert war ich, als ich sie so sah, das erste und einzige Mal, dass sie ihren unendlichen Schmerz nicht vor uns zu verbergen vermochte. Leise weinte sie vor sich hin, das Gesicht in tiefe Furchen gelegt.

Onkel Carl arbeitete schon bald bei einer An- und Verkaufsgenossenschaft. Die Stiefel, die er von zu Hause gerettet hatte, trug er bei der Arbeit.

„Heute habe ich sie vollgeschöpft", prahlte er schmunzelnd, als er abends heimkehrte und den Weizen daraus rieseln ließ. Wir mahlten das Korn auf der Kaffeemühle und kochten Weizenbrei. Zusammen mit Zuckerrübensirup, der in einem großen Kupferkessel hergestellt wurde – Zuckerrüben gab es reichlich – war der Brei eine köstliche Mahlzeit.

Und dann eines Tages kam von Rudolf eine Rote Kreuz-Karte aus Russland.
Name des Kriegsgefangenen: Rudolf Löwe
Adresse des Kriegsgefangenen: UdSSR Moskau, Rotes Kreuz, Briefkasten 234

Mein liebes Käthchen!

Endlich kann ich Dir ein paar liebe, herzliche Grüße senden. Hoffentlich erreichen sie Dich und treffen Dich bei bester Gesundheit an. Mir selbst geht es gut, ich befinde mich zur Zeit in einem Erholungslager. Das Essen ist ausreichend. Eine Lagerkapelle bereitet uns manche abwechslungsreiche Stunde. Mein Wunsch ist natürlich, recht bald die Heimat wiederzusehen und mit Dir, meinem lieben Käthchen, viele Stunden verleben zu dürfen.

Viele liebe und herzliche Grüße von deinem Rudolf

Unbeschreiblich war meine Freude.
„Rudolf hat den Krieg überlebt!", verkündete ich überall. Ich schwebte tagelang in einem Glückstaumel, fern dem alltäglichen Geschehen.
In meinem Glück – bis dahin war wenig privater Kontakt – erzählte ich auch Herrn Regierungsrat Kadura von Rudolfs Karte und war überrascht von seiner warmherzigen Anteilnahme.
Dieser riesige, stattliche Mensch, der den Kopf immer einzog, wenn er durch eine Tür ging und dem sichtlich großer Respekt entgegengebracht wurde, hatte jetzt leicht feuchte Augen vor Rührung. „Ich freue mich für Sie."
Im Laufe meiner Zusammenarbeit mit Herrn Kadura merkte ich, wie sensibel und auch unkompliziert er war. Oft fuhr er mit mir zusammen mit dem Zug, zu seiner Tochter nach Jena.
„Fräulein Käthe, wir machen für heute etwas früher Schluss."
Er war groß und schlaksig, hatte breite Schultern, etwas dünnes, aschblondes Haar. Seine durchsichtige Haut zeigte ein paar

winzige Sommersprossen. Er schnallte seinen Rucksack auf, was ich für einen Mann in seiner Position ungewöhnlich empfand, aber für ihn als passioniertem Bergsteiger war es wohl normal.

Wir gingen zum Bahnhof, fuhren zwei Stationen zusammen, Mellingen, Großschwabhausen. Die Fahrten gestalteten sich kurzweilig, weil wir gut miteinander reden konnten.

Er stellte auch Fragen zu unserer Flucht, hörte gebannt zu, und ich meinte zu spüren, dass er fasziniert war von meiner Unbeirrbarkeit.

„Oh, schon Großschwabhausen! Ich muss aussteigen."
„Beim nächsten Mal erzählen wir weiter", lächelte er mich an. „Und grüßen Sie Ihre lieben Eltern."

Herr Kadura war oft krank. Dann ließ er mir die Nachricht übermitteln, ich solle in seine Wohnung kommen. Dort diktierte er in seinem Arbeitszimmer, im Morgenmantel am Schreibtisch, ich gegenüber.

„Ich lade Sie zum Mittagessen ein", überraschte mich Frau Kadura in ihrer herzlichen Art, als ich im Begriff war zu gehen.

Sie hatte leckere Königsberger Klopse gezaubert, und wir plauderten in lockerer Atmosphäre. „Ich muss mich wieder hinlegen." Mein Chef stand auf.

„Leisten Sie meiner Frau noch etwas Gesellschaft."

„Es gibt viel Obst im Garten zu pflücken", wandte Frau Kadura sich an mich. „Ich würde mich freuen, wenn Sie mir helfen."

Ich machte es gern und fuhr am späten Nachmittag, bepackt mit einer großen Tüte voller Äpfel und Johannisbeeren, zur Dienststelle zurück.

Meine Eltern und ich waren inzwischen fest davon überzeugt, dass unsere neue Heimat im Westen sein sollte. Die Anwesen-

heit der Russen war für uns auf Dauer nicht zu ertragen. Die Angst ließ uns nicht los.

Ich erzählte Herrn Kadura von unserem Vorhaben. Man sprach normalerweise nicht darüber.

„Meine Frau und ich, und vor allem unsere Kinder, haben auch vor, in den Westen zu gehen", vertraute er mir an.

„Eine Tante in Recklinghausen drängt uns, zu ihr zu kommen", erklärte ich unsere Überlegungen. Sie müsse sonst fremde Flüchtlinge bei sich wohnen lassen. „Da aber mein Schwager auch Verwandte im Westen hat und er mit meiner Schwester dorthin möchte, wissen wir noch nicht genau, wo wir landen werden. Nur eins steht fest, wir bleiben auf keinen Fall hier. Dafür haben wir nicht die Strapazen auf uns genommen, um unter russischer Besatzung zu leben."

Noch fehlte uns der Mut. Wie würde es im Westen sein? Bekäme ich Arbeit und würde das Gehalt reichen, um für uns drei, meine Eltern und mich, zu sorgen? Wo sollten wir langfristig wohnen?

Wir waren unschlüssig ...

„Heute ist ein Telegramm von Heinz gekommen, Magda käme am nächsten Tag zu ihm."

Meine Mutter strahlte, als ich abends nach Hause kam. Ein Lebenszeichen von ihrem Schwiegersohn und die Hoffnung, Magda bald wiederzusehen.

„Aber er hat keine Adresse vermerkt." Es gab den undeutlichen Stempel Moers.

Ich ging am nächsten Tag zur Post. „Wir haben ein wichtiges Telegramm bekommen ohne Adresse. Was bedeutet denn Moers, ein Morsezeichen?"

Der erste Beamte war ratlos. Er fragte seinen Kollegen. Sie guckten in einem Buch nach und fanden Moers. „Es ist eine Stadt im Rheinland."

Am nächsten Tag kam ein zweites Telegramm von Heinz: „Bin bei Verwandten."
Dieses Mal mit vollständiger Adresse.
„Es soll für uns eine Weisung des Schicksals sein, in den Westen zu gehen." Ich war fest entschlossen, und Moers war ohne Zweifel das Ziel.

Herr Kadura schrieb mir ein schönes Zeugnis.

Fräulein Käthe Lenkeit aus Insterburg/Ostpreußen, jetzt in Großschwabhausen/Thüringen wohnhaft, war vom 15. März 1946 bis zum heutigen Tage im Dienst des Steueramtes des Finanzamts Weimar-Land als Stenotypistin tätig.
Sie verlässt ihre Stellung auf eigenen Wunsch, weil sie sich bei ihren Anverwandten im Westen eine neue Heimat gründen will.
Fräulein Lenkeit ist eine sehr fleißige, strebsame und absolut zuverlässige und gewissenhafte Angestellte mit tadellosen Umgangsformen und lauterem Charakter, besitzt hervorragende Kenntnisse auf dem Gebiete der Stenographie und des Maschinenschreibens bei einer sehr guten und schnellen Auffassungsgabe. Ein ruhiges, höfliches, liebenswürdiges und hilfsbereites Wesen zeichnet sie besonders aus. Dank ihrer sehr guten Fähigkeiten und gründlichen und schnellen Arbeitsweise erfreute sie sich im Amt einer besonderen Wertschätzung.
Ihr Weggang bedeutet für das Steueramt einen großen Verlust, den ich dienstlich und persönlich aufs tiefste bedauere.
Ich wünsche Fräulein Lenkeit für ihre Zukunft das Beste und kann sie allen Stellen als hervorragende Kraft angelegentlichst empfehlen.

Man brauchte für den Westen eine Zuzugsgenehmigung, die schwer zu erhalten war. Ich grübelte tagelang. ‚Wer könnte uns wohl helfen?'

Da plötzlich ein Gedankenblitz.

‚Ja, Willy arbeitet doch beim Bürgermeister in Kulmbach. Er könnte uns vielleicht einen Gefallen tun ... wenngleich Kulmbach amerikanische Zone ist, Moers aber englische.'

Willy schickte eine Genehmigung für Kulmbach mit Faksimile Stempel, ohne Unterschrift, was mir unvollständig vorkam.

Ob ich eine Unterschrift hineinsetzen sollte? Vielleicht besser eine falsche als gar keine, dachte ich mir und kritzelte eine hinein.

Am Tag unserer Abreise begleiteten uns Geiers zum Bahnhof.

„Wir müssen uns unbedingt gegenseitig besuchen, wenn es möglich ist", versprachen wir uns.

Tochter Grete nahm plötzlich ihre Mutter gerührt in die Arme. „Ich habe dich zuvor noch niemals weinen sehen."

Dann sahen wir sie mit ihren kleinen Taschentüchern winken, bis der Zugführer durch eine Kurvenschleife sie unserem Blickwinkel entriss.

Der Grenzbahnhof Bebra war überfüllt, ein dröhnendes Stimmengewirr, grelles Licht, das meine Augen reizte.

Da erfasste mich ein mulmiges Gefühl mit unerwarteter Kraft.

Menschen an Menschen übersäten den Boden. Wir konnten wegen des Gedränges unser Gepäck nicht neben uns abstellen.

„Ich bringe wenigstens mein Spankörbchen zur Gepäckaufbewahrung."

Ich hatte es sorgfältig bestückt mit der eingeweckten Ente, dem Weihnachtsgeschenk von Familie Schrader, einem Glas

Leberwurst und etlichen aufgesparten Lebensmitteln und hatte alles mit Küchenhandtüchern zugedeckt und einer Kordel verschnürt.

Die Nacht verbrachten wir auf dem Boden sitzend, die Knie angewinkelt, mit den Armen umschlossen. Meinen erschöpften Vater hatten wir vor uns platziert, so dass er sich ein bisschen anlehnen konnte.

Ich döste vor mich hin, unfähig, klare Gedanken in die Zukunft zu lenken.

Plötzlich hörte ich das laute Atmen eines Mannes dicht an meinem Ohr, das mich in Panik aufschrecken ließ.

„Was hast du?", fragte meine Mutter beunruhigt. Da merkte ich, dass ich geträumt hatte.

„Schrecklich", antwortete ich, „Ich war gerade in unserem Versteck und die Russen belagerten die Tenne."

Den Rest der Nacht machte ich kein Auge zu.

Am nächsten Morgen holte ich mein Körbchen ab.

Wir gingen mit Herzklopfen zum Grenzübergang.

„Ich habe ein ungutes Gefühl", sprach mein Vater aus, was wir alle dachten, mein Vater, der früher nie gezaudert oder zumindest uns nicht mit zweifelnden Gedanken belastet hatte.

„Es wird alles gut", übernahm ich jetzt seine Rolle. Aber ich war nicht sicher, ob unsere Bescheinigung ausreichen würde.

‚Wenn sie uns bloß nicht zurückschicken …'

Die russischen Soldaten kontrollierten mit einem kurzen Blick die Papiere. Ohne Probleme sind wir durchgekommen. Wir waren im Westen!

Jeder Ankommende war verpflichtet, sich einer Entlausung zu unterziehen, ein beschämendes Gefühl, aber es musste halt sein, und wir ließen auch das über uns ergehen.

Im Zug ließ sich ein amerikanischer Soldat erneut unsere Papiere zeigen.

„Sie sind falsch hier", dröhnte seine Stimme. „Sie sitzen im Zug in die englische Zone, Ihre Papiere sind für die amerikanische."

Kurzes betroffenes Schweigen, mein Vater war wie erstarrt.

„Ach, da müssen wir uns geirrt haben", stellte ich mich dumm, „Wir werden bei der nächsten Station aussteigen."

Meine gestellte Gelassenheit überspielte die unbändige Angst. ‚Sollte jetzt doch noch etwas schieflaufen!' Wir wussten ja genau, dass wir die falsche Genehmigung hatten.

30

1947

Es ging alles gut, und wir kamen spät abends in Moers an. Aus Thüringen hatten wir zwei Säcke Kartoffeln losgeschickt. Bei unserer Ankunft nahmen wir sie vom offenen Viehwagen in Empfang.

„Sie sind ja ganz gefroren."

Wir ahnten schon, dass sie beim Auftauen ungenießbar werden könnten.

Es war stockdunkel. Ich spürte, dass meine Eltern erschöpft und unsicher waren.

„Könnt ihr noch laufen?" Sie nickten tapfer.

Wir hatten keine Vorstellung von dem Ort, der unsere Heimat werden sollte, nicht die geringste Ahnung, wie es hier aussehen könnte.

Eine Wegbeschreibung hatte Heinz nicht geschickt. Ich sprach einen Mann am Bahnhof an. Er musterte uns skeptisch und erklärte belästigt den Weg. Ein paar Mal mussten wir uns noch durchfragen, weil die Beschreibungen immer nur kurz und schroff erfolgten. Es war nicht weit, aber wir kamen abgekämpft bei Heinz an.

Das Wiedersehen ließ die Lebensgeister aufflackern. Vertraute Gesichter, das tat gut!

„Du kannst bei meiner Nichte schlafen, deine Eltern bei meinem Onkel."

Heinz selbst hatte nur ein winziges Zimmer.

Wir hockten alle zusammen in der kleinen Wohnstube des Onkels, teilweise auf dem Boden.

Wo sollte man mit dem Erzählen beginnen ... Heinz wurde schon kurz vor Kriegsende nach Sibirien verschleppt. Er musste ein halbes Jahr schwere Steine schleppen.

„Oft knickten meine Beine weg, mir war schwarz vor Augen, aber die Angst vor Schlägen trieb mich an."

Heinz, der nervös auf dem engen Raum hin und her schlurfte, kam mir plötzlich noch gebückter vor. Als Folge von Kinderlähmung hatte er auch vor dem Krieg eine Krümmung der Wirbelsäule gehabt. Jetzt war eine starke Hypertrophie am Rücken entstanden.

„Hoffentlich bekommt Magda keinen Schrecken, wenn sie meinen Buckel sieht", schien er meine Gedanken gelesen zu haben. Er kam mir plötzlich unendlich bedrückt vor.

„Als die offenen Beine gar nicht mehr aufhörten zu bluten, haben die Russen mich entlassen. Ich bin direkt nach Moers gefahren."

„Ihr könnt euch nicht vorstellen, wie schlimm er aussah", meinte sein Onkel. „Wir haben uns furchtbar erschreckt, als wir auf sein Klingeln öffneten und er vor uns stand, als eine Mischung aus Gespenst und Todgeweihtem. Wir konnten ihn nicht mehr erkennen."

Unsere Odyssee schilderten wir nur skizzenhaft, die Trennung von Magda und unsere Flucht in verharmloster Version, um Heinz zu schonen.

„Ich packe erst mal das Körbchen aus."

Eine leise Vorahnung hatte sich schon im Zug breitgemacht, weil es mir leichter erschien. Als die abgenommenen Küchentücher den Blick auf die Gläser freigaben, bestätigte sich mein Verdacht: sie waren leer. Jemand hatte auf dem Bahnhof alles geplündert und wieder unauffällig verschnürt.

Ich versuchte, der Enttäuschung nicht die Oberhand über die große Wiedersehensfreude zu geben, aber es blieb die Wut über den so perfide getarnten Diebstahl.

Wir kochten das Mittagessen am nächsten Tag und auch an den folgenden Tagen gemeinsam, die erfrorenen Kartoffeln waren fast alle ungenießbar. Unsere spärlichen Vorräte aus Thüringen *wurden zusehends weniger, weil wir auch mit den hungrigen Nachbarn teilten.*

„Wenn wir nicht bald eine Wohnung finden, bleibt nichts mehr für uns", meinte mein Vater und ging täglich zur Stadtverwaltung.

Magda kam erst einige Tage nach uns mit ihrem mittlerweile fünfjährigen Sohn Klaus und den Schwiegereltern.

Zwei Jahre hatten wir nichts voneinander gehört. Viele, viele quälende Momente des Bangens, des Zweifelns und des Hoffens lagen dazwischen.

Klaus hüpfte als Erster über die Schwelle und spontan in die Arme seines gerührten Vaters. Er war ein fröhlicher, hübscher Junge, bei dem die Erlebnisse des Krieges scheinbar keine Spuren hinterlassen hatten.

Magda, schmal geworden, drückte mich wortlos an sich, sekundenlang, ich spürte ihre Ergriffenheit so wie sie wohl meine. Jetzt standen unsere Eltern zur Begrüßung bereit, mit Tränen in den Augen, auch sie übermannt von ihren Gefühlen. Sprechen war für alle nicht möglich.

Heinz hatte noch Klaus auf dem Arm, als er Magda liebevoll umschloss und der Anblick ihres Dreierbündnisses meine Seele tief berührte.

Heinz brachte als Erster ein paar unbeholfene Worte hervor, die dem Anlass nicht gerecht wurden.

„Schön, dass wir wieder beisammen sind."

Und dann gab es unendlich viel zu erzählen. Ich schaute dabei immer wieder fasziniert auf Klaus, auf eine kleine Persönlichkeit, die Züge des Kleinkindes, von dem wir uns in Heiligenbeil verabschiedet hatten, gänzlich verschwunden, der den Platz auf Heinz' Schoß zu genießen schien und vor Erschöpfung recht schnell eingeschlafen war.

„Wir hatten ganz fest damit gerechnet, dass wir mit den Kindern ausgeflogen werden", begann Magda. „Aber dem war nicht so. Wir saßen in Lauenburg fest, als die Russen einrückten. Immer wieder begegneten wir Frauen, die brutal vergewaltigt worden waren und keinen Lebensmut mehr hatten. Sie fühlten sich mit ihren schrecklichen traumatischen Erlebnissen allein gelassen. Müttern gegenüber waren die Russen zurückhaltender. Aber ich hatte trotzdem Angst und wollte mich nicht darauf verlassen. Meine Schwiegereltern haben mich oft versteckt, oder sie gaben mir lange Kleider, womit ich mich als alte Frau verkleiden konnte. Ich versteckte Haare und Stirn unter einem dicken Wolltuch. Mein Schwiegervater arbeitete für die Russen als Schweißer. Er verdiente nicht viel, aber wenigstens für Klaus war genug zu essen. Selbst hatten wir oft nichts. Ich habe versucht, die kleine Karin zu stillen, aber es kam keine Milch. Sie ist schließlich verhungert."

Magda konnte nicht weitersprechen. Ihr leises Schluchzen war fast nicht zu ertragen. „Die Schreie meiner Kleinen werde ich nie vergessen."

Glücklicherweise war Klaus von der Reise so erschöpft, dass ihn nichts aus seinem erquicklichen Schlaf riss, zugedeckt mit den Zärtlichkeiten seines Vaters.

„Ich musste hart arbeiten", fuhr Magda fort. „Während der Heuernte ging ich mit anderen Frauen zweieinhalb Stunden zu Fuß, arbeitete den ganzen Tag in praller Sonne und musste völlig erschöpft die weite Strecke wieder zurücklaufen. Aber ich habe noch Glück gehabt, wenn ich daran denke, was andere in meiner unmittelbaren Umgebung ertragen mussten. An einem Tag stellten wir uns wie sonst auch zur Arbeit auf. Die Russen bestimmten, wer was machen sollte. Zwei Schwestern standen in der Schlange, die Ältere mit ihren beiden Kindern an der Hand. ‚Nimm du unser Elschen', flüsterte sie ihrer jüngeren

Schwester zu. So würden die Russen mehr Rücksicht auf sie nehmen. Ein Russe kam, musterte die junge Frau. ‚Du so jung, schon Kind?' Und dann, zu Elsa gewandt: ‚Wer deine Mutter?' Diese zeigte arglos auf ihre richtige Mutter. Die junge Frau wurde sofort rabiat abgeführt und nie mehr wieder gesehen."

Jetzt ist Magda am Rande dessen, was sie an Erinnerung noch aushalten kann.

Erst viele Jahre später erzählte sie mir von einer Begebenheit, die sie lange Zeit versucht hatte zu verdrängen.

Sie musste sich wieder einmal mit etwa zwanzig Frauen aufstellen. Isa, mit der sie sich angefreundet hatte und deren Sohn Fritz gern mit ihrem Klaus spielte, war auch dabei. Die Frauen marschierten los, mit unbekanntem Ziel. Voller Angst wurde getuschelt. „Was haben die mit uns vor?!"

Sie kamen bald durch einen kleinen Ort. Magda fand Gelegenheit – während der russische Bewacher sich etwas entfernt hatte – die Reihe zu verlassen und sich in einer Gebäudenische unbemerkt zu verstecken. Sie hatte noch versucht, Isa Zeichen zu machen, aber diese reagierte nicht. Hatte sie nichts gesehen oder fehlte ihr die Courage?

*Die Frauen zogen weiter. Als Magda ins Dorf zurückkehrte, kamen ihr schon Horst und Fritz entgegengelaufen. „Wo ist denn **meine** Mama?", rief Fritz.*

„Es war so schrecklich!" Magda wurde ganz leise in ihrem Erzählen, und ihr Blick verlor sich tief in ihr Inneres. „Diese Frage stellte der kleine Fritz immer wieder."

Die Frauen sollen nach Sibirien verschleppt worden sein. Von Isa kam kein Lebenszeichen mehr …

Von der Stadtverwaltung bekamen wir ein paar Tage später eine Zusage für die vorübergehende Unterkunft im sogenannten

Braunen Haus, dem ehemaligen Sitz der Partei, das in Kürze abgerissen werden sollte.

„Wir machen Platz", verkündete mein Vater erleichtert, und einen Tag später machten wir uns auf den Weg.

Die großen, hohen Räume unserer neuen Bleibe waren ausgekühlt, es roch wie in feuchten Kellerräumen. Der Wind fegte durch breite Ritzen hindurch und nahm den Geruch nicht mit. Unser Zimmer ließ sich mit dem kleinen eisernen Ofen nicht erwärmen. Abends saßen wir zu dritt, meine Eltern und ich, um den runden Tisch, im Mantel, immer noch fröstelnd, hungrig waren wir auch.

„Dass wir es geschafft haben, so beieinander zu sein, ist ein Geschenk." Mein Vater faltete seine Hände und fing leise an zu beten. Mich durchströmte das tiefe Gefühl der Dankbarkeit.

Ich bemühte mich, über das Arbeitsamt eine Stelle zu bekommen.

„Die Polizei sucht Schreibkräfte. Sie können sich dort bewerben."

Am nächsten Tag kleidete ich mich in das Beste, was ich hatte, ein hellgestreiftes Wollkleid, das ich mir aus einem Stoffrest von Tante Idas letzten Beständen in Thüringen genäht hatte. „Nimm, Käthchen, dafür krieg ich sowieso nicht viel, der Stoff hat viele Webfehler". Ich trug es gern, weil mir die Farben gut zu Gesicht standen. Den figurbetonten Schnitt fand ich nicht zu aufreizend. Der Stoff war inzwischen allerdings schäbig.

Ich ging mit klopfendem Herzen zur Polizeibehörde.

„Aus Ostpreußen? Dann schauen wir mal, was Sie da gelernt haben", meinte der Beamte, und ich spürte eine leichte Geringschätzung. Nach kurzer Prüfung die Erlösung: „Sie können morgen anfangen."

Ich suchte das Gebäude der Militärregierung auf, um die Entnazifizierung zu beantragen, die nötig war, um bei einer Behörde anfangen zu können. Dort füllte ich einen kurzen Fragebogen aus und bekam Minuten später die Bescheinigung, dass ich mit der Partei nichts zu tun hatte.

Die Sonne strahlte wie meine Verbündete, als ich das Gebäude verließ. Ich musste mir einen Luftsprung verkneifen. ‚Endlich wieder ein Stückchen Normalität und die Aussicht, für die Familie genügend Lebensmittel zu verdienen', dachte ich und eilte in Riesenschritten nach Hause, um meinen Eltern von dem großen Glück zu berichten.

Ich spürte zwar ihre Freude, aber empfand sie mutloser als bisher.

„Wir würden auch gern unseren Beitrag leisten. Wir kommen uns so nutzlos vor."

Sie hatten zu viel Zeit zu grübeln und konnten den Verlust der Heimat schwer verkraften. Auch wenn sie ihre Traurigkeit zu verbergen suchten, spürte ich die Melancholie in der Art und Weise, wie sie von „früher" erzählten.

Ich versuchte, sie von ihrem Kummer abzulenken, indem ich sie in meinen Arbeitsalltag einbezog und viel erzählte.

„Morgen soll ich für den Polizeirat schreiben. Die Kolleginnen haben mich gewarnt, dass ich mich vor dem in Acht nehmen soll, weil er sich gern als Respektsperson aufspielt."

„Du schaffst das schon, Käthchen", versuchten sie mir die Angst zu nehmen, aber ich habe trotzdem fast die ganze Nacht nicht schlafen können.

Der Polizeirat kam morgens in unser Büro. Frau Wagner, meine Kollegin, sprang so hektisch auf, dass ihr Stuhl umfiel.

„Ich möchte Ihnen einige Abläufe diktieren", meinte er sachlich. „Wir gehen in mein Büro."

Das Herzklopfen verschwand schnell, als ich merkte, dass er freundlicher wurde und meine Mitarbeit respektierte.

"Am Freitag begleiten Sie mich nach Düsseldorf", bestimmte er.
"Wegen einer Geheimsache", hieß es hinter seinem Rücken.
Es ging um die fragliche Zugehörigkeit zur NSDAP. Ich musste bei seiner Aussage Protokoll führen.
"Sie sind bei Dienstantritt ja vereidigt worden, dann brauche ich Ihnen wohl nichts zu sagen", beschwor mich der Polizeirat, als wir losfuhren. „Sie haben mein Vertrauen."
Seine geschiedene Frau hatte gehört, dass er befördert werden sollte. Sie schickte an die Polizei ein Bild, das ihn bei einem öffentlichen Auftritt mit Parteiabzeichen der NSDAP zeigte. Er allerdings behauptete, er habe, obwohl er gedrängt worden sei, in die Partei einzutreten, mehrmals abgelehnt, aber, um Ruhe zu bekommen, auf einer Versammlung das Abzeichen eines Freundes angesteckt.
Als wir aus Düsseldorf zurückkamen, überhäuften mich die Kolleginnen mit neugierigen Fragen.
"Hat er sich was zuschulden kommen lassen? Fliegt er von der Behörde?" Ihre Rachsucht dem unbeliebten Kollegen gegenüber war unverhohlen.
"Ich bin zum Schweigen verpflichtet worden."
Kurz darauf ist unser Vorgesetzter versetzt, wenig später pensioniert worden.

Nicki unterbricht uns durch energisches Hochspringen an der Terrassentür. Seit drei Jahren ist Nicki unsere Lebensgefährtin, eine temperamentvolle Mischlingshündin aus Griechenland.

> Unsere Liebe zu Griechenland haben Jörg und ich während der Studentenzeit entdeckt, als wir das Land kreuz und quer mit R4 und Zelt erkundeten, später mit einem roten, selbst ausgebauten VW-Bus. Viele Begegnungen mit lieben Menschen in abgelegenen Dörfern sind wun-

derschöne Erinnerungen geblieben.

Wir campten wild am Rand einer Zitronenplantage. Frühmorgens – wir lagen noch im Bett – klopfte es an der Bullitür. Wir sahen uns erschrocken an.

„Ob wir jetzt wohl Ärger bekommen oder uns jemand wegjagt!?" Jörg runzelte die Stirn.

Beim Öffnen schaute er in das strahlende, braungebrannte Gesicht eines alten Griechen. Er streckte ihm eine Tüte voller Zitronen entgegen. Oh, sie dufteten von weitem. Ein „efcharisto" (danke) hatten wir schon gelernt. Solch liebevolle Gesten erlebten wir immer wieder.

Es ergab sich Jahre später, dass Jörg auf einem Segeltörn mit Freunden ein Grundstück entdeckte.

„Wir können über die Karnevalstage alle vier runterfliegen und es uns anschauen."

Ich war sofort begeistert, auch von dem schönen Fleckchen Erde, das Jörg ausgesucht hatte, und so haben wir jetzt eine zweite Heimat auf dem Peloponnes.

Während des Hausbaus nahm Jörg sich alle vier Wochen eine Auszeit.

„Ich muss den Handwerkern auf die Finger schauen und kontrollieren, ob weitergearbeitet wird."

Für mich bedeutete es viel Hektik und Stress, Praxis und Kinder allein zu managen.

„Ich fliege übermorgen noch einmal für eine Woche runter", verkündete Jörg mir eines Tages. Die Bauphase erforderte es nicht.

„Schon wieder?" Ich fühlte mich übergangen.

„Ich will jetzt genießen. Wer weiß, wie lange ich Zeit habe, Träume zu leben. Mein Vater ist mit fünfundfünfzig gestorben."

Das hat gesessen! Ich konnte kaum fassen, was ich gerade gehört hatte. Gab es da noch etwas entgegenzusetzen?

‚Nein', dachte ich. ‚Ich will nicht verantwortlich sein, wenn ich vereitle, was gut für ihn gewesen wäre, wenn er wirklich nicht so alt werden sollte. Man kann die Zukunft nicht vorausahnen.'

Ich sagte nichts mehr, Jörg auch nicht.

Er rief aus Griechenland täglich an und schwärmte mir vor, wie entspannt das Leben dort sei und wie unkompliziert die Menschen.

Ich konnte die Begeisterung nachvollziehen. In Gedanken sah ich uns abends in unserer kleinen Bucht zum Essen, der Sonnenuntergang wie im Bilderbuch.

‚Eine schöne Perspektive für die Zukunft, wenn wir gemeinsam viel Zeit dort verbringen werden ...'

Als ich Jörg nach einer Woche vom Flughafen abholte, war von seiner guten Laune nichts mehr zu spüren.

‚Ich hätte mir ein bisschen mehr Herzlichkeit gewünscht', dachte ich traurig, ‚und Dankbarkeit darüber, dass ich ihm den Rücken freigehalten habe.'

„Ich wäre am liebsten dageblieben", hörte ich Jörg sagen, als wir im Auto saßen. „Auf Zähne habe ich überhaupt keinen Bock mehr."

Jetzt reichte es mir.

„Denkst du nur noch an dich!?", maulte ich etwas zu laut.

Und dann, nach kurzem, heftigen Dampfablassen, etwas ruhiger: „Wenn es so weitergeht, laufen wir meines Erachtens Gefahr, uns auseinanderzuleben."

Jörg sah mich erstaunt an. „Was soll das denn jetzt!? Wenn wir es nicht schaffen, wer dann?"

Einmal mehr dieser Satz, der später wie höhnische Ironie in meinen Ohren klingen würde.

Lange Gespräche waren mit ihm nicht möglich.

31

1947

Der Gedanke zu Beginn der Flucht, wieder nach Ostpreußen zurückzukehren, war schnell gewichen.

„Es macht ja auch keinen Sinn, etwas nachzutrauern, was verloren ist", legte ich meine Meinung offen. „Mir ist klar, dass es jetzt die Heimat anderer geworden ist und dass Leid und Unrecht weitergehen würden, wenn die Menschen dort wieder fliehen müssten. Ich bin froh und dankbar, dass wir zusammen überlebt haben."

Meine Eltern hatten nach ein paar Wochen tiefer Traurigkeit nun auch wieder Mut gefasst.

„Das Leben muss weitergehen."

Am nächsten Tag erkundeten sie die Umgebung und waren, als ich von der Arbeit kam, in guter Stimmung.

„Der nahegelegene Stadtpark bringt uns die schöne Natur zurück", schwärmten sie. „Der alte Baumbestand, der Stadtgraben, wunderschön. Die Kirche, der Marktplatz, all das erinnert an Stallupönen."

Ich freundete mich mit Fräulein Hartmann an, die mir im Büro gegenübersaß.

„Sie warten auf den Soldaten, von dem Sie nicht wissen, ob und wann er aus russischer Gefangenschaft entlassen wird?" Spontan kam sie an meinen Schreibtisch gespurtet und drückte mich. „Wie schön! Das muss Liebe sein."

Ich erzählte ihr meine Geschichte, vom Kennenlernen Rudolfs in Grodno, von den vielen Feldpostbriefen, den romantischen Treffen, von den Enttäuschungen …

„Noch mit niemandem außer meinen Eltern habe ich darüber gesprochen. Und jetzt bin ich beunruhigt, weil ich so lange nichts mehr von Rudolf gehört habe. Wenn alles Warten doch vergebens war ..."

Sie versuchte, mich zu trösten, aber ich spürte, dass sie selbst voller Zweifel war.

„Ich bin ein gebranntes Kind", vertraute sie mir schließlich an, „Mein Verlobter hat mich vor einem Jahr mit meiner besten Freundin betrogen. Drei Jahre waren wir zusammen, und ich glaube, er hat mich nur ausgenutzt, mich und meine Eltern."

Jetzt rollten dicke Tränen ihre zarten Wangen herunter. Ich war wie erstarrt.

Noch Tage danach stellte ich mir vor, dass mich ein ähnliches Schicksal ereilen könnte, dass sich Rudolf längst anders entschieden hat und ich vergeblich wartete.

Ich bewunderte Fräulein Hartmann wegen ihrer positiven Lebenseinstellung, allem Leid zum Trotz. Sie war der Typ Mensch, der jeden Entgegenkommenden mit ihrem Strahlen und freundlichen Gruß verzaubern und ihm ein Lächeln entlocken konnte.

Die Versorgungslage wurde immer schlechter, oft ging ich hungrig ins Bett.

„Es ist schwierig, mit dem kleinen Laib Maisbrot bis zum Ende des Monats auszukommen", seufzte meine Mutter.

„Du schaffst es, Emmchen. Durch deine Scheiben kann man gut durchsehen", scherzte mein Vater. Er hatte sich etwas erholt und seinen Humor wiedergefunden.

Die Menschen fuhren über Land und kauften oder tauschten Nahrungsmittel.

Mein Vater war mit einem geliehenen Fahrrad unterwegs.

„Seht mal, was ich heute ergattert habe!" Strahlend kam er mit zwei Eiern nach Hause. Er hatte viel dafür zahlen müssen.

Ich war gerade von der Arbeit zurück und in Gedanken an Rudolf vertieft, auch, um mich von meinem Hunger abzulenken, da erfüllte der Duft von gebratenen Spiegeleiern die Luft, und Mutti rief uns zu Tisch. Es schmeckte köstlich zusammen mit einer Scheibe Brot für uns drei.

„Ich bin so dankbar, dass wir wieder in Frieden leben." Mein Vater hatte zu seiner optimistischen Lebensfreude zurückgefunden.

Pfingsten 1947 besuchte uns Heinz im Braunen Haus. Er erzählte dies und das und holte plötzlich ein kleines Päckchen aus Zeitungspapier hervor.

„Schaut mal rein", meinte er, uns erwartungsvoll ansehend. Meine Mutter öffnete das Papier und stieß einen kleinen Freudenschrei aus: sechs große Kartoffeln! Wir hatten sie so lange entbehrt.

„Willst du zum Festmahl bleiben?" fragte sie Heinz.

Er schmunzelte. „Nein, nein! Wir haben auch noch ein paar."

Ich konnte das Abendessen kaum erwarten: Pellkartoffeln mit etwas Margarine und Salz.

In einer Zeitungsannonce suchte eine Familie aus Scherpenberg Helfer, die ihren Acker bearbeiten sollten und dafür ein Stück für sich selbst abernten könnten.

„Machst du mit, Käthchen?" fragte mein Vater. Wir meldeten uns bei den Bauern und waren selig über die Zusage.

Aber dann kam ein extrem trockener Sommer. Wir mussten fast täglich gießen.

„Hast du gesehen, wo die Pumpe ist?", bemerkte mein Vater und zog seine Augenbrauen hoch, was mir nichts Gutes verriet. Wir schleppten die Kannen eine weite Strecke bis zum Acker.

„Und jetzt wieder die vier Kilometer zu Fuß zurück", stöhnte

ich nach getaner Arbeit „Wie gern würde ich mit dem Bus fahren."

Aber ich wusste ganz genau, dass es für uns zu teuer wäre.
Wir quälten uns den ganzen Sommer und ernteten wenig.

Juli 1947, nach fünf Monaten gefühltem Unterschlupf, endlich unsere erste Wohnung.

Eine schmale Gasse im Stadtzentrum, ein altes Haus der Jahrhundertwende, eine kleine Wohnung im ersten Stock mit zwei Zimmern, eins davon winzig mit einer Fensterluke. Eine steile Treppe führte weiter nach oben auf den Dachboden. Wasserpumpe und Toilette waren auf dem Hof.

Ich sehe uns noch vom „Braunen Haus" zur Friedrichstraße einen klapprigen Handwagen schieben. Mein Vater zog vorne an der Deichsel, meine Mutter und ich halfen von hinten mit. Die eisernen Betten aus dem „Braunen Haus" durften wir mitnehmen, ansonsten hatten wir nichts. Heinz, der in einem Möbelgeschäft als Buchhalter arbeitete, besorgte günstig einen Schrank.

„Kamst du dir armselig vor, so mit dem Handwagen?", frage ich dazwischen.

Meine Mutter nickt mit Tränen in den Augen. „Ja, in solchen Momenten schon!"

Wir sprachen bei unserem Einzug die Vermieterin freundlich wegen Licht an. Sie antwortete gereizt: „Meine Eltern haben ihr ganzes Leben da gelebt, ohne Licht. Jetzt kommen die Flüchtlinge, und es muss plötzlich Licht sein."

„Dürfen wir vielleicht vom Dachboden ein paar alte Stühle ausleihen?" Ihre Antwort war ein schroffes „Nein!"

Die Einheimischen hatten den Flüchtlingen gegenüber Vorbehalte. Sie sahen uns als lästige Konkurrenz im Kampf um materielle Dinge. Auf uns Vertriebene wirkte die abweisende Gleichgültigkeit verletzend.

Aber es dauerte nicht lange, da ließen unsere Nachbarn Annäherung zu, hier und da ein freundliches Lächeln, ein paar Worte im Vorbeigehen. Und wie im Sommer langsam die Wärme in alle Räume dringt, so breitete sich das Verständnis auch in den Herzen aus. Die Gespräche wurden vertrauter.

„Drei meiner Söhne sind vermisst, und der Einzige, der bei uns lebt, ist arbeitsunfähig. Er hat eine kranke Seele bekommen."

Frau Benke ließ es dankbar zu, dass ich sie tröstend in den Arm nahm.

Onkel Max aus Kanada schickte uns ab und zu ein Paket mit Kaffee und Lebensmitteln. Dieses Mal waren Handtücher dabei mit dem Kommentar: „Die Farbe der Tücher passt nicht zu unseren Badezimmerfliesen."

„Die sind wohl übergeschnappt. Umso besser für uns."

„Ein Pfund Kaffee und den Speck können wir aufsparen", schlug mein Vater vor. „Vielleicht bekommen wir dann eher einen Elektriker." Naturalien waren beliebt.

„Den Honig von mir aus auch." Ich hatte verzichten gelernt.

Wie glücklich war ich, als im kleinen Zimmer Licht gelegt wurde, so dass ich abends noch länger würde lesen können.

„Und im anderen Raum?", fragte der Elektriker, ein junger freundlicher Mann. Wir zeigten ihm die nicht funktionierende Gaslampe.

„Ich besorge Ihnen einen Strumpf dafür", meinte er hilfsbereit. „Konnten Sie gar keinen Hausrat mitnehmen?"

Er war der Erste, der sich ernsthaft für unser Schicksal interessierte und viele Fragen stellte.

„Mit nur einem Rucksack? Unvorstellbar! Und wie lange waren Sie unterwegs?"

„Von Ende Januar bis Ende Februar."

„Ohne Waschgelegenheit, ohne richtige Schlafstätte!? Ich kann das gar nicht fassen."

Er schaute nachdenklich. „Dann wird es Zeit, dass Sie es gemütlich bekommen. Mein Bruder könnte die Löcher in den Wänden beseitigen. Hier waren sehr viele Bombenangriffe, aber aus der Heimat fliehen zu müssen, in ständiger Angst, ist sicher noch eine ganz andere Geschichte."

So viel Mitgefühl tat gut. Wir waren unendlich dankbar, auch für die tatkräftige Hilfe, und entlohnten so großzügig, wie es uns möglich war.

„Heute ist wieder ein Paket von Herrn Kaduras Sohn angekommen", begrüßte mich meine Mutter ein paar Tage später, als ich von der Arbeit kam. „Ich habe es zu den anderen auf den Dachboden getragen."

„Ich bin gespannt, wann die Familie rüberkommt."

Sohn und Schwiegertochter von Herrn Kadura waren Ärzte in Jena.

Auch sie wollten in den Westen. Sie hatten Röntgenapparate und andere medizinische Geräte auseinandergelegt und schickten die Teile an unsere Adresse.

Eine Tagung in Karlsruhe nahm der Sohn schließlich zum Anlass, zusammen mit seiner Frau im Westen zu bleiben.

Herr Kadura Junior kam eines Tages mit einem Rotes-Kreuz-Wagen nach Moers, parkte ihn in der kleinen Gasse vor unserem Haus und schleppte die Sachen von dem völlig zugestellten Speicher in das Fahrzeug.

„Ich wollte ihm helfen", erzählte meine Mutter abends und war noch beeindruckt von der Ausstrahlung des hoch aufgeschossenen, gutaussehenden Arztes.

„Er musste sich extrem ducken, als er die schmale Stiege zum Dachboden erklomm. Aber er ließ meine Hilfe nicht zu. ‚Sie haben schon genug Arbeit mit mir gehabt', lächelte er und drückte mir nach getaner Arbeit Kaffee und zwei Rezepte über Lebertran und Süßungsmittel in die Hand."

Am folgenden Tag fragte uns die Vermieterin, ob mit meinem Vater etwas nicht in Ordnung sei. Sie hatte den Rotes-Kreuz-Wagen wegfahren sehen.

„Wir können froh sein, dass wir Onkel Max haben", meinte meine Mutter, als wieder ein Paket von ihm ankam. Dieses Mal schickte er Garderobe für uns alle. Mir ein wunderschönes Kleid, cremefarbener Untergrund mit bunten Blumen, ärmellos, eng geschnitten, der Kragen schalartig. Zu der Zeit war ich mit 105 Pfund ausgesprochen schlank.

Meine Mutter bekam eine dünne Strickjacke, die sie noch Jahre tragen würde, mein Vater einen seidenen Schal, den er staunend betrachtete und lange Zeit ehrfurchtsvoll in der Verpackung beließ.

„Zu schade, als dass ich ihn trage."

Im August 1947 – ich kam müde vom Dienst – stand meine Mutter in der Tür, mit einem Gesichtsausdruck, der angespannte Freude verriet, einen Briefumschlag in der Hand. „Post von Geiers. Sie haben dir einen Brief nachgeschickt."

„Rudi lebt!", schrie ich, den aufgerissenen Briefumschlag mit dem Briefbogen in der Hand, so aufgedreht und ungestüm, dass man es bestimmt noch auf ganzer Länge der kleinen Straße hören konnte.

Aber dann kam, unerwarteter und heftiger als alles zuvor, die unglaubliche Enttäuschung. Ich las die Zeilen, wieder und wieder. Der Boden unter mir schien zu wanken.

„Was ist?", fragte meine Mutter, als ich mich hinsetzen musste. „Du bist ja ganz bleich."

„Schon im Dezember 1946 ist Rudolf aus der Gefangenschaft zurückgekehrt", gebe ich den Inhalt des Briefes wieder. „Ein paar Tage blieb er bei seiner Frau und Mona, dann Monate im Krankenhaus, da es ihm schlecht ging mit 102 Pfund Gewicht bei 1,80 m Größe. Und jetzt erst, fast ein Jahr später, meldet er sich bei mir!"

„Er mutet dir viel zu, Käthchen", äußerte mein Vater, der sich so gut wie nie einmischte und sah, wie sehr ich litt.

‚Konnte Rudi sich gar nicht vorstellen', dachte ich voller Enttäuschung, ‚mit welchen Ängsten ich lebte, weil ich lange kein Lebenszeichen von ihm erhalten hatte!?'

Ich schaffte es nicht, sein Verhalten zu verstehen, so sehr ich es auch versuchte.

Immer und immer wieder las ich Rudolfs Brief. Meine Gefühle fuhren Achterbahn.

Ich war noch sehr verliebt, aber in meiner Enttäuschung ohne Boden unter den Füßen, schwankend wie ein Boot im Sturm. Wie sehr hatte sich der Mann verändert, der mir seine unendliche Liebe in unzähligen Briefen geschworen hatte? War bei ihm gar keine Sehnsucht, mich wiederzusehen?

„Du hättest erwartet, dass wir uns so schnell wie möglich treffen, aber so elend, wie ich aussah, wollte ich dir nicht gegenübertreten. Du hättest einen Schrecken bekommen."

Sicher, mit uns hätte Rudolf schlecht zu Verwandten in den Westen mitkommen können, wir hatten ja selbst noch eine ungewisse Zukunft, weder eine Bleibe noch Arbeit. Dazu waren zu damaliger Zeit so unklare Familienverhältnisse keine gute Voraussetzung. Aber dass Rudolf sich nach der Gefangenschaft gar nicht gemeldet hatte, um mir zumindest die Ängste zu nehmen, konnte ich beim besten Willen nicht begreifen.

Ich schrieb ihm und bekundete mein Unverständnis, voller Wut und noch mehr Verzweiflung. Ich sei noch jung, er könne jetzt in der Nähe seiner Familie einen erneuten Versuch beginnen. Es sei das Beste, jeder würde seinen Weg gehen.

„Wir kommen beide aus verschiedenen Welten. Ich kenne in meinem Elternhaus nur Vertrauen, Frieden, füreinander da sein, Liebe und Geborgenheit. Du hast jetzt eine gute Stellung, hier würde der Anfang nicht leicht sein."

Aber da merkte ich schon, wie schwer es mir fiel, solch zweifelnde Worte wirklich stehen zu lassen. Die Liebe zu ihm war da, unerschütterlich. Ich zwang mich jedoch, den Brief abzuschicken. Ich wollte sicher sein, dass Rudolf sich seinen Entschluss gut überlegt.

Darauf kamen rührselige Briefe. Er habe alles verloren, der Mensch brauche Halt, sonst gehe er unter. Was er und seine Eltern zu Hause verloren hätten, könnte er noch verkraften. Wenn er mich noch verlöre, wäre es für ihn der Abgrund.

„Lass deine Welt auch meine werden", schrieb er, „Oder sag mir ehrlich, falls du jemand anderen gefunden hast."

Ich weinte ergriffen, als ich Rudolfs Brief las. Ich hatte ihn unendlich lieb und wollte mein Leben mit ihm teilen.

32

Magda hatte im Dezember 1947 ihr drittes Kind, Bert, geboren. Wir sahen uns oft.

Im Frühling des folgenden Jahres – es war ein sonniger Tag – holte ich Bert zum Spaziergang ab. Ich legte ihn in Magdas alten Kinderwagen und fuhr Richtung Stadtpark.

Ich genoss es, immer wieder stehen zu bleiben und in den Wagen zu gucken – Bert strahlte mich mit seinen blauen Kulleraugen an, und ich streichelte seine rosigen Wangen.

Dann war er eingeschlafen. Ich schlenderte versunken weiter. ‚Wenn du selbst mal so einen kleinen Sonnenschein hast', da plötzlich löste sich ein Rad des schäbigen Vehikels. Es rollte und rollte, da der Gehsteig in Höhe der Kirche abschüssig war. Bert, durch das Geruckel aus dem Schlaf gerissen, fing bitterlich an zu weinen.

Gerade in dem Moment kamen zwei Polizisten vorbei. Ich kannte sie alle, da ich in der Personalabteilung arbeitete. Sie grinsten beide.

„Haben wir gleich wieder", meinte der eine und lief hinter dem Rad her. Sie halfen, es zu montieren. Ich hätte im Erdboden versinken können.

‚Ob sie wohl dachten, dass es mein Kind sei, das ohne Vater aufwachsen muss?!'

„Ein paar Tage werde ich mir freinehmen", besprach ich meine Pläne mit Fräulein Hartmann. „Ich muss mich um meine Sachen in Thüringen kümmern. Das Geschirr können wir gut gebrauchen."

Sie nickte verständnisvoll.

„Ich habe gehört, dass man von der Militärregierung eine Genehmigung für einen Platz im Interzonenzug bekommen kann."

Gesagt, getan, ich fuhr eines Tages mit den erhaltenen Papieren los. Ich wollte von der Insterburger Spedition, die jetzt in Jena war, meine große Kiste mit Hausrat und Büchern weiter nach Moers leiten.

In Thüringen konnte ich meine Pläne erfolgreich ausführen, hatte ein tränenseliges Wiedersehen mit Familie Geier und traf Cousine Meta kurz vor meiner Abreise.

„Ich komme in ein paar Tagen auch in den Westen", strahlte sie.

„Kannst du ein paar Sachen für mich mitnehmen? Ich habe einige Lebensmittel aufgespart und noch ein paar andere Kleinigkeiten."

„Ja, gerne", versicherte ich ahnungslos.

Ich hob das zusammengeschnürte Paket hoch und stutzte.

„Hast du Mühlsteine eingepackt?"

Aber da Meta uns während der gemeinsamen Zeit in Thüringen manchen Gefallen getan hatte, willigte ich ein.

‚Ohne Umstieg werde ich es schon schaffen.'

Erst in Helmstedt stellte sich heraus, dass ich, weil ich keine Platzkarte hatte, nicht den durchgehenden Interzonenzug zurück nach Duisburg nehmen konnte.

Auf dem Bahnhof saß ich nun fest wie viele andere auch.

‚Und dann auch noch die schweren Sachen von Meta! Wie soll ich hier wegkommen?!'

„Es gibt morgen früh eine Möglichkeit, schwarz über die Grenze zu fahren", sprach mich ein älterer Herr an, der mich wohl in meiner Hilflosigkeit beobachtet hatte.

So ergab ich mich in mein Schicksal, die Nacht auf dem Bahnhof auszuharren.

Kaum ein Auge zugetan, reihte ich mich am nächsten Morgen in die Schlange ein, in der auch der freundliche Herr stand.

Es dauerte nur ein paar Minuten, da hielt ein offener LKW neben uns, der mürrische Fahrer stieg aus.

"Pro Person 20 Reichsmark", raunte er und kassierte in grober Betriebsamkeit, eine grausliche Geruchsfahne aus Schweiß, Tabak und Restalkohol hinter sich herziehend. Es war ganz früh morgens, noch schummrig und kalt.

Wir wollten gerade losfahren, als russischer Grenzschutz anrückte.

"Schnell runter!", schrie uns der Fahrer an.

Alle sprangen in Windeseile vom Wagen und stiebten los in der Angst, noch bestraft zu werden.

Ich sprang als Letzte. Niemand war mehr da, als ich die schwere Last vom Wagen zog und versuchte, sie in meinen Armen zu halten. Mehr ein Abbremsen, aber es schien nichts zerbrochen zu sein.

Ich eilte den anderen hinterher, die sich zu Fuß auf den Weg durch den Wald machten, immer den Schienen entlang. Ich versuchte, das Tempo zu halten mit meinem Gepäck. Ein Stück schaffte ich es. Ich musste die Last immer wieder kurz abstellen und dann schnell weiterlaufen.

Plötzlich war niemand mehr zu sehen. Ich schleifte weiter die Schienen entlang, mutterseelenallein, rechts und links Wald.

‚Wenn jetzt Russen auftauchen und den Gang über die grüne Grenze verhindern!? Oder mich übel belästigen! Weit und breit niemand, der mir helfen könnte. Ich hätte keine Chance.'

Tränen liefen mir über die Wangen. Die panische Angst steigerte sich von Minute zu Minute. Sie wurde zur Qual!

‚Wie konntest du dich in solch eine Situation bringen!?', verstand ich mein naives Verhalten plötzlich überhaupt nicht mehr.

Dazu die gefühlte Erschöpfung. Der Drang, die Sachen stehen zu lassen, packte mich immer nachdrücklicher.
‚Nein!', sagte ich mir. ‚Sie sind dir anvertraut worden. Du musst es schaffen!'
„Wie kann man so ein Schaf sein!", würde Rudolf später mit mir schimpfen.
Ich erreichte schließlich die Grenze, mir war schwindelig und übel. Aber ich war wieder im Westen. Hier konnte ich in den Zug steigen.

Täglich kam jetzt Post von Rudolf. Enthusiastisch erzählte er von Weisenheim an der Weinstraße, wo er als Soldat stationiert war.
„Ich kann vielleicht das Weingut übernehmen. Der Weinberg ist wunderschön gelegen, ein kleines Paradies, wie geschaffen für unsere Liebe, die es so nur einmal gibt."
Es erreichten mich aber auch üble Briefe. Briefe von Rudolfs Frau, die unsere Anschrift ausfindig gemacht hatte. Die ersten beiden öffnete ich arglos. Es war eine Sprache, die mir fremd war.
„Ist das Wort ‚Anstand' ein Fremdwort für Sie", giftete sie, „dass sie einer unbescholtenen Frau den Mann wegnehmen müssen!?"
Der nächste Brief war an meine Eltern gerichtet: „Soll er doch Ihre Tochter quälen, die es nicht anders verdient hat."
Selten habe ich meine Eltern so niedergeschlagen erlebt. Ich konnte nächtelang nicht schlafen. Ihre Qualen potenzierten meinen Schmerz.
„Lasst weitere Briefe ungeöffnet zurückgehen", meinte Rudolf. „Wenn ich erst mal im Westen bin, kläre ich alles."
Wir folgten seinem Rat.

Schließlich kam Rudolf Anfang Juni 1948 schwarz über die Grenze.

„Zum ersten Mal in meinem Leben hatte ich solch starkes Herzklopfen, dass ich befürchtete, mein Herz zerreißt", gestand er mir später. Es drohte die Festnahme als Zonenflüchtling.

Rudolf suchte seine Brüder auf, die es nach Herford verschlagen hatte. Erst war Fritz dorthin gekommen (er verstarb schon 1949), kurz darauf Erwin, der in französischer Gefangenschaft unter Lebensgefahr Minen räumen musste.

In Herford angekommen, fragte Rudolf die Bäuerin, bei der seine Brüder wohnten, mit dem ihm eigenen Humor: „Haben Sie hier zwei Löwen?"

Die Bäuerin guckte erstaunt. „Viel Viehzeug, ja, aber Löwen doch nicht!"

Und da springt auch schon wieder Nicki an der Terrassentür hoch.

> In den Herbstferien vor drei Jahren passierte es, dass wir in „unserer" Bucht nahe einer kleinen Taverne eine große Holzkiste mit fünf jungen Hunden entdeckten.
>
> „Ich weiß nicht, ob wir sie anfassen dürfen", äußerte ich Steffi und Florian gegenüber, als sie ganz ungeduldig bettelten. „Vielleicht bekommen wir Ärger mit ihrer Mutter, die bestimmt hier in der Nähe ist."
>
> „Ihr könnt sie streicheln."
>
> Wir drehten uns um.
>
> „Ich bin Klaus. Schon ganz oft mit meinem Bulli hier in dieser Ecke. Ich wollte vor zwei Jahren die Mutter, eine tolle Jagdhündin, mit nach Deutschland nehmen, weil der Tavernenbesitzer sich nicht kümmert. Er wolle überlegen, hat er damals gesagt."
>
> Klaus hatte unsere zögernde Haltung wohl schon eine ganze Weile beobachtet.

„Wie alt sind die Kleinen?"

„Vier Wochen. Ich habe sie in einer verdreckten Scheune hier ganz in der Nähe entdeckt. Die Mutter hatte keine Milch, und die Kleinen waren schon fast verhungert. Nehmt sie ruhig auf den Arm."

Klaus half ein wenig, zwei der scheuen Hunde aus der Kiste zu nehmen. Steffi und Florian hielten sie behutsam in der Armbeuge.

„Ich suche Pflegeeltern. Alle kann ich nicht selbst behalten, aber ich könnte sie in meinem Bulli nach Deutschland mitnehmen, wenn ihr euch entschließt."

Wir waren spontan vernarrt in die kleinen Knäuel. Dann aber schaltete sich der Verstand ein. Wir hatten das Thema „Hund" schon öfter mit Steffi und Florian diskutiert, und immer entschieden: „Wir haben keine Zeit dafür, wir müssten uns zu sehr bei anderen Dingen einschränken."

„Wir können uns abwechseln mit Gassi gehen", sprudelte es aus Steffi heraus. Sie zappelte aufgeregt in den Knien, hoch und runter.

„Ja, am Wochenende übernehmen wir komplett den Hundedienst", ergänzte Florian voller Begeisterung, und als von uns noch kein Echo kam: „Auch jeder einmal vor der Schule."

„Und wir nehmen sie oft mit in den Park, wenn wir uns mit den anderen treffen. Oh ja, das wird schöööön!" Sie plapperten wild durcheinander. „Weihnachten wird sooo schön!"

„Wir wollen auch nichts anderes haben!"

Jörg und ich mussten schmunzeln.

Wir wussten, dass die kleinen Hunde genauso jämmerlich leben würden wie so viele Straßenhunde in Griechenland. Jörg war der Skeptischere von uns beiden, aber der Euphorie konnte er sich kaum entziehen.

„Welcher würde euch denn am besten gefallen?" Ohne zu zögern war die Antwort: „Die Scheueste unter dem Tisch, die braucht uns am meisten."

Steffi wollte sie hervorholen, aber sie war nicht mehr dort. Helle Aufregung bei allen.

Wir fanden sie schließlich im abschüssigen Gebüsch unweit der Terrasse.

Sie ließ sich von Steffi auf den Arm nehmen und schmiegte sich an. So niedlich und liebebedürftig! Wir waren schon fast verloren.

„Lass uns Olaf anrufen", schlug ich vor, „der hat Erfahrung mit griechischen Hunden."

Wir riefen ihn an, einen Freund, der vorwiegend in Griechenland lebt und auch einen griechischen Hund aufgelesen hat. Er kam zur Beratung an den Strand.

Ein Ehepaar, das in der Bucht badete, verfolgte gespannt die Findungsphase. Als es gut für die kleine Hündin auszusehen schien, meinten sie freudestrahlend zu ihr gewandt: „Du Glückspilz".

Letztendlich haben wir aus dem Bauch heraus entschieden und unseren Entschluss nie bereut.

Tragisch ist, dass die beiden Hunde, derer sich Klaus und seine Partnerin Bea angenommen hatten, um sie vor einem armseligen Leben in Griechenland zu bewahren, auf der Autobahn vor deren Augen überfahren wurden.

„Die Hunde gehorchen aufs Wort, von Anfang an", hatte Klaus geschwärmt und eine Leine abgelehnt, was eine Fehleinschätzung war, die die Hunde das Leben kostete, dem Pärchen ein Trauma versetzt hat.

Von den fünf Hunden des Wurfes blieben zwei in Griechenland. Ob ihnen ein längeres Leben beschieden war?

33

1948

Rudolf war nur zwei Tage bei seinen Brüdern in Herford und kam mit dem Zug nach Moers.

Der Tag des Wiedersehens, auf den ich unendlich lange gewartet und den ich mir in meinen Träumen ähnlich wie in einer Märchenszene von dem wiederkehrenden Prinzen und der sehnsüchtig wartenden Prinzessin vorgestellt hatte, sollte nun Wirklichkeit werden!

Viel zu spät kam ich von zu Hause los, weil die Aufregung mir auf den Darm geschlagen war. Ich lief zum Bahnhof in meinem cremefarbenen Kleid, dessen Enge mir nur Trippelschritte erlaubte, und direkt auf den Bahnsteig.

Da stand er schon, ganz schmal geworden, ernst, mit einem winzig kleinen Köfferchen in der Hand, seine schönen Augen leuchteten nicht mehr. Es war ein beklemmendes Gefühl. Rudolf war mir fremd geworden.

‚Wie kann das sein?', kam ein kurzer dunkler Gedanke. ‚Vielleicht, weil ich ihn noch nie in Zivil gesehen hatte?'

Zum Weglaufen war es zu spät, für euphorische Freude zu enttäuschend.

Jetzt lief Rudolf entschlossen auf mich zu, breitete seine Arme aus, und plötzlich erhellte sich sein Gesicht, er strahlte mich mit den vertrauten, schönen Augen an. Ich ließ mich gerührt, ganz zaghaft, in seine Arme gleiten.

„Du bist noch hübscher geworden", flüsterte er und liebkoste mit einem zärtlichen Kuss meine Augen, die feucht geworden waren.

Das Fremde war erstaunlich schnell verflogen, wenngleich ich mir das Wiedersehen, durch jahrelange Ausschmückung in der Fantasie, erhebender vorgestellt hatte.

Was genau sich in den letzten Monaten ereignet hatte, wussten wir voneinander nicht. Wir erzählten bis spät in die Nacht von unseren abenteuerlichen Begegnungen, von schmerzenden Ereignissen, erzählten von Bangen und Hoffen, schwelgten in Zukunftsfantasien, um dann auch über einen längeren Zeitraum miteinander zu schweigen, um nur die Nähe des anderen zu spüren.

„*In der russischen Gefangenschaft habe ich in der Nähe der Wolga beim Waldroden helfen müssen*", *erzählte Rudolf.* „*Die Bäume wurden gefällt, die Stämme dann zur Wolga gebracht, zusammengebunden und als Flöße ins Wasser gelassen. Es war harte Arbeit und eine schlimme Zeit für mich. Zu essen bekamen wir kaum etwas. Ein paar Früchte auf den Feldern, Beeren und Gurken halfen uns zu überleben. Ich hatte Wasser in den Beinen und schleppte mich später mit Gelbsucht herum, mehr tot als lebendig.*"

Ich streichelte ihn voller Hingabe. ‚*Ich werde alles tun, dass mein geliebter Schatz das Schlimme vergessen kann und ein glücklicher Mensch wird.*'

„*Schließlich kam ich in ein Erholungslager. Kameraden, die mich später wiedersahen, waren erstaunt, denn sie hatten nicht geglaubt, dass ich überleben könnte.*"

„*Auf der Flucht war ich phasenweise verzweifelt und des Lebens müde*", *unterbreche ich Rudolf.* „*Aber dann habe ich an dich gedacht und dass ich auf dich warten soll, dass mein Warten dich beschützt, und plötzlich war mein Lebensmut wieder geweckt.*"

„*Du siehst, es hat gewirkt*", *strahlte er.* „*Einer russischen Ärztin verdanke ich vielleicht mein Leben. Sie sorgte dafür, dass ich mich ausruhen durfte. Wenn Aufseher vorbeikamen und befahlen, dass ich arbeiten solle,* ‚*raboti*'*, meinte die Ärztin immer nur:* ‚*Löw liegen, Löw liegen*'*. Ich glaube, sie hatte sich in mich* *verguckt." Rudolf war sich seiner Wirkung auf Frauen immer bewusst.*

„,Löw liegen' sagte er später oft und schmunzelte dabei, wenn er sich auf der Couch ausruhte", werfe ich ein. „Humor hatte er reichlich. Fallen dir noch andere Kriegsgeschichten von Papa ein?"

„Ja, er hatte schon seit seinem 21. Lebensjahr einen Führerschein und fuhr im Krieg einen jungen Hauptmann. ‚Der hatte Angst, wenn wir durch Wälder fuhren und überall Partisanen drohten. Ich musste ihm Mut machen. Seine Sorge war stets, dass niemand erfahren sollte, dass er so furchtsam war, deshalb sollte ich mit niemandem darüber sprechen. Aber er war nach eigenen Angaben sehr froh, an mich geraten zu sein.' Im Laufe der Zeit vertraute er Papa absolut, weil er merkte, dass dieser ein gutes Gespür für Gefahren hatte, ‚einen siebten Sinn', wie Papa es nannte."

„Ich denke gerade daran, dass Papa mit einem Augenzwinkern erzählte, wie er in Gefangenschaft Kartoffeln und Zwiebeln vom Feld schmuggelte: ‚Die anderen stopften sich die Taschen voll, dass sie sofort auffielen und alles wieder abgeben mussten. Ich habe in die Umschlagfalte meiner Hose, rundherum, fein säuberlich, nur kleine Kartoffeln und Zwiebeln aufgereiht. Niemand bemerkte etwas.' Er freute sich bei der Erinnerung daran wie ein Lausbub."

Meine Mutter seufzt. „Diese Seite habe ich an ihm besonders geliebt, den Humor, die Lebenslust. Schwieriger war es mit seine fehlenden Verlässlichkeit. Mich quälte lange Zeit die Tatsache, dass er sich nach der Gefangenschaft fast ein Jahr nicht gemeldet hatte."

Eines Tages sprach ich Rudolf noch einmal darauf an. Da gestand er mir, dass er ein kurzes Techtelmechtel mit einer jungen Krankenschwester gehabt hatte.

„Sie hat mich nicht in Ruhe gelassen", versuchte er seine Untreue auf sie abzuschieben. „Ich habe ihr von dir erzählt, aber sie kam mich, wenn sie frei hatte, nachts in meinem Zimmer besuchen. ‚Nur kurz!', bettelte sie dann."

Rudolf sah mich an, und ich meinte, einen Anflug von Überheblichkeit zu spüren. „Aber für mich war die Episode ohne Bedeutung."

Ich war fassungslos, sprachlos. Ich starrte ihn an.

‚Wie konnte dieser wunderbare Mann, der mir romantische Briefe mit tiefgründigen Liebesbeteuerungen geschrieben hatte, mich so betrügen!? Und – was fast noch schlimmer war – wie konnte er mich ganz beiläufig, fast nüchtern, mit den schlimmsten Tatsachen konfrontieren, noch mit einem Unterton von männlicher Prahlsucht!?

Er schien meine unendliche Verletztheit gar nicht bemerkt zu haben und erzählte weiter von seiner Zeit in Radegast: „Ende 1947 habe ich mich in der Nähe von Halle an der Saale, Sachsen-Anhalt (sowjetische Besatzungszone) bei einer Brennerei beworben. Ich hatte dort in jungen Jahren vor meiner Selbstständigkeit gearbeitet. Der Senior war verstorben. Der Sohn Horst konnte sich an mich erinnern und hat mich sofort als Destillateur eingestellt. ‚Mein Vater hat mich in diesen Beruf hineingedrängt', gestand mir Horst. ‚Ich habe es schon als Kind gehasst, wenn er mit einer Alkoholfahne nach Hause kam und meine Mutter beschimpfte. Ich wäre so gerne Schreiner geworden.' Horst tat mir leid. ‚Wenn du mal Kinder hast', habe ich mir geschworen, ‚sollen sie selbst entscheiden, was sie beruflich machen wollen.' Er gab mir volle Handlungsfreiheit und war immer seltener in der Brennerei. Als ich ihm mitteilte, dass ich weggehen würde, schien er völlig verzweifelt. Hast du mir eigentlich noch zugehört?" Rudolf schaute mich an. Ich war mit meinen Gedanken abgewandert.

Noch monatelang hatte ich Mühe, mit meiner Enttäuschung zurechtzukommen.

34

1949

Auch für Rudolf war der Anfang im Westen schwer. Er kam ohne offizielle Zuzugsgenehmigung, bekam daher keine Lebensmittelkarten und auch keine vierzig Deutsche Mark bei der Währungsreform.
„Das Geld fehlt mir heute noch", wird er später scherzen.

„Ich versuche mein Glück bei Coca Cola." Rudolf hatte nach ein paar Tagen der Bedrücktheit Mut geschöpft und stellte sich dort vor.
In Schlesien hatte er die Alleinvertretung für einen größeren Bezirk inne und erhoffte sich nun von dieser Firma Hilfe, die ihm anfangs in Aussicht gestellt wurde.
„Sie haben Coca Cola im Kreis Lüben gut eingeführt, und wir werden versuchen, Sie wieder in den Betrieb einzubauen", wurde ihm dort gesagt.
Eine Geschäftsverbindung kam jedoch aufgrund von Rudolfs fehlendem Vermögensnachweis nicht zustande. Pro Einwohner des jeweils zugeteilten Kreises brauchte man eine D-Mark Startkapital. Moers als großer Kreis war utopisch für Rudolf.
Er war entmutigt. „Wenn ich mich bei einer Firma als unbeschriebenes Blatt bewerbe, habe ich überhaupt keine Chance. Ich kann noch nicht einmal gute Zeugnisse vorlegen."
Alles war während des Krieges und in russischer Gefangenschaft verlorengegangen.
Schließlich kam er auf die Idee, einen guten Bekannten aus seinem Heimatort, der in Moers als Standesbeamter tätig war, zu bitten, eine Erklärung zu seiner Person abzugeben. Dieser schrieb:

Herr Rudolf Löwe, geboren am 7. Dez. 1905 in Kotzenau, Kreis Lüben in Niederschlesien, ist mir seit dem Jahre 1930 sehr gut bekannt.

Sein Vater hatte in Kotzenau eine Likörfabrik mit Gasthausbetrieb und war Eigentümer von noch weiteren drei Grundstücken. Beide Elternteile sind mir als ehr- und achtbare alte Kotzenauer Bürger ebenfalls gut bekannt.

Herr R. Löwe ist gelernter Kaufmann und Destillateur und leitete, als ich ihn kennen lernte, den elterlichen Betrieb. Im Jahre 1931 gründete er die Firma Niederschlesische Mineralwasserfabrik in Kotzenau, verbunden mit einer Bier- und Weingroßhandlung, deren Inhaber er auch war. Es war eines der größten Unternehmen dieser Branche in der dortigen Gegend und erlebte nach einigen Jahren einen erheblichen Aufstieg.

Herr Rudolf Löwe ist mir als ehrlicher, strebsamer und unbedingt verlässlicher und vertrauenswürdiger Mensch bekannt. Er besitzt einen guten Leumund und hat sich meines Wissens Verfehlungen irgendwelcher Art nicht zu Schulden kommen lassen. Auf Grund seiner charakterlichen Veranlagung und bisher einwandfreier Führung halte ich ihn für die Übernahme eines Vertrauenspostens für durchaus geeignet.

Überglücklich hatte ich bei der Polizei von Rudolfs Eintreffen erzählt.

„Aber es ist schwer für ihn, Arbeit zu finden. Wenn Sie etwas hören und uns helfen könnten, wäre ich Ihnen dankbar", sprach ich einen Polizeiinspektor an, mit dem ich viel zusammenarbeitete.

Tatsächlich vermittelte er den Kontakt zu „Weber und Wenzel", einer Getränkefabrik, die Rudolf zum Bewerbungsgespräch einlud und einen Tag lang als Destillateur zur Probe arbeiten ließ.

Er kam missmutig nach Hause und ließ viele Fragen unbeantwortet. „Wir warten einfach mal ab", wollte ich ihm Mut machen. „Vielleicht ist es besser gelaufen als du denkst."

Rudolf bekam positiven Bescheid für die mit fünfhundert Deutsche Mark gut dotierte Stelle.

‚Welch glückliche Fügung', dachte ich dankbar, geradezu euphorisch.

Aber noch bevor ich meine große Erleichterung in dieser schweren Zeit zum Ausdruck bringen konnte, meinte Rudolf, irgendwelche Zweifel gar nicht zulassend: „Ich fange dort nicht an. Unmöglich, da wird man mit der Stechuhr kontrolliert."

Für Sekunden war ich wie vor den Kopf geschlagen, unfähig, etwas zu entgegnen.

Schnell erholte ich mich von dem Schock und ließ mir nichts anmerken. Meine zärtlichen Gefühle erstickten jeden aufkeimenden Einwand nachhaltig.

‚Mein Liebster soll sich hier wohlfühlen', war mein oberster Wunsch.

Rudolf wohnte mit uns in der Friedrichstraße. Meine Eltern und ich teilten das winzige Zimmer, in dem wir auch kochten. Das größere Zimmer überließen wir ihm. Wir holten Wasser vom Hof und wuschen uns in der Waschschüssel unter der Treppe. Sonnabends nahmen Rudolf und ich ein Wannenbad in der öffentlichen Badeanstalt.

Er lobte die herzliche, vertrauens- und rücksichtsvolle Atmosphäre, die bei uns herrschte.

„Dass deine Eltern und du so bescheiden zusammenrücken, um mir das große Zimmer zu geben, kann ich kaum annehmen. Ich werde alles wiedergutmachen."

Ich drückte ihn liebevoll an mich. „Alles möchte ich mit dir teilen!"

„Wenn morgen mein Bruder Erwin aus Herford kommt", freute sich Rudolf, „wird er sich hier bestimmt wohlfühlen."

„Es ist schön, dass ich wenigstens einen kleinen Teil deiner Familie kennenlerne." Seine Eltern waren schon gestorben.

Als ich Erwin das erste Mal sah, war ich enttäuscht. Ich hatte ihn mir stattlich und eloquent wie seinen Bruder vorgestellt. Obwohl zwei Jahre jünger als Rudolf, wirkte er alt mit seiner fahlen Haut, dem schmalen kantigen Gesicht, dem schäbigen Anzug. Er war wortkarg und distanziert.

Aber schon ein paar Tage später wandelte sich meine Einschätzung, weil Erwin Charme, Höflichkeit und Einfühlungsvermögen für sich entdeckt zu haben schien.

„Erwin ist dir gegenüber ganz anders als sonst", bemerkte Rudolf nach einer Woche. „So redselig und aufmerksam."

Er sprach das aus, was mir seit Tagen auffiel, mich manchmal sogar irritierte.

„Was ist eigentlich", fragte Erwin, „wenn deine Frau sich nicht scheiden lässt?"

Rudolf reagierte unwirsch auf die vieldeutige Frage. Erwin hielt von da an Abstand zu mir.

Viele Jahre später wird er mir gestehen, dass er gehofft hatte, Rudolf finde den Weg zurück zu seiner Familie und ihm würde Tür und Tor zu mir offenstehen.

Rudolf hatte mir seinen Bruder als Traumtänzer beschrieben, der zwar in Schlesien erfolgreich eine Lehre als Schreiner absolviert hatte, aber seinen Elan in irgendwelche Tüfteleien steckte und Patente anzumelden versuchte.

„Im Kassenbuch der Mutter waren Eintragungen: Erwin 10.000 RM, Erwin 500 RM, Erwin 1.000 RM und so weiter und das über Jahre. Aber für eine neue Hose blieb nie etwas. Und für eine Partnerin auch nicht", meinte Rudolf. „Der arme Tropf!"

Wenig später erzählte er: „Erwin entwickelte ein Flugzeug mit Düsenantrieb. Er behauptete später, das Düsenpatent hätten andere ihm gestohlen. Als das Flugzeug in Kleinformat fertiggestellt war, reichte er Sonderurlaub im Luftfahrtministerium ein, um es starten zu lassen. Er erhielt positiven Bescheid, unterzeichnet von Göring. Für den besagten Tag bestellte Erwin einen Rollwagen, das Flugzeug wurde darauf verfrachtet. Familie und Freunde waren gekommen, ich hatte mir den Tag auch frei gehalten. Er ließ es auf einem Acker starten. Das Flugzeug setzte sich rasch in Bewegung, stieg erst langsam empor und dann höher und höher. Die Blicke zum Himmel gerichtet jubelten wir alle hellauf begeistert. Ich beobachtete Erwin. Er staunte und strahlte wie ein Kind, das gerade das letzte Klötzchen auf einen hohen Turm gesetzt hat, der leicht wackelt, aber nicht umfällt. Doch weniger als zehn Sekunden später senkte sich ganz plötzlich die Nase des Flugzeuges und es fiel – schneller als es gestiegen war - abrupt herunter, senkrecht wie ein Stein. Völlig zerstört lag es am Boden, so wie Erwin, der tagelang nicht ansprechbar war. Unsere Eltern machten sich Sorgen, und ich ließ ihn auch nicht aus den Augen ..."

35

Im Juni 1948 zogen die Preise an. Jeder versuchte noch, Reichsmark anzulegen, aber der Markt war begrenzt, der Großteil nur „Tinnef", klobiges, stumpfes Küchengerät, minderwertige Kosmetik wie Zementzahncreme, bröckelnde Lippenstifte und vieles Geschmacklose.

Die Menschen jagten straßauf, straßab, bis sie den letzten Hunderter an den Mann gebracht hatten. Stündlich kletterten die Preise für gute Sachen. Aus den Schaufenstern verschwanden viele Waren.

„Krankheitshalber geschlossen" ... „wegen Materialbeschaffung vorübergehend geschlossen". Plötzlich war alles „ausverkauft".

> **Am 18. Juni 1948 die Radiomeldung:**
> ‚Das erste Gesetz zur Reform der deutschen Währung, das von den Militärregierungen der USA, Großbritannien und Frankreichs erlassen wurde, tritt am 20. Juni in Kraft, Abwertung 10:1. Die neue Währung heißt Deutsche Mark, das alte Geld wird am 21. Juni aus dem Verkehr gezogen.'

Nach Einführung der D-Mark waren Schaufenster und Läden über Nacht gefüllt.

„Tante Käthe?"

Ich war mit Klaus, Magdas Sohn, im Stadtpark unterwegs, als er – am Heben der Stimme zu erkennen – eine Bitte hervorbrachte.

„Gehen wir gleich noch in die Stadt?"

Vor zwei Tagen hatte er das erste Mal vor der Scheibe des prall gefüllten Spielwarengeschäftes gestanden. Lauter Dinge, die er noch nie gesehen hatte, eine fahrende Modelleisenbahn, Spielzeugautos in allen Größen, bunte Baukästen, bei deren Anblick ich selbst am liebsten gleich losgelegt hätte.

So landeten wir jetzt wieder vor dem Spielwarengeschäft, und wieder stand Klaus ganz still, minutenlang, staunend, die Augen strahlten. Schon das Anschauen machte ihn zufrieden.

„Heute steht in der Zeitung, dass eine Brauerei Mineralwasser und Limonade in ihr Sortiment aufnehmen möchte und jemanden zur Organisation einstellt", verkündete Rudolf, als ich nach Hause kam. „Das könnte für mich passen."

Er stellte den Kontakt her und arbeitete einen Tag zur Probe. Ganz schnell kam der Bescheid: „Sie haben auf uns einen guten Eindruck gemacht und uns von ihrer Kompetenz überzeugt. Wir möchten mit Ihnen zusammenarbeiten."

Sie boten Rudolf eine Vertretung an.

Das war der Anfang seines Geschäftes im Frühjahr 1949. Die Firma stellte ihm eintausend Deutsche Mark zur Anschaffung eines gebrauchten Autos leihweise zur Verfügung.

Jetzt erst, als Rudolf vom Finanzamt zur Steuer herangezogen wurde, bekam er Zuzugsgenehmigung und Lebensmittelkarten. Von dem Geld der Brauerei kauften wir ein gebrauchtes Dreirad. Rudolf, links im Bild, stapelte im Flur der Friedrichstraße leere Kisten. Die mürrische Vermieterin beschwerte sich regelmäßig und meckerte über Kleinigkeiten.

„Lange gucke ich mir das nicht mehr an", murmelte sie wieder einmal vor sich hin.

„Verbiesterte Schnepfe", gab Rudolf deutlich laut zurück.

Ich stand oben auf dem Treppenabsatz und konnte mir ein leises Kichern nicht verkneifen.

Unser Hof war durch ein kleines Mäuerchen vom Hof des Nachbarhauses getrennt. Dort wohnten Krauses mit ihrem fünfjährigen Sohn. Der kleine Jens hatte Rudolf in sein Herz geschlossen.

„Er stellt sich regelmäßig in den Weg mit dem Rücken zu mir, seit ich ihn mal huckepack genommen habe", freute sich Rudolf über Jens' Anhänglichkeit.

„Nimmst du mich wieder mit dem Dreirad mit, Onkel Löwe?", fragte er, und Rudolf erfüllte gerne den Wunsch. Er mochte den aufgeweckten Knirps.

„Mann, jetzt ist schon wieder ein Teil des Sitzes kaputt," fluchte Rudolf, als Jens einsteigen wollte.

„Och, ist doch nicht schlimm, Onkel Löwe. Hauptsache, er fährt!" Rudolf musste lachen.

Er erzählte mir abends von Jens und amüsierte sich. „Wenn wir erst mal einen Sohn haben …".

Des Öfteren musste das alte Dreirad zur Reparatur. Unsere kleine Werkstatt war in Rheurdt, zwölf Kilometer von Moers entfernt.

„Ich begleite dich. Dann machen wir wieder unseren schönen Ausflug."

Wir luden unser klappriges Fahrrad hinten auf und gaben das Auto in der Werkstatt ab.

„Das erste Stück nach Moers können wir ja gemeinsam laufen", schlug Rudolf das vor, was ich gerade gedacht hatte, und nahm mich entschlossen an seine rechte Hand; mit der linken schob er das Rad.

„Möchtest du eine große Familie?", fragte ich unvermittelt, in meinen Träumen schwingend, während ich genießerisch die Wärme seiner Hand durch mich strömen ließ.

„Ja, mindestens einen Jungen und ein Mädchen. Sie werden bestimmt bildhübsch", war die amüsierte Antwort. Dann lachte Rudolf. „Wir kommen gar nicht vom Fleck", und er ließ mich los.

Er fuhr als Erster ein Stück mit dem Rad, stellte es an einen Baum und lief weiter. Ich erreichte das Rad und dann nach einer kurzen Strecke Rudolf auf einer Bank, ein kleines Küsschen. „Ich fahre noch ein Stück", dann war er wieder dran zu radeln. Auch das machte Spaß.

Egal was ich mit ihm zusammen unternehmen konnte, ich fühlte mich wohl. Seine Ausstrahlung erfüllte mich mit Freude und Stolz.

Rudolfs Geschäft begann erfolgreich. Er hat Getränke sehr gut eingeführt.

Unermüdlich fuhr er von Kneipe zu Kneipe und versuchte, auch Geschäfte als Kunden zu gewinnen. Er war schnell beliebt durch sein selbstbewusstes Auftreten und seine aufgeschlossene und humorvolle Art.

„Ach, der Löwe ist wieder da!" Man nahm sich Zeit, um zusammen ein Schnäpschen zu trinken und ein bisschen herumzuflachsen.

Rudolf mietete ein Lager in Moers an. Er hatte in größeren Mengen Korbflaschen mit Spirituosen bestellt.

„Kann ich euch helfen?", fragte meine Mutter. Er nickte dankbar.

Sie wusch mit Engagement und Begeisterung – wie sie es bei jeder ihr gestellten Aufgabe zu tun pflegte – Mengen an Flaschen, die sie dann mit Schnaps aus den Korbgefäßen füllte. Rudolf etikettierte abends.

Es gab mir ein Gefühl von Glückseligkeit, wenn ich nach Dienstschluss ins Lager kam und meine Mutter – sichtlich zufrieden, weil sie sich nützlich machen konnte – und Rudolf – dankbar für die gute Hilfe – einmütig arbeiten sah.

„Ich helfe mit", freute ich mich. Meine Mutter blieb noch ein Weilchen und ließ uns dann allein.

Im Nachhinein war es die schönste Zeit mit Rudolf. Nach vielen Monaten der Sehnsucht waren wir endlich zusammen. Es ging mit dem Geschäft bergauf. Wir malten uns die Zukunft in rosaroten Farben, waren heillos versunken, trunken, in unserem Glück.

Abends, oft sehr spät, schlenderten wir Arm in Arm vom Lager zurück nach Hause, erschöpft, aber selig!

Wir träumten von einem eigenen Häuschen mit Garten, in dem unsere Kinder herumtollen würden.

„Wir sitzen dann zusammen auf einer Schaukel und gucken ihnen zu", schwärmte ich vor mich hin. „Später werden wir ihnen Geschichten von früher erzählen."

„Sie werden kaum glauben können, was wir im Krieg erlebt haben", meinte Rudolf. „Mir geht es ja selbst fast so. Ich wache morgens auf und denke für einen Augenblick, alles nur geträumt zu haben."

Ich sah Rudolf verliebt an: „Wir hatten schon schöne Stunden zusammen, und trotz aller Schwierigkeiten bin ich dem Schicksal dankbar, dass es uns zusammengeführt hat."

Meine Mutter seufzt. Ich spüre etwas Träumerisches darin.
„Ich habe Rudi unendlich geliebt und dadurch auch vieles ertragen können. Die Liebe hatte über einen langen Zeitraum eine alles übertreffende Kraft."

> Die himmelstürmende Liebe, bleibt sie irgendwo bestehen, irgendwo im Inneren, bleiben die intensiven Gefühle und wunderschönen Erinnerungen? Schaffen sie es, Alltagskonflikte und Kompromisse zu erdulden mit der Gewissheit: „Trotz allem, das soll mein Leben sein!"
> Reicht der starke Draht, um Schwierigkeiten zu bewältigen, um Tiefen zu überbrücken?
> Auf der anderen Seite die Frage: Ist eine Lebensgemeinschaft, die eine solide Basis hat, die aber ohne die ganz große Liebe auf den ersten oder zweiten Blick entstanden ist, ohne eine breite emotionale Quelle, ist eine solche Beziehung für immer lebenstüchtig? Eine Partnerschaft, in der man zusammenwächst und über die fehlende Sensibilität und Offenheit des anderen hinwegsieht, in der man ein starkes Team bildet und von Erfolg getragen wird, hat sie Bestand oder fehlt etwas Wesentliches?
> Solche Fragen beschäftigen mich. Es kommt vielleicht auf den Betrachter an. Jeder Mensch hat seine eigenen Vorstellungen.
> „Meist will man das, was man nicht hat", meinte letztens eine Freundin zu mir.
> Vor allem aber, denke ich, lernt man sich selbst erst im Laufe des Lebens richtig kennen und begreift, was einem wirklich wichtig ist …

36

Herr Kadura kam einige Monate nach uns in den Westen.
Sein Schwiegersohn hatte als Lungenspezialist und Leiter einer Klinik in Jena die schwerkranke Frau eines Arztes geheilt.
Mit den Worten „Wir werden nie vergessen, was Sie für uns getan haben", verabschiedete sich das Ehepaar. Der Kontakt blieb auch dann noch bestehen, als der Arzt den Osten verließ und in Düsseldorf eine Praxis übernahm.
„Ihr Vater möchte in den Westen?", fragte der Arzt im Gespräch mit Herrn Kaduras Schwiegersohn. „Er kann gern eine Zeitlang bei uns wohnen."
Das tat Herr Kadura, und die Dankbarkeit war auf beiden Seiten.
Sonntags besuchte er uns regelmäßig, seine Schreibmaschine immer dabei.
„Fräulein Käthe, wir müssen etwas schreiben."
Aber viel arbeiteten wir nicht. Er kam wegen der Geselligkeit.
Meine Mutter hatte das Mittagessen bereitet, und wir saßen gemütlich um den kleinen runden Tisch herum.
„Die Königsberger Klopse schmecken köstlich, Frau Lenkeit."
„Ich liebe die vertrauten Gerüche der Küche", meinte sie bescheiden. „Das ist ein Stückchen Heimat."
Herr Kadura nickte dankbar. „Und ich spüre bei Ihnen die berühmte ostpreußische Gastfreundschaft."
Rudolf legte sich nach dem Essen auf die Couch. „Ich muss erst mal einen kleinen Mittagsschlaf machen."
„Eine gute Idee." Herr Kadura nahm eine entspannte Position am Fußende ein. Sie schnarchten einmütig für ein Stündchen, Sonntag für Sonntag.

1948

Ich genoss den Anblick der beiden ungleichen Männer, die sich gut verstanden.

Dann bekam Rudolf eines Tages noch einmal einen Brief von seiner ersten Frau.

„Begib dich doch nicht ganz in die Nähe des Teufels", schrieb sie, Anhängerin der Zeugen Jehovas. Ohne Zweifel war ich damit gemeint.

Rudolfs Scheidung zog sich längere Zeit hin. Ich war enttäuscht und ungeduldig, weil er sich überhaupt nicht darum kümmerte und lenkte das Gespräch oft darauf, in seinen Augen zu oft.

„Die Scheidung ist eingereicht", meinte er äußerst gereizt. „Wir müssen einfach abwarten."

Ich ertappte mich dabei, dass ich seine Behauptung hinterfragte.

‚Misstrauen ist ein schlechter Begleiter', tadelte ich mich selbst. ‚Ich kann mich glücklich schätzen, die romantische Liebe bekommen zu haben, nach der ich mich seit vielen Jahren gesehnt habe.'

Aber meine Ungeduld wuchs von Woche zu Woche.

‚Wie gerne würde ich mit Rudi zusammen einschlafen', wurde die Sehnsucht nach Zärtlichkeit immer energischer. Zudem träumte ich von einem gemeinsamen Kind. Mit meinen dreißig Jahren hatte ich das Gefühl, dass die Zeit uns wegliefe. Ich sprach offen über meine Gedanken.

„Glaubst du, dass ich keine Bedürfnisse habe!?", war Rudolfs schnippischer Kommentar.

Schließlich wurde die Scheidung 1950 vollzogen, und ein Traum schien in Erfüllung zu gehen.

Da wir auch kirchlich heiraten wollten, bat uns der zuständige Pfarrer, Dr. Goch, zur Rücksprache in seine Wohnung.

„Muss es gerade dieser geschiedene Mann sein?", begann er

in freundlichem Ton zu mir. „Ich kenne Sie und vor allem Ihre Eltern als liebe Menschen und möchte, dass sie glücklich werden."

Ein Moment des Entsetzens bei mir und auch bei Rudolf. Quälende Stille. Dann gab mir aber die aufkommende Wut meine Stimme zurück.

„Ich habe mich entschieden."

Als Dr. Goch merkte, dass er auf eine Mauer stieß und ich nicht bereit war, mit ihm zu diskutieren, meinte er: „Ich muss erst noch die Genehmigung unseres Superintendenten einholen."

Wenn ich mich auch bei dem Gespräch gefasst gegeben hatte, so war ich zutiefst empört. ‚Welch anmaßende Worte des Pfarrers!'

„Ich habe überhaupt nicht damit gerechnet, dass die evangelische Kirche diesbezüglich Schwierigkeiten machen könnte", meinte ich zu Rudolf. „Aber ohne kirchliche Trauung möchte ich nicht heiraten."

Er war gelassen. „Es wird schon klappen."

Und so war es dann auch.

„Ähnliches habe ich doch auch erlebt. Das ist ja unglaublich! Ich dachte, das Gespräch vor der Hochzeit sei nur eine Formsache. Aber dann legte der Pfarrer los: ‚Ihr Partner ist ein geschiedener Mann. An ihrer Stelle würde ich es mir noch einmal gründlich überlegen, ob es wirklich dieser Mann sein soll.' Mir verschlug es sekundenlang die Sprache. Jörg war wie vor den Kopf gestoßen. Selten in meinem Leben konnte ich meine Wut derart schlecht zähmen wie an dem Abend. ‚Ich denke nicht, dass ich es mit Ihnen diskutieren möchte', maulte ich ihn an. ‚Der Entschluss steht fest. Ich finde es vonseiten der Kirche anmaßend, sich derart einzumischen.' Mit meinen harten Worten wollte ich provozieren, auch mit dem bösartigen Blick, aber Pfarrer Blach zeigte wenig Reaktion. Das Gespräch war beendet. Am Tag der Trauung wurde er – wegen ‚Krankheit' – von dem Pfarrer eines anderen Bezirks vertreten."

„Darüber hast du damals nicht gesprochen." Meine Mutter ist erstaunt.

„Nein, ich wollte es einfach nur verdrängen, nachdem die erste unbändige Wut verblasst war."

„So ähnlich ist es mir auch ergangen", ergänzt meine Mutter. „Die Vorfreude auf das Hochzeitsfest wollte ich mir durch nichts und niemanden nehmen lassen."

Herr Kadura freute sich aufrichtig über die Einladung. „Hoffentlich ist meine Frau zu dem Termin schon in Moers", gab er zu bedenken, als er die Einladung in den Händen hielt. „Aber ich verpasse das Fest auf keinen Fall."

Einen Tag vor unserer Hochzeit reiste sie aus Jena an.

Kaduras waren die ersten Gäste, „herausgeputzt" und beide mit einem Strahlen im Gesicht. Sie genossen es sichtlich, wieder zusammen zu sein.

In der Kirche sang eine Kollegin von der Rheinischen Kunstseide das Ave Maria. Rudolf und ich waren gleichermaßen von der feierlichen Stimmung ergriffen. Er ließ meine Hand gar nicht mehr los, und bei mir war sofort das tiefe Gefühl der Verbundenheit wieder da, das ich damals empfunden hatte, als Rudolf seine große starke Hand das erste Mal in meine gelegt hatte.

Zwei Kolleginnen, Fräulein Parsick und Frau Groß, brachten ein wunderschönes Blumengebinde aus der firmeneigenen Gärtnerei, weiße und rosa Rosen, Nelken und Levkojen.

In der Kirche blieb der Schleier an einer Bank hängen. In letzter Sekunde konnte ich ihn gerade noch halten. Dadurch bekam der Haarreif einen leichten Knick, was man auf den Fotos sehen kann.

„Ein schlechtes Omen?", kam es mir unvermittelt in den Sinn, aber der Gedanke war sofort erstickt.

Erwin hatte ich Toni als Tischdame zugedacht, aber sie wollte nichts von ihm wissen, „Der redet ja kaum." Wohl aber meine wesentlich jüngere Arbeitskollegin Fräulein Parsick. Sie zeigte ihr Interesse allzu deutlich, an Peinlichkeit grenzend.

Den ganzen Tag schlawenzelte sie um ihn herum, alberte, suchte Körperkontakt und gab zweideutige Bemerkungen von sich. Erwin genoss es sichtlich, besonders wenn ihre Hand sich – etwas zu auffällig – auf seinen Körper konzentrierte.

„Eure Hochzeit war auch für mich fantastisch", schwärmte er ein paar Tage später. „An dem Abend hätte ich alles von Fräulein Parsick haben können."

Er wollte mehr über sie wissen. Ich gab ihm ehrlich meine Einschätzung.

„Sie ist ein ganz liebes Mädchen ihren Arbeitskolleginnen gegenüber und hat ein riesengroßes Herz. Aber was Männer angeht, ist sie alles andere als treu. In der kurzen Zeit, die wir zusammenarbeiten, kenne ich schon drei Liebhaber, einer davon war unser verheirateter Chef. Ein anderes Mal – es war wieder ein verheirateter Mann – hörte ich, wie Fräulein Parsick aufgebracht mit ihm telefonierte: ‚Du gehörst zu mir.' Er zögerte wohl, weil er ein Kind hatte. Kurze Zeit später beobachtete ich, wie sie mit einem Mann im Zug eindeutige Blicke tauschte und dann auch ein Verhältnis anfing."

„Und was weißt du sonst noch über sie?" Erwin war nachdenklich geworden.

„Ihr Vater ist Lumpenhändler, ihr Schwager Lumpengroßhändler. Es läuft wohl gut, sonst hätten sie nicht den Mercedes, ständig neuen Schmuck und neue Garderobe. Nach dem Wochenende ist sie oft aufgekratzt. Dann erzählt sie mir, dass sie wieder mit ihrer verheirateten Schwester, schön rausgeputzt im Cafe an der Autobahn war. ‚Wir bestellen Sekt und flunkern herum.' Gern brüstet sie sich mit Männergeschichten."

Erwin war sichtlich enttäuscht. Jetzt tat er mir leid.
„Du musst natürlich selbst entscheiden. Ich fühlte mich nur verpflichtet, es dir zu sagen."
Er brach den Kontakt ab.

Das Telefon klingelt, Steffi ist am Apparat.
„Du wolltest doch um 16 Uhr hier sein und mich mit Celina nach Krefeld bringen."
Ich schaue auf die Uhr. Tatsächlich! Ich habe die Zeit total verpasst.
„Bin schon unterwegs", ist meine eilige Antwort.
Die Mädchen möchten in Krefeld einen Stadtbummel machen.

„Guten Einkauf. 18 Uhr dann am Auto?"
„Okay, dir auch viel Spaß."
Ich nutze die Gelegenheit und finde ein paar schöne Kleinigkeiten. Außer den hochwertigen Briefbögen sind es Dinge, die die Welt nicht braucht, aber das Herz erquicken.

Abends sitzen Florian, Steffi und ich gemütlich zusammen und sprechen über Schule, Freunde und diskutieren das leidige Thema eigener Fernseher.
Jörg ist wieder für zehn Tage in Griechenland. Er genießt die Auszeit.
„Ich lebe den Traum hier", meinte er gestern am Telefon. „Ich weiß gar nicht, warum ich mir die ganze Hektik mit Arbeiten noch antue!"
Ein flüchtiger Gedanke in mir ist die Frage nach dem Platz der Familie in seinem Leben …

Am darauffolgenden Tag sind Steffi und Florian nach dem Mittagessen mit Freunden unterwegs.
Gewöhnlich kann ich die Zeit allein genießen, aber heute fühle ich mich gar nicht wohl. Ich bin traurig, einsam, enttäuscht,

auch unruhig. Das Telefongespräch mit Jörg vor ein paar Tagen hat mich nachdenklich gemacht ...
‚Ich muss raus, laufen, ehe ich in Selbstmitleid zerfließe.'
Während ich oben meine Joggingsachen anziehe, läuft Nicki hin und her, ein aufgeregtes, schrilles Bellen, so, wie sie es immer macht, wenn wir Gassi gehen.
Der strömende Regen stört uns beide nicht. Nach kurzer Zeit schon fühle ich mich besser, und drei Kilometer weiter ist die Traurigkeit verflogen. Es entwickeln sich kreative Ideen. Ich fasse es nicht, es geht mir gut!

Meine Gedanken gehen nach Griechenland.

> Im letzten Urlaub hatten wir mit Freunden – alle Generationen, bunt gemischt – abends in einer einfachen Taverne einen unvergesslichen Abend, das Meer als wunderschöne Kulisse, ein klarer Sternenhimmel, der alle verzauberte.
> „Sollen wir verschiedene Vorspeisen bestellen? Dann kann jeder davon nehmen und vielleicht später noch ein Hauptgericht." Allgemeiner Zuspruch.
> Wir lachten und erzählten und hatten intensive Gespräche, angeregt durch die wundervolle Atmosphäre, Gespräche, die sich um den Sinn des Lebens, Glück, Zufriedenheit drehten, Lebensphilosophien, Gedanken, die sich jeder schon einmal gemacht hat.
> „Ich lese gern Artikel von Richard David Precht in der ‚Zeit'", meinte Silvia. „Man bekommt viele Impulse zum Nachdenken."
> Silvia ist selbst Psychotherapeutin. Die Kinder hörten interessiert zu und beteiligten sich am Gespräch.
> „Mir geht es auf die Nerven, dass manche Mitschüler uns abfällig als Bonzenkinder bezeichnen, nur weil wir ein Haus in Griechenland haben und segeln, aber gerade diejenigen sind, die den Konkurrenzkampf anheizen, in-

dem sie selbst nur Markenklamotten tragen und andere eiskalt taxieren", meinte Florian später.

„Dann sollten wir vielleicht mit gutem Beispiel vorangehen", erwiderte sein zwei Jahre älterer, selbstbewusster Freund Theo, „und bewusst da nicht mitmachen. Ich würde sogar eine Schuluniform befürworten, damit das materielle Wetteifern aufhört."

„Und das von dir!" Florian war erstaunt.

„Lass mal eine Runde Basketball spielen", schlug Theo vor. „Ich muss mich jetzt auspowern." Florian war sofort dabei, Steffi und Marie, Theos Schwester, auch.

Ich finde es wunderschön, solche Abende gemeinsam mit den Kindern erleben zu können und als Impulsgeber, auch als schöne Erinnerung für alle zu behalten.

Mir wird bewusst, dass Steffi und Florian selbstständig geworden und ihre Gedanken nicht mehr die von Kindern sind, sondern die von sensiblen Heranwachsenden, die kritisch die Welt betrachten.

Jetzt ist es wichtig, sich in Diskussionen, die sie zulassen, für werteorientierte Positionen einzusetzen und Erfahrungen weiterzugeben, die zur Orientierung und Erlangung von Zufriedenheit hilfreich sein können. Oma kommt eine Schlüsselrolle zu.

Diese Gedanken sind mir beim Joggen durch den Kopf gehüpft, und zu allem Glück erlebe ich auf dem Rückweg noch eine traumhafte Abendstimmung mit einem Himmel in leuchtenden und weich fließenden Rot- und Orangetönen, mit bizarren Wolkenbildern. Vögel jagen hin und her, als ob auch sie den Augenblick übermütig genießen.

Der Wasserturm von Vinn, sonst kaum von mir beachtet, erscheint mir an diesem Abend majestätisch aufragend zwischen den dichten Baumkronen. Euphorisch kehre ich zurück.

Zu Hause nehme ich noch vor dem Duschen Papier und Bleistift zur Hand. Ich möchte einige Gedanken festhalten.

Wie sehr kann man es doch selbst beeinflussen, wie man sich fühlt! Auch dieses Mal wieder eine gute Erfahrung.

Was macht das Glück aus, was gibt Zufriedenheit?

Auf jeden Fall ist das bewusste Erleben der Natur als Wunderwelt, die in ihrer Fantasie und Vielfalt keinen Vergleich scheuen muss, eine unerschöpfliche Kraftquelle. Natur ist so konstant, so verlässlich schön, wenn wir in Zukunft noch mehr auf sie achtgeben. Und jeder kann teilhaben, der die Augen, die Ohren, alle Sinne öffnet. Man erlebt Glücksmomente, in denen man ausrufen möchte: „Das Leben ist schön!"

Beim Laufen ist mir auch ganz klar geworden, dass ich mit Jörg reden möchte, reden über uns, über unsere Gefühle, über Befindlichkeiten. Es ist Zeit, dass wir gemeinsam nachspüren, was nicht mehr so gut läuft, was uns traurig macht, was wir tun können, um das „Wir" wieder zu stärken.

37

2003

Pfingstsonntag. Meine negativen Gedanken über Jörgs Alleingänge drängen sich immer wieder in den Vordergrund.

‚Bestimmt erwarte ich zu viel. Es geht mir doch gut …'

Ich besuche meine Mutter und lasse mir nichts anmerken. Ich will sie nicht belasten, und ich habe Hoffnung …

Wir plaudern über dies und das, ihre Nähe beruhigt mich.

„Ja", beantworte ich ihre vorher gestellte Frage nach Jörgs Rückkehr. „Jörg kommt nächsten Samstag zurück. Wird auch langsam Zeit."

„Manchmal ärgert man sich, und im Rückblick ist es die negativen Gedanken nicht wert", höre ich meine Mutter sagen. „Aber", sie macht eine kurze Pause und guckt mich an, „vielleicht muss man erst älter werden, um das Wesentliche zu erkennen, den positiven Anteil, den es immer gibt, wie groß er auch im Einzelnen ausfallen mag."

Ich bin erstaunt über ihr Einfühlungsvermögen. ‚Irgendwie scheint sie zu spüren, dass es mir momentan nicht gut geht und ich mit Jörg hadere.'

Ich belasse es bei dem Gedanken.

„Mein Vater war ein unglaublich weiser Mann", höre ich meine Mutter jetzt sagen. „Schade, dass du ihn nie kennengelernt hast. Ein großartiger, bescheidener Mensch, der zufrieden war, wenn es seinen Lieben gut ging. Er musste aufgrund seines Darmkrebses viele Schmerzen ertragen, schloss am 10.7.1949 aber friedlich die Augen für immer. ‚Ich kann nicht mehr helfen und gehe nun zufrieden heim', waren seine letzten Worte. Für mich war sein Tod nur dadurch tröstlich, dass seine Qualen ein Ende hatten."

Rudolf und ich wohnten weiter mit meiner Mutter in der Zweizimmerwohnung in der Friedrichstraße. Sie überließ uns das große Zimmer mit der Couch für Rudolf, ich schlief zwischen zwei Sesseln. Allen Widrigkeiten zum Trotz wurde ich im Sommer 1951 schwanger.

Ich hatte das Gefühl, dass Rudolf inzwischen halb Moers und Umgebung kannte, und entsprechend wurde ich angesprochen.

„Geht es Ihnen gut? Ihr Mann ist ja so stolz!"

Und meine Mutter begann zu häkeln.

Eines Tages im Winter klingelte es in der Friedrichstraße. Meine Mutter war allein zu Hause.

„Kann ich Herrn Löwe sprechen?" Eine ihr unbekannte junge Frau im Pelzmantel stand an der Tür.

Als sie hörte, dass er nicht da war, meinte sie kurz: „Ich komme später wieder."

Abends dann – wir saßen beim Abendbrot mit Tante Lenchen und einer Freundin, die zu Besuch waren – klopfte es. Meine Mutter machte auf, die Unbekannte stand wieder direkt vor ihr.

„Ich möchte Herrn Löwe sprechen."

Rudolf ging an die Tür.

„Kennst du mich nicht?" fragte sie so laut, dass alle es hören konnten. Erst Stille, dann Rudolfs zögerndes „Nein".

„Ich bin doch deine Tochter."

Der Besuch meiner Mutter verabschiedete sich recht plötzlich, „Wir wollen nicht zu spät zu Hause sein."

Dies war meine erste Begegnung mit Mona. Sie jammerte, sie sei krank und könne nur wenig arbeiten.

„Du weißt doch, dass ich als Kind aufgrund der Lähmung erst spät laufen konnte und mir das Lernen schwerfiel. Wie soll ich da auf eigenen Füßen stehen!?"

Es folgte eine lange unangenehme Stille.

„Du verdienst doch bestimmt gut", fuhr Mona fort, nun etwas schroffer in der Tonart. „Da musst du mich nicht mit so wenig Kröten abspeisen."

Ich war sprachlos, Rudolf auch. Auf seine Klarstellung wartete ich vergebens.

„Willst du ihr nicht deine Lage erklären?", flüsterte ich ihm zu, als wir kurz allein waren, da kam Mona auch schon wieder ins Zimmer. Er blieb stumm. Der Abend war ein Albtraum.

Ich brauchte einen Tag, um meine Enttäuschung und Wut wegschieben zu können. Aber die Vorfreude auf unser Baby brachte mich zurück in meine Traumwelt.

„Lass mal sehen, wie unser Mädchen aussehen könnte, wenn es eins wird", alberte ich mit Rudolf und band ihm übermütig ein Kopftuch um. Ich erschrak – er sah fast aus wie seine Schwester Lene, die einige Wochen mit ihrer Tochter bei uns gewohnt hatte und die ich als egoistische, rechthaberische Frau nicht in mein Herz schließen konnte.

„Mir wäre ein Junge lieber", stellte Rudolf fest. *„Ein Stammhalter, der das Geschäft übernehmen und den Namen Löwe fortsetzen kann. Ich habe schon ein paar Vornamen aufgeschrieben."*

Auf dem Blatt standen viele Jungennamen, auf der Rückseite nur fünf Mädchennamen.

Es amüsierte mich so, dass ich den Zettel aufbewahrte.

Er probierte immer wieder verschiedene Kombinationen von zwei Namen. *„Das würde gut zu dem kurzen Nachnamen passen!"*

Ein Mädchen war fürs Erste nicht wirklich eingeplant.

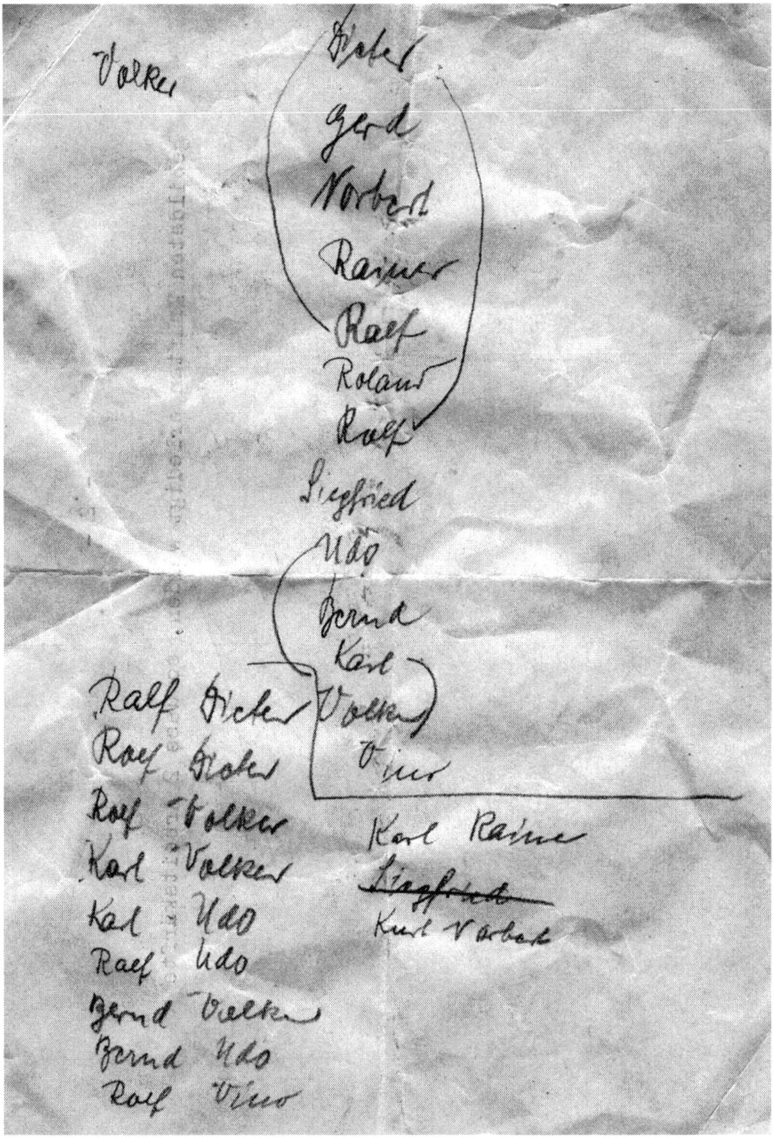

Volker

Dieter
Gerd
Norbert
Rainer
Ralf
Roland
Ralf
Siegfried
Udo
Bernd
Karl
Volker
Dieter

Ralf Dieter
Rolf Dieter
Rolf Volker
Karl Volker
Karl Udo
Ralf Udo
Bernd Volker
Bernd Udo
Ralf Dieter

Karl Rainer
Siegfried
Karl Norbert

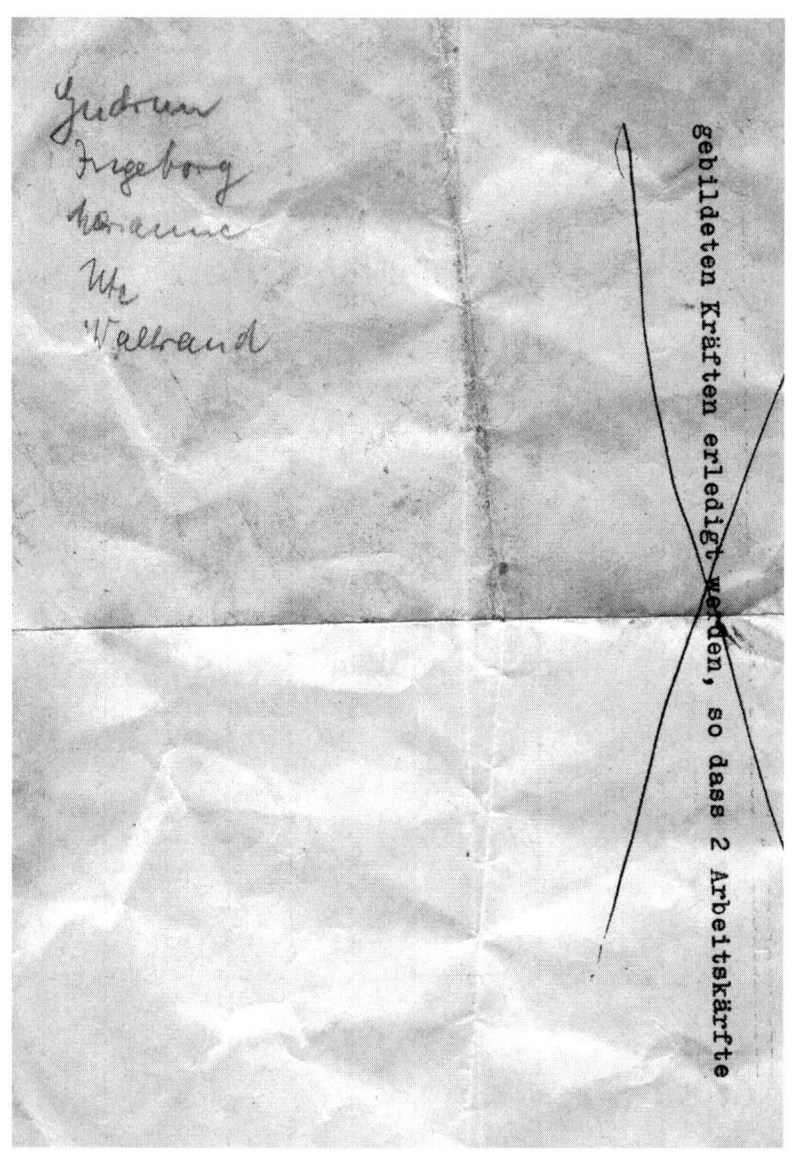

Ich muss schmunzeln, weil die Mädchennamen auf „vertipptem" Papier stehen. „Zum Wegwerfen ist es viel zu schade."

Ende März 1952 rechneten wir täglich mit einem schnellen Aufbruch zum Krankenhaus, so dass Rudolf den LKW in der kleinen Friedrichstraße direkt vor unserem Haus parkte. Über das Kopfschütteln von Passanten setzte er sich hinweg.

„Die kennen ja meine Mission nicht", meinte er lachend.

Montag, hatte der Chefarzt Dr. Säuber gesagt, müsse das Kind mit Kaiserschnitt geholt werden. „Es wird sonst zu groß". Wir machten uns nachts, von Freitag auf Samstag, auf den Weg. Ich hatte leichte Wehen.

Am Sonntag spritzte die Krankenschwester ein wehenförderndes Mittel, das keine Wehen, nur Schmerzen brachte.

Dr. Säuber war am Wochenende abwesend, die Vertretung ließ sich nur einmal kurz blicken.

Montag gegen sieben Uhr war der Chefarzt da. Er führte ein hitziges Gespräch mit dem Kollegen vom Vortag, wobei ich nur Wortfetzen aufschnappte. „Herztöne", und „habe doch gesagt, Sie können mich erreichen", und dann noch irgendetwas von „eigenmächtig".

Ich hatte plötzlich Angst! Dr. Säuber kam an mein Bett, untersuchte kurz.

„Es gibt gleich einen Kaiserschnitt."

Er hatte es auffallend eilig. Rudolf wurde telefonisch gesucht, weil früher die Väter die Genehmigung für den Eingriff geben mussten. Sie erreichten den Installateurladen gegenüber seiner Garage.

„Herr Löwe ist gerade weggefahren."

„Dann ist nichts zu machen, Sie unterschreiben", meinte Dr. Säuber, sichtlich nervös, zu mir gewandt. „Ich muss sofort handeln."

Die Herztöne waren noch schwächer geworden.

Als ich vor dem Operationssaal wartete, kam Rudolf dann doch noch dazu, ganz aufgeregt. Es kamen ihm die Tränen. Er umfasste schweigend meine kalte Hand. Seine Wärme tat gut.

Erst im Nachhinein wurde mir die Ernsthaftigkeit der Lage bewusst. Wir hatten Glück gehabt.

Dieses kleine Geschöpf, gesund und wunderschön, ich konnte kaum glauben, dass es uns gehört! Auch Rudolf war euphorisch. Sein Strahlen erschien mir umwerfend. Ich war stolz, dass ich die Frau an seiner Seite und er der Vater meiner Tochter war. Ich schwebte im Glückstaumel.

Aufgrund des Kaiserschnitts sah Gudrun von Anfang an rosig und glatt aus. Väter und Angehörige durften die Babys auf der Neugeborenenstation nur hinter Glas betrachten.

Später wird mir Rudolf berichten, dass eine Dame – wie er vor der Glasscheibe - mit Blick auf Gudrun meinte: „Das kann doch kein Neugeborenes sein!?"

„Darauf habe ich mich in meiner ganzen Größe aufgerichtet und gesagt: ‚Doch .Ich bin der Vater!' Mich von oben bis unten musternd, konterte die ältere Dame: ‚Dann braucht man sich nicht zu wundern.' Alle Umstehenden brachen in Gelächter aus."

Ich blieb drei Wochen im Krankenhaus. Als mich Rudolf abholte, begrüßte uns eine strahlende Sonne, und die Laubbäume zeigten sich mit ihrem zarten Grün von ihrer schönsten Seite. Bei meiner Einlieferung hatte noch Schnee gelegen.

Ich wunderte mich, dass das Treiben draußen um mich her genauso weiterging wie zuvor und niemand eine Veränderung zu bemerken schien. Für mich aber war die Welt eine andere geworden.

„Genau dieses Gefühl hatte ich auch, als ich mit Florian das Krankenhaus verlassen durfte. Ich genieße es, dass wir uns so wundervoll austauschen."

Meine Mutter nimmt mich gerührt in ihre Arme.

„Wann seid ihr eigentlich ins Uhl gezogen?"

„Als Gudrun neun Monate alt war. Das neue Zuhause war wiedergewonnener Luxus, den wir lange entbehren mussten. Wir hatten ein richtiges Schlafzimmer, eine große Küche, ein Wohnzimmer, noch ein kleines Zimmer, in dem später Toilette und Sitzbadewanne eingerichtet wurden, auch ein kleines Büro."

Eines Tages besuchte uns Mona, um ihre Halbschwester kennenzulernen. Aus der frechen Göre hatte sich eine umgängliche junge Frau entwickelt.

„Sie möchte über Nacht bleiben, um noch einen Tag in Moers zu verbringen", *bemerkte Rudolf, nachdem er eine Weile allein mit Mona gesprochen hatte.*

„Aber du bist doch gar nicht da."

„Du kannst sie bestimmt gut unterhalten und abends bin ich nicht so spät zurück."

Mona und ich gingen mit Gudrun im Park spazieren, und ich zeigte ihr die Stadt. Sie schien sich wohlzufühlen.

„Ich habe es mir anfangs nicht leicht gemacht, als ich erfahren habe, dass dein Vater verheiratet ist und eine Tochter hat", *erklärte ich ihr.* „Er solle auf jeden Fall an seine Tochter denken, die ihn doch sehr lieb habe."

Daraufhin meinte Mona: „Ob ich meinen Vater jemals geliebt habe, weiß ich nicht. Ich habe ihn nur immer gefürchtet."

Plötzlich hakte sie mich unter und erzählte aus ihrem Leben, und schließlich vertraute sie mir an, dass sie verlobt sei.

„Ich kenne ihn kaum und bin ganz unglücklich. Meine Mutter hat ihn ausgesucht, damit ich versorgt bin. Aber ich liebe ihn nicht. Er kommt aus Südtirol und will auf sein Weingut zurück. Ich finde ihn herzlos."

Sie zeigte mir den Ring, den sie nicht am Finger, sondern in der Tasche aufbewahrte.

„Ich würde ihn zurückschicken", *kam mein spontaner Rat.* „Ohne Liebe kann eine Beziehung nicht von Dauer sein."

Sie schaute mich ungläubig an. „Geht das wohl jetzt noch?", brachte sie leise hervor.

„Ja, warum denn nicht?", war meine entschlossene Antwort.

Mona löste tatsächlich die Verlobung, lernte ein halbes Jahr später jemanden kennen, den sie „umwerfend und liebevoll" fand und den sie heiratete. Seit ihrem letzten Besuch in Moers bestellte sie mir schöne Grüße. Die Beschimpfungen hatten ein Ende gefunden.

38

Im Lebensmittelgeschäft, nicht weit von unserer Praxis, treffe ich Bekannte und auch häufig Patienten. Man spricht hier und da ein paar Worte, es ist vertraut.

Plötzlich überholt mich von hinten eine Frau. „Ah, meine Zahnärztin", schreit sie ganz laut durch den Laden, wobei ihre regelrecht schwarzen, halb abgebrochenen Stumpen hervorlugen.

„Erde, tu dich auf", denke ich nur.

Sie sucht tatsächlich regelmäßig unsere Praxis auf, wobei ich im Unterkiefer Zahnstein entferne mit der Bemerkung, die oberen Zähne müssen unbedingt gezogen werden.

„Ich weiß, ich weiß", die genauso regelmäßige Antwort. „Aber ich habe Angst, dass ich mit einer Prothese würgen muss. Dann lieber so schrecklich aussehen!"

Bisher konnte keine medizinische Aufklärung ihre Angst nehmen.

Jetzt, zwischen Birnen und Bananen, beschließe ich, bei ihrem nächsten Besuch dringlicher auf sie einzuwirken.

2003

Tage später bin ich mit meiner Mutter wieder in alten Zeiten unterwegs.

Rudolfs Geschäft lief ausgesprochen gut. Er arbeitete fleißig und hat, nicht zuletzt durch seine humorvolle Art und positive Ausstrahlung, viel verkauft.

„Ah, der Löwe ist wieder da", freuten sich die Wirte, wenn sie ihn sahen. „Lass uns eine Runde Skat spielen."

Das ließ er sich meistens nicht zweimal sagen, und es blieb selten bei einer Runde.

1954

Auch Privatleute holten bei uns Getränke. Frau Rieser, eine Nachbarin, kam wie gewohnt ins Uhl. Sie gab dieses Mal nur leere Flaschen ab und wandte sich zum Gehen. Gudrun spielte gerade im Flur.

„Hast du auch keine Flasche mitgenommen", rief sie mit lauter Piepsstimme hinter der Nachbarin her. „Zeig mal deine Tasche."

Hintergrund: Rudolf hatte öfters zu Gudrun – im Scherz – gesagt: „Pass gut auf, dass niemand eine Flasche mitnimmt."

Frau Rieser lief rot an – vor Empörung – und kam nie wieder!

Ich war wütend auf Rudolf. ‚Um nichts kümmert er sich bei der Erziehung, aber da muss er Gudrun solche Dummheiten beibringen!'

Im Uhl gab es jetzt genügend Platz, um Geburtstage im großen Verwandtenkreis zu feiern, oft zwanzig Personen, Kaffeetrinken, warmes Abendessen.

„Könnten Sie mir einen großen Topf ausleihen und vielleicht auch eine Suppenkelle?", fragte ich Frau Poll, die Nachbarin, weil es an vielem in der Küche mangelte. Sie war hilfsbereit und herzlich.

„Behalten Sie erst mal diese beiden Töpfe, nur die Kelle brauche ich zurück."

Wir mussten mit Sitzgelegenheiten improvisieren, zwei Leute auf einem Sessel, Küchenstühle, Schemel, alles wurde zusammengetragen.

„Platz ist in der kleinsten Hütte."

„Bleibt doch noch ein bisschen. Ich habe ein leckeres Tröpfchen." Rudolf war in Feierlaune, und ich mochte die gesellige Runde.

Für den 2. Januar hatte Cousine Meta zum Geburtstag eingeladen. Mit unserem LKW fuhren Onkel Carl, Tante Ida, meine Mutter,

Rudolf, Gudrun und ich zu Meta nach Uerdingen, zwölf Kilometer entfernt. Rudolf saß am Steuer, ich mit der einjährigen Gudrun im Arm auf dem Beifahrersitz, hinten auf der Ladefläche mit Verdeck meine Mutter und Pischels auf Schemeln und einer Holzkiste.

Meta strahlte, als sie uns kommen sah. Der Kaffeetisch war schon gedeckt, Streuselkuchen, Buttercremetorte, gedeckter Apfelkuchen mit Sahne, alles selbst gemacht.

Die Zeit verflog, wir kamen von Höckchen auf Stöckchen. Schließlich brachte sie ein Fläschchen Wein für Rudolf und Onkel Carl, für uns Frauen selbstgemachten Eierlikör. Es wurde immer lustiger. Rudolf war in seinem Element.

„Schon nach Mitternacht? Wir müssen los."

Draußen erst stellten wir fest, dass Unwetter herrschte, wie es gar nicht schlimmer geht. Sturm, dazu gefrierender Regen.

„Bleibt doch lieber hier", drängte Meta beunruhigt, „Ich bringe euch schon irgendwie unter."

Aber Rudolf wollte am nächsten Tag auf Tour, seine Kunden beliefern.

„Kannst du nicht morgen etwas später zur Kundschaft?" fragte ich vorsichtig, auch, weil er einiges getrunken hatte.

„Mach doch nicht so viel Wind, warum sollen wir jetzt nicht fahren!?"

Onkel Carl, Tante Ida und meine Mutter nahmen ihre Plätze unter dem Verdeck ein.

Ich hatte Gudrun im rechten Arm, mit dem linken hielt ich während der ganzen Fahrt die LKW-Tür an Rudolfs Seite etwas auf, weil man durch die Fensterscheibe nichts sehen konnte; sie fror immer wieder zu. Die Straßen waren gespenstisch leer, spiegelglatt. Ich war in Schweiß gebadet, Rudolf fühlte sich in seinem Element, er liebte das Autofahren.

„Endlich mal freie Straßen", frohlockte er.

Rudolfs Geschäft lief gut. „Ich brauche unbedingt Unterstützung im Büro", entschied er und stellte Pauline, gerade sechzehn Jahre alt, nachdem wir gemeinsam die Auswahl unter vielen Bewerberinnen getroffen hatten, als Bürogehilfenlehrling bei uns ein. Sie war ausgesprochen hilfsbereit und kümmerte sich gern um Gudrun, wenn ich schnell einmal wegmusste.

Während ihrer Lehrzeit machte sie den Führerschein, den Rudolf bezahlte. Sie hatte bei ihm einen Stein im Brett.

„Dir ist sie doch auch nützlich!", wandte er ein, als ich seine Großzügigkeit als übertrieben kritisierte.

„Heute stelle ich Likör her", verkündete Rudolf und nahm Pauline mit in den Keller. „Es wird interessant für dich."

Pauline nickte begeistert.

Das Ereignis der gemeinsamen Likörherstellung wiederholte sich, und eines Tages erzählte Pauline übermütig, dass sie Likör probieren durfte.

„Ihr Mann ist superwitzig!"

Von da an kam sie immer häufiger mit geröteten Wangen und strubbeligem Haar aus dem Keller. Sie versuchte dann, ein freundliches Gespräch mit mir zu führen.

Ich fühlte mich nicht wohl dabei, weil ich schon länger Verdacht geschöpft hatte, dass auch Zärtlichkeiten ausgetauscht wurden, und ich wollte nicht von einem Lehrling als armes Opfer nette Worte hören.

Ich machte Rudolf gegenüber eine Andeutung, um die Wahrheit herauszufinden. Er lachte nur und antwortete: „Du hast doch extra eine kleine Hässliche ausgesucht, damit nichts passiert!"

Dass Pauline kein „unbeschriebenes Blatt" war, erfuhr ich später von der Frau eines Vertreters. Sie beklagte sich, dass Pauline *ihrem Mann nachstellen und zweideutige Briefe schicken würde.*

„Dieses junge Ding hat Praktiken beschrieben, von denen ich als gestandene Frau noch nie etwas gehört habe."

39

„Ihre Vermutung ist richtig. Sie sind wieder schwanger", hörte ich Dr. Heber sagen.

Wie sehr hatten Rudolf und ich uns ein zweites Kind gewünscht! In unserer Freude und Dankbarkeit fühlten wir uns als Paar wieder eng verbunden.

„Es wird bestimmt ein Junge", strahlte er.

September 1954, Moerser Kirmes wie jedes Jahr.

„Lass uns noch eine Runde machen", schlug Rudolf vor, als er nach Hause kam. „Vielleicht treffen wir Bekannte."

„Mir geht es heute nicht so gut", wehrte ich ab. „Die Übelkeit macht mir zu schaffen."

„Schade, dann muss ich eben allein los."

Spät abends – ich lag schon im Bett – hörte ich Stimmen. Ich schaute auf die Uhr, zweiundzwanzig Uhr zehn. Kurz darauf wurde die Haustür aufgeschlossen.

‚Bestimmt Rudi!'

Er kam aber nicht hoch, sondern ging ins Lager. Ein paar Minuten später fiel die Haustür wieder ins Schloss.

‚Was hat das zu bedeuten?' Ich guckte aus dem Fenster und traute meinen Augen nicht ... ‚Ja, ganz eindeutig ... unten steht eine Frau!'

Ich war schockiert. ‚Jetzt schleppt er schon jemanden nach Hause?!' Minutenlang habe ich geheult und mich richtig fertig gemacht. Ich konnte nicht mehr einschlafen.

Rudolf kehrte nach Mitternacht zurück. Er kam nicht ins Schlafzimmer. Ich horchte, mein Herz hämmerte.

‚Vielleicht kommt er ja gleich und klärt alles auf.'

Ich wartete, horchte, wartete wieder eine kurze Weile, keine Schnarchgeräusche. Er schien noch nicht zu schlafen.

Schließlich hielt ich es nicht mehr aus, stand auf und öffnete die Tür zum Wohnzimmer.

Er lag auf der Couch, das Licht brannte noch.

„Jetzt bringst du schon Frauen bis nach Hause?" Ich zitterte vor Aufregung.

„Erkennst du deine Schwester nicht mehr!?", gab er zurück. Und dann ganz erstaunt: „Du bist noch wach!? Ich wollte dich nicht stören."

Und dann erzählte er, er habe Magda und Heinz auf der Kirmes getroffen. „'Ich hol noch eine Flasche und wir trinken sie bei euch', habe ich vorgeschlagen, und beide waren begeistert. Magda ist mit ins Uhl gekommen, Heinz schon vorgelaufen."

Ich glaubte ihm nicht. Meine schreckliche Vermutung ließ mich nicht einschlafen. ‚Aber wenn seine Geschichte doch stimmt ...?'

Am nächsten Tag bestätigte Magda den Kirmesbesuch. „Es war soo lustig mit Rudi!"

Hoffentlich hat die Aufregung der Schwangerschaft nicht geschadet, war meine Sorge. Mein Groll auf Magda entlastete Rudolf.

„Du kamst Palmsonntag auf die Welt, in schnellem Tempo und kerngesund. Zwei kleine Kinder, Kunden, die ins Uhl kamen, Haushalt und Buchführung, da fehlte die Zeit ‚an allen Ecken'. Und dann, eines Tages – in der Erinnerung warst du noch keine acht Monate alt – beobachtete ich, wie du dich an den Stäben hochzogst und tapsig Schritt für Schritt im Bettchen rundumwackeltest, mit den Händchen am Gitterrand. Als du mich bemerkt hast, strahltest du triumphierend über dein kleines Gesicht. Ich musste mich bremsen, dich nicht zu sehr zu loben, weil Gudrun sich schnell benachteiligt fühlte. ‚Du hast Ute lieber', warf sie mir vor. ‚Für mich hast du gar keine Zeit mehr', wobei sie mit Letzterem nicht ganz unrecht hatte."

Der Tag war besonders hektisch. Es kamen dauernd Kunden, um Wasser und Saft zu kaufen, dazwischen musstest du ein Fläschchen bekommen und gewickelt werden.

Gudrun wurde ungeduldig. Sie quengelte herum, ärgerte und handelte sich eine genervte Antwort ein.

Da wurde es ihr zu viel mit ihrem Schwesterchen!

Gerade hörte sie den Altwarensammler klingelnd durch die Straßen ziehen. Sie öffnete entschlossen das Fenster und rief, so laut, wie es das kleine Stimmchen zuließ: „Lumpenmann, nimm mein Schwesterchen mit!"

Viel Zeit verbrachte ich damit, Mahnungen fürs Geschäft zu schreiben, die ich dann nach Wochen im Handschuhfach des Autos wiederfand.

„Dafür habe ich mir die viele Arbeit gemacht?!", schimpfte ich.

„Die Rechnungen sind zum Teil längst bezahlt worden", entgegnete Rudolf gereizt.

Ich glaubte ihm nicht.

„Lass mich die Mahnungen per Post schicken. Du kannst sagen, deine Angestellte hätte es nicht gewusst, wenn inzwischen schon gezahlt war."

Er antwortete unwirsch: „Ich erledige das schon. Halt du dich da raus."

Das Anmahnen fand Rudolf lästig. Er sah sich lieber in der Rolle des großzügigen Geschäftsmannes, der es besonders gut mit Wirtinnen verstand.

„Du bist ja nur eifersüchtig", unterstellte er mir.

Dr. Husel, der Steuerberater, wunderte sich, als er Rudolf mutlos antraf. Die Außenstände waren unübersehbar.

„Was ist aus dem lachenden Löwen geworden?"

Als Werbegag auf den Autos hatte Rudolf sich für einen Löwen entschieden.

„Und wo ist Ihr Humor!?"

Er fühlte sich als Verlierer. Die inzwischen unüberschaubar gewordenen Außenbestände setzten ihm zu. Das Geld wurde immer knapper. Er war deprimiert und versuchte, die Enttäuschung im Alkohol zu ertränken.

„Ich kann doch nicht immer Nein sagen, wenn meine Kunden und auch Stammgäste mich einladen", beschönigte er seine Angewohnheit. „Ich bin eben beliebt." Sein Auto ließ er nie stehen.

An diesem Tag wurde heftig getrunken. Herr Schuth, der Gastwirt und Freund Rudolfs, nahm vorausschauend den Autoschlüssel an sich, zum allerersten Mal.

Rudolf kam das kurze Stück zu Fuß nach Hause und holte den Zweitschlüssel. Ich konnte ihn nicht davon abbringen.

„Ausgerechnet da – ich war fast zu Hause – kam mir Polizei entgegen", gab er später gern die Geschichte zum Besten. „Sie wurden auf mich aufmerksam und machten kehrt. Während das Polizeiauto drehte, hatte ich mich in einer Toreinfahrt versteckt, ließ die Polizisten vorbeifahren und erreichte ungesehen unseren Hof. Die Polizei stand noch eine Zeitlang an der Ecke, leuchtete die Straße mit einem großen Scheinwerfer ab, Ausschau haltend, wo ich geblieben wäre."

Rudolf kam hoch und riss das Fenster auf.

„Den Löwen, den kriegt ihr nicht, das glaubt mal!"

„Geh doch vom Fenster, Rudi, sonst kommen sie noch her." Ich war aufgeregt, er lachte sich ins Fäustchen.

„Nee, nee, den Löwen zu fangen, dazu seid ihr viel zu dämlich."

Meine Mutter seufzt. „Es war eine schwere Zeit, und Geld war immer knapp. Knapp auch meine freie Zeit, in der ich mich mit euch beschäftigen konnte. Draußen gab es auf dem engen Hof kaum Spielmöglichkeiten, wegen des Leergutes reichlich Wespen. ‚Wir müssen etwas ändern', nistete sich der Gedanke bei mir ein."

Eines Tages besuchte uns Cousine Meta mit ihrem neuen Auto im Uhl. Als Führerscheinneuling brauchte sie Fahrpraxis, und sie wusste, dass Rudolf ein routinierter Autofahrer war.

„Kommt ihr mit zum Baldeney See? Dann kann Rudi ein bisschen mit aufpassen."

Wir fuhren los, Meta am Steuer, Rudolf neben ihr, ich saß mit euch auf dem Rücksitz.

„Hast du keine Augen im Kopf!?", schimpfte er, als es zum Beinahezusammenstoß kam und er sich mächtig erschreckt hatte.

„Ich hatte Vorfahrt." Meta ließ sich nichts sagen. „Mecker doch nicht dauernd rum."

„Frauen am Steuer, ungeheuer. Ich fahr gleich selbst", hörte ich einige Zeit später einen genervten Rudolf. Er schnaubte verächtlich.

Ich wäre am liebsten ausgestiegen.

Plötzlich Polizei.

„Haben Sie nicht gesehen, hier ist Einbahnstraße. Das kostet fünf DM."

Meta sah Rudolf an. Er guckte stoisch zurück. Meta zerrte ihre Geldbörse aus der Tasche und zahlte unwillig.

„Ein vorbildlicher Kavalier, der Herr Löwe." *Meta kochte innerlich.*

„Wenn du nicht aufpasst! Du sitzt doch am Steuer!"

‚Einmal und nie wieder', *dachte ich beim Aussteigen. Meta hatte wohl denselben Gedanken und fragte Rudolf nie mehr.*

Es wurde immer schwieriger, die Buchführung für das Geschäft zu machen.

Rudolf hatte seine eigenen Vorstellungen, die nicht mit meinen zusammenpassten. Die Verantwortung wollte ich nicht mehr tragen und schmiedete eigene Pläne.

40

1958/59

Schon von weitem hörte ich das Scheppern der Baumaschinen und Planierwalzen. Vor zwei Tagen war der Bunker aus dem Zweiten Weltkrieg gesprengt worden. Anwohner hatten sich über zerbrochene Kacheln beschwert.

„Und der Staub!", klagten sie. „Er dringt in alle Ritzen und Schränke."

Endlich war es soweit. Eine lange Planungsphase lag hinter uns. Rudolf und ich hatten endlose Diskussionen, ob wir den Bau eines Sechsfamilienhauses schaffen könnten.

„Lass uns alles auf eine Karte setzen." Ich war beseelt von dem Gedanken, in ferner Zukunft für die Ausbildung der Kinder und für das Alter regelmäßige Einnahmen zu sichern. Meine eigenen Rentenansprüche würden nicht für uns beide ausreichen, Rudolf hatte als Selbstständiger in kein System eingezahlt.

„Bisher hatten wir doch viel Glück", versuchte ich ihm Mut zu machen. Das 2000 qm große Grundstück, das wir schon kurz nach der Währungsreform günstig erworben hatten, konnten wir zusammen mit dem Haus im Uhl 1957 mit Gewinn verkaufen und dafür im Tausch den Bauplatz für das geplante Miethaus erwerben und alle Schulden aus dem Geschäft tilgen.

„Ich habe mich erkundigt", versuchte ich Rudolf zu überzeugen. „Neben deinem Lastenausgleich-Baukredit können wir Landesmittel[5] bekommen. Und die Zeche stellt Mittel bereit für Wohnraum ihrer Arbeitnehmer."

„Und wie sollen wir Zinsen und Tilgung bezahlen? Ich bin froh, dass wir gerade keine Schulden mehr haben."

---

5 Kredit des Ministers für Wiederaufbau des Landes NRW

„Ich habe alles durchgerechnet. Mit meinem Gehalt können wir es schaffen, wenn wir uns die nächsten Jahre einschränken."
Rudolf war skeptisch. „Immer nur verzichten …", murmelte er. „Aber du setzt ja doch durch, was du für richtig hältst."

„Zehn Monate zuvor hatte er ähnlich reagiert", erklärt mir meine Mutter.

„Ich hatte ihm vorgeschlagen, wieder in meinem Beruf zu arbeiten. Sekundenlange Stille … Er sah mich an, als verkündete ich gerade die dritte Schwangerschaft. ‚Du weißt, dass es nur mit meinem Einverständnis möglich ist?', fragte er. Ich wusste es nicht, aber nach dem ersten Schock ließ Papa es geschehen. In gewisser Weise war er erleichtert, dass mein Gehalt weiterhelfen würde. Du warst drei, Gudrun sechs Jahre alt. Oma stand mir wie immer zur Seite, wortkarg, ruhig, aber entschlossen und bot mir an, dass ich euch zu ihr bringen konnte."

Das Amtsgericht suchte Aushilfskräfte. Ich bewarb mich dort, wurde geprüft und konnte am nächsten Tag anfangen, sechs Wochen zur Vertretung einer kranken Kollegin in der Strafabteilung.

An meinem dritten Arbeitstag wurde ich in den großen Strafsaal gerufen, wo ich stenografisch Protokoll führen sollte.

Nur für ein kurzes, aufgeregtes Herzklopfen blieb Zeit, dann nahm ich den mir zugeteilten Platz seitlich im vorderen Bereich ein und konzentrierte mich auf meine Arbeit.

Jetzt kam der Angeklagte zu Wort. Als er über seine sexuellen Handlungen mit Tieren berichtete, stockte mir für einen Moment der Atem, ich guckte in Richtung des Mannes.

Dort saß kein unsympathisches Monstrum, sondern ein ruhiger, freundlicher Herr in den Vierzigern, gepflegte Erscheinung, unauffällig.

Schnell wandte ich meinen Blick wieder ab. Es blieb keine Zeit zu grübeln ...

Regelmäßig schrieb ich nach Diktat des Richters Urteile mit vier Durchschlägen direkt in die Schreibmaschine.

Als ich merkte, dass ich der Aufgabe sehr gut gewachsen war und die interessanten Aufgaben erfolgreich erledigen konnte, war ich so glücklich wie lange nicht mehr. Mich beflügelte auch die Aussicht auf eigenes Geld, auf ein Stück Unabhängigkeit. Die Anerkennung des Vorgesetzten, „Sie können wir hier gut gebrauchen", tat gut.

Als ich Rudolf mit ein bisschen Stolz davon erzählte, reagierte er zynisch.

„Dann kannst du ja demnächst den ganzen Tag dort arbeiten. Hast wohl einen netten Chef!?"

Ich überhörte solche Sticheleien und genoss die Nachmittage mit euch.

Cousine Meta begleitete mich heute in den Park, nachdem wir Kaffee getrunken hatten. Sie war unerwartet vorbeigekommen. „Ich bin so froh, wieder arbeiten zu können", erzählte ich von meiner neuen Arbeitsstelle.

„Was!", rief sie so laut, dass sich eine ältere Dame zu uns umdrehte. „Beim Amtsgericht?! Da habe ich mich vor zwei Wochen auch vorgestellt und vorgestern eine Absage erhalten."

Ich wusste, wie schwer sich Meta mit der Rechtschreibung und Stenografie tat und war nicht erstaunt, dass es nicht geklappt hatte, sagte aber nichts.

„Du hast mir die Stelle weggeschnappt!", hörte ich jetzt eine erboste Meta, und eh ich mich versah, drehte sie sich auf dem Absatz um und verschwand hinter den Bäumen.

Ich habe sie erst Jahre später auf einer Beerdigung wieder gesehen, immer noch distanziert.

Am 1. März 1959 sollte der Bagger zum Ausschachten kommen. Aber es gab einen Kälteeinbruch und so viel Schnee wie im ganzen Winter nicht, so dass sich der Beginn verzögerte.

An das Richtfest erinnere ich mich noch gut, auch an das schöne Gefühl, es so weit geschafft zu haben.
Eine Richtkrone schmückte den Bau, der Zimmermann wünschte dem Haus und seinen Bewohnern mit einem markigen Spruch viel Glück und ließ dabei ein Glas zerschellen.
Wir hatten im Keller einen langen, üppig gedeckten Tisch vorbereitet. Ich blieb mit euch bis nach dem Essen in der fröhlichen Runde. Rudolf feierte bis in den Morgen hinein.
Wenn er auch skeptisch bis dahin das Bauprojekt betrachtet hatte, so war er nach dem Richtfest euphorisch.
„Die Handwerker sind von dem Haus begeistert und haben mich beglückwünscht. Habe lange nicht mehr so lustig gefeiert."

An einem späten Nachmittag im April besuchten uns unangekündigt Tante Lenchen und Lothar Becker. Als ich sie die Treppe hochkommen sah, war der Schreck größer als die Freude. ‚Ich habe gar nichts anzubieten, auch kein Geld im Haus.'
Ich wartete, bis das kleine Lebensmittelgeschäft zumachte und klingelte bei der Nachbarin.
„Niephaus ist geschlossen, und ich habe unverhofft Besuch bekommen", redete ich mich heraus.
Die Strategie ging auf. „Das ist mir auch mal passiert", entgegnete Frau Pfeifer, nicht ahnend, in welchem Dilemma ich steckte.
Ich kam mit zwei Eiern und wenigen Habseligkeiten zurück.
Ein paar Flinsen waren schnell gebacken, und wir tauchten ein in Familiengeschichten, in Heimaterinnerungen, auch in die unfassbaren Ereignisse der Nazizeit.

"Dass wir in Ostpreußen noch so lange an den Endsieg geglaubt haben, ist aus heutiger Sicht unfassbar", meinte Lothar, „und daran, zurückkehren zu können."

Er schaute mich an. „Tauchen in deinen Träumen auch immer noch Wege und Landschaften von früher auf?" Ich nickte wehmütig.

Da kam Rudolf nach Hause. Ich stellte ihm den Besuch vor. Argwöhnisch musterte er Lothar. Ich hatte einmal erwähnt, dass er mein erster Schwarm war und er es in seiner Unbeholfenheit verpatzt hatte.

„Lasst uns zusammen den Rohbau ansehen", versuchte ich die angespannte Atmosphäre zu entkrampfen.

„Ich gehe nicht mit." Rudolf guckte missbilligend in die Runde.

Als ich mich kurz darauf von ihm verabschiedete, raunte er mir leise entgegen: „Was will der von dir?"

Meine fröhliche Stimmung verflüchtigte sich schlagartig. Ich versuchte krampfhaft, mir nichts anmerken zu lassen. Lothar hatte feine Antennen. „Ich werde dich nicht mehr in Moers besuchen."

Als wir von unserer Besichtigung zurückkamen, lag Rudolf schon im Bett und schnarchte laut. Er hatte wieder getrunken.

Das Geschäft machte ihm zu schaffen. Er hatte keine Übersicht über die Außenstände mehr und konnte keine Ware kaufen.

„Ich werde es Rupancic anbieten und meine Kunden weiter beliefern."

Diese Entscheidung hat ihn sicher viel Überwindung gekostet, da für ihn eigentlich nur die Selbstständigkeit in Frage kam.

„Mir geht es gesundheitlich nicht gut", erklärte er seinem Bruder den Entschluss.

„Er muss ja nicht alles wissen", meinte Rudolf zu mir.

Tragischerweise verwandelte sich seine Unwahrheit in bittere Realität. Rudolf erlitt bald darauf einen Schlaganfall.

Sein Hausarzt war sofort zur Stelle.

„Die deutschen Frauen füttern ihre Männer zu Tode", gab Dr. Mehring seinen Kommentar, nachdem er die Diagnose gestellt und ein Medikament gespritzt hatte. „Gesunde Ernährung ist das Wichtigste", und er machte Vorschläge für Produkte aus dem Reformhaus.

Ich ging wortlos aus dem Zimmer und war auch nicht traurig, dass er ohne Verabschiedung gegangen ist.

Dr. Mehring war mir schon seit dem Zeitpunkt suspekt, als Rudolf von einem Arztbesuch nach Hause kam und triumphierend bemerkte, dass sein Arzt „die Eifersucht von Frauen als die größte Belastung für eine Ehe" ansähe.

Seine arrogante und frauenfeindliche Art war auffällig. Dass er bei Rudolfs akutem Schlaganfall nichts Besseres zu tun hatte als mir ein schlechtes Gewissen zu machen, fand ich unverschämt.

„Ich finde ihn anmaßend!", beschwerte ich mich bei Rudolf.

„Aber er ist ein guter Arzt", gab er zurück.

Jahre später wird dieser Arzt Stadtgespräch sein. Er wird die Titelseite der Bildzeitung schmücken: „Moerser Arzt von seiner Geliebten im Hotelzimmer in Davos aus Eifersucht erstochen!"

Meine Anteilnahme hielt sich in Grenzen, nur seine Frau und die vier Töchter taten mir unendlich leid.

Rudolfs Schlaganfall hatte mich ohne Vorwarnung getroffen. Es war nicht nur der erschreckende Gedanke, dass im Leben alles ganz schnell anders werden könnte, sondern auch das Bewusstsein, dass das tiefe Gefühl der einzigartigen Liebe zu ihm, das berauschende Gefühl, in das ich mich früher so fallen lassen konnte und Glück und Geborgenheit gespürt habe, nicht mehr da war.

„Morgen fahre ich wieder auf Tour", beschloss Rudolf nach zwei Tagen. „Es war nur ein kleiner Schwächeanfall."

Acht Monate später konnten wir in unseren Neubau ziehen.

41

Mein Redeversuch mit Jörg ist gescheitert.
„Es läuft doch bei uns", meinte er, als ich versuchte, auf vielfältige Weise die Defizite sichtbar zu machen. „Wenn ich immer höre, was andere für einen Stress haben ...Wenn wir es nicht schaffen, wer dann ..."
Ich werde wohl weiterhin den tiefgründigen Gedankenaustausch vermissen und die Chance schwinden sehen, dass sich unser Band fester und fester verknüpft.

Gerade bringt meine Mutter den Tee ins Wohnzimmer, der Duft von Himbeeren steigt mir angenehm in die Nase. Dazu Zitronenwaffeln, mein Lieblingsgebäck seit Kindertagen.
„Eine Geschichte muss ich dir erzählen", beginne ich unseren gemütlichen Nachmittag. „Heute war ein Ehepaar in der Praxis, beide hatten einen Termin zur Vorsorge, er bei Jörg, sie bei mir. Als Herr Pflaum mit seiner Behandlung fertig war, kam er ins Zimmer zu seiner Frau, der ich gerade eine Füllung machte. Plötzlich fing er laut an zu lachen. ‚Was, sind das **deine** Zähne?!' Er kriegte sich gar nicht mehr ein. Seine Frau hatte ihre Oberkieferprothese auf das Behandlungstray gelegt, nichtsahnend, dass ihr Mann sie besuchen würde. Er amüsierte sich köstlich, sie weniger."
„Und wie hast du reagiert?", fragt meine Mutter.
„Ich wollte gerade etwas Vermittelndes sagen, da meinte der Ehemann: ‚Und ich dachte immer, nur **ich** hätte eine Prothese.'"
Meine Mutter lacht ausgelassen. „Herrlich, wenn du aus deinem Praxisalltag erzählst. Und jetzt tauchen wir wieder ab?"
„Gern. Mein Stift liegt bereit."
Ich spüre ihre Freude an unserem gemeinsamen Projekt.

1961

Im Spätsommer 1961, noch beim Amtsgericht beschäftigt, ging es mir gesundheitlich schlecht. Meine Blutungen waren kaum zu beherrschen, oft war mir schwarz vor Augen, der Schwindel machte mich unsicher.

Der Hausarzt konnte keine genaue Diagnose stellen. „Eine Kur ist unausweichlich."

Ich legte sie in die Sommerferien, weil ich euch mitnehmen wollte.

‚*Meine Mutter muss auch mal zur Ruhe kommen.*'

Eine Kinderpension war schwer zu finden. Nur von einem Kinderheim in Eglofstal, zehn Kilometer von Isny entfernt, bekam ich eine kurze positive Antwort.

Mir war nicht wohl bei unserer Abfahrt. ‚*Wie wird es euch gefallen, was erwartet mich bei der Rückkehr zu Hause?', war mein Gedanke.*

Der Zug fuhr die ganze Nacht hindurch.

Die frühmorgendliche Kälte ließ uns auf dem Bahnsteig eng zusammenkuscheln, während wir auf den Anschlusszug in Richtung Isny warteten. Eure Teddys thronten oben auf euren kleinen Rucksäcken.

‚*Was hast du da angezettelt.*'

Du hieltst meine Hand immer fester.

Im Heim stellte sich heraus, dass hier Kinder betreut wurden, die nicht in ihren Familien leben konnten. Ein zwölfjähriges Mädchen vom Bodensee war das einzige Ferienkind. Sie teilte mit euch ein Zimmer in einem anderen Gebäude.

„Es gibt gleich Mittagessen. Sie sind herzlich eingeladen", sprach mich der Heimleiter an, mit dessen Familie alle gemeinsam an einem langen Tisch saßen.

Ihr stochertet in eurem Essen herum, wobei ihr hilfesuchende

Blicke mit mir tauschtet. Ich brachte auch nur mit Mühe einige Bissen herunter. Die Stimmung war bedrückend, das Essen dürftig, so dass es kaum für alle reichte.

Bildete ich mir ein oder entsprach es der Wirklichkeit, dass viele Kinder ausgesprochen mager waren? Und die sehnsüchtigen, traurigen Augen!

Der Gedanke an den nahenden Abschied gab mir ein flaues Gefühl. Mein Herz pochte. Du fingst plötzlich an zu weinen und hörtest nicht mehr auf. Gudrun war mutiger. „Ich bin auf das Mädchen vom Bodensee gespannt." Sie würde am nächsten Tag anreisen.

Ich konnte es kaum ertragen, euch zurückzulassen. ‚Es gibt ja keine andere Möglichkeit.'

Den Weg zum Omnibus erlebte ich, von Tränen verschleiert, wie in Trance.

Gudrun schrieb am vierten Tag an meine Mutter diese Karte:

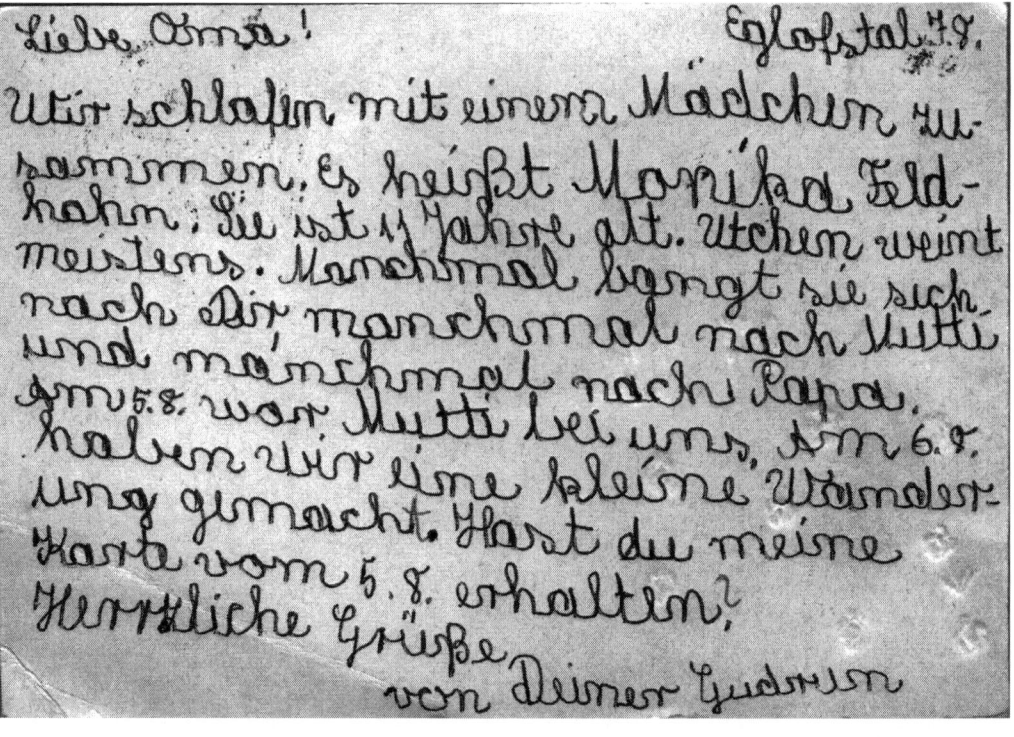

Liebe Oma! Eglofstal 7.8.
Wir schlafen mit einem Mädchen zusammen. Es heißt Monika Feldhahn; sie ist 14 Jahre alt. Utchen weint meistens. Manchmal bangt sie sich nach Dir, manchmal nach Mutti und manchmal nach Papa. Am 5.8. war Mutti bei uns, am 6.8. haben wir eine kleine Wanderung gemacht. Hast du meine Karte vom 5.8. erhalten?
Herzliche Grüße
von Deiner Gudrun

Ja, das sagt alles aus!

Die Angestelltenversicherung sah es nicht gerne, wenn Kinder die Kurgäste begleiteten. Ich musste euch heimlich besuchen.
In der ländlichen Gegend fuhr der Omnibus selten. Er brauchte eine Stunde für die kurze Entfernung von zehn Kilometern, weil er auf Umwegen noch Milchkannen mitnehmen musste. So landeten wir nach einer halben Stunde an gleicher Stelle. Eine teure Taxifahrt wäre für mich undenkbar gewesen.

„Die bedrückende Stimmung kann ich sofort wieder nachspüren. Ich war todunglücklich wie niemals zuvor. Die Betreuerinnen erschienen mir kaltherzig. Alles war streng geregelt, bei Verstoß mit Strafe belegt. ‚Und dass die anderen Kinder hier ihr Zuhause haben!' Der Gedanke war ständig präsent und ließ keine Fröhlichkeit zu."

„Mir kam es auch so vor, als ob viele der Kinder verängstigt waren, in sich gekehrt, auffallend still. Als ich das nächste Mal bei euch war, fragtest du, ob sie wohl keine Mutter hätten, die sie liebt. Was wusste ich schon und was sollte ich dir sagen? ‚Vielleicht ist sie krank und holt Tochter oder Sohn bald nach Hause.' Auf jeden Fall wollte ich euch das Herz nicht schwer machen.

„Ich fühlte mich einsam, wenngleich Gudrun in die Rolle der großen Schwester schlüpfte und mich tröstete", erinnere ich mich. „Unruhig wurde ich, als wir am nächsten Tag alle nacheinander zum Baden geholt wurden, obwohl ich zu Hause immer riesig gern in der Wanne planschte. Ich weiß noch genau, dass ich nicht wollte, dass die fremden Frauen mich anfassten, schon gar nicht der Heimleiter, der – warum auch? – immer wieder auftauchte."

„Gut, dass Sie kommen", begrüßte mich Fräulein Sauer. „Ihre Tochter will nur von Ihnen gebadet werden."

An diesem Abend fiel der Abschied besonders schwer. Immer wieder schlangst du deine kleinen Ärmchen um mich und presstest dein Gesicht in meinen Schoß, damit niemand dein Schluchzen hörte. So konnte ich nicht gehen!

Wir drückten uns minutenlang, erzählten, machten lebhaft Pläne für den nächsten gemeinsamen Nachmittag.

Schließlich beruhigtest du dich und lächeltest tapfer. „Bis bald, Mutti."

Es war kurz vor zwanzig Uhr, der letzte Bus würde jeden Augenblick abfahren. Ich rannte so schnell ich konnte zur Haltestelle. ‚Vielleicht hat er Verspätung', war meine Hoffnung.

Es regnete in Strömen. Ich wartete eine Weile, der Regen wurde stärker, der Bus blieb weg. Was sollte ich jetzt machen?

Da näherte sich auf der einsamen Landstraße ein LKW. Ich gab dem Fahrer kurzentschlossen durch Handzeichen zu verstehen, dass ich eine Mitfahrgelegenheit suchte. Er bremste das Riesengefährt ab und kurbelte das Fenster herunter. Ich erklärte kurz mein Problem. „Steigen Sie ein", meinte er freundlich. „Das ist sowieso meine Strecke."

Als ich die hohe Trittbrettstufe erklomm, war mir nicht ganz wohl, aber, er sieht vertrauenerweckend aus'.

Von Isny aus ging ich die zwei Kilometer zu Fuß nach Neutrauchburg und kam bis auf die Haut durchnässt in der Klinik an.

Eine Kurteilnehmerin, mit der ich mich angefreundet und ihr von euch erzählt hatte, nahm mein Abendessen regelmäßig mit aufs Zimmer, damit mein Fehlen nicht auffiel.

An dem Abend aß ich nichts mehr.

So konnte es nicht weitergehen, von Erholung keine Spur.

In Neutrauchburg gab es einen kleinen Laden mit Gastwirtschaft und den einzigen Fremdenzimmern im Ort. Ich hatte schon mehrmals nachgefragt.

Am nächsten Morgen dramatisierte ich dort unsere missliche Lage und stieß auf Empathie. Ich spürte, dass die Inhaberin ihre Gedanken arbeiten ließ.
„In zwei Tagen wird ein Zimmer frei", strahlte sie mich schließlich an.

„Oh Mutti, wirklich!?" *Du fielst mir um den Hals, als ich dieses Mal nicht zu Besuch kam, sondern um euch abzuholen.*
„Endlich nicht mehr den Tröster spielen müssen!", jubelte Gudrun. „Umso schöner, weil Monika auch morgen von ihren Eltern abgeholt wird."
Alle drei waren wir albern und übermütig vor Glückseligkeit.
Der Heimleiter war mit unserem Weggang einverstanden. Noch nie hatten wir so schnell alle Sachen zusammengepackt.
Eure erste Mahlzeit bei Frau Lacher in der Gaststätte eurer Pension war Hähnchen mit Rotkohl.

„Ich kam mir vor wie im Schlaraffenland. Kannst du dir vorstellen, dass ich noch genau weiß, wie das Hähnchen gebraten war? Dünne, knusprige, braune Haut, ganz salzig gewürzt, himmlisch lecker. Und so schön, dass du bei uns warst! Ich wollte dir ganz nah sein."
„Du bist fast in mich hineingekrochen, ganz rührselig. Und dein Nachholbedarf an Essen war auch enorm. Obwohl du sonst immer ein schlechter Esser warst, hast du alles verputzt. ‚Passt wohl noch ein Pudding hinein?', fragte ich amüsiert. Du nicktest eifrig. Gudrun strahlte. Vanillepudding mit Himbeersauce, eine große Köstlichkeit, die es zu Hause nur sonntags gab."

„Heute Nachmittag habe ich keine Anwendungen." Die gemeinsame Zeit begann verheißungsvoll.
Wir streiften durch den Wald, beobachteten Rehe in ihren Gehegen, sammelten Gräser, Blätter, Blumen und Früchte.

"Die können wir nachher alle sortieren." Eure zurückgekehrte Fröhlichkeit machte mich glücklich.
"Sollen wir zum Wassertreten in den Kurpark?"
"Ja!" Wir wollten alles ausprobieren.

Es gab neben der Pension doch dieses kleine Geschäft, fällt mir ein, in dem wir ab und zu Zitronenbonbons holten. Dann baten wir den Kaufmann um kleine Tüten.
„Gucken Sie mal, was wir alles gefunden haben!" Viele verschiedene Sorten an Samen, Früchten, Blättern machten etliche Tüten erforderlich, die der Kaufmann mit einem Lächeln überreichte.
Ich bildete mir ein, dass hier in Neutrauchburg (Isny) plötzlich alle Menschen hilfsbereit und liebenswürdig waren, warmherzig und fröhlich. Eine völlig andere Welt als die, die wir zehn Tage lang ertragen mussten.

Ich kann mich an viel mehr Einzelheiten aus diesen Wochen erinnern als an die Zeit im Kinderheim. Ob man als Kind schon verdrängt?

42

2000

„Heute habe ich mich zum Aerobic-Kurs bei der Volkshochschule angemeldet", verkünde ich abends in Vorfreude darauf. Jörg schaut skeptisch.
„Er fängt erst um 21 Uhr an", beruhige ich ihn. „Dann sind die Kinder schon im Bett."

Als ich eine Woche später aus der Turnhalle komme, tanzen meine Glücksgefühle noch weiter. Eine fröhliche Gruppe, die Kursleiterin voller Power, die Musik partyverdächtig. Schon lange bin ich nicht mehr so ausgelassen durch eine Turnhalle gehopst; der einzige Mann im Kurs war witzig und charmant.
‚Gut, dass ich mich aus dem Alltagstrott mal gelöst habe', denke ich. ‚Man muss einfach etwas Neues ausprobieren.'
Jörg scheint es nicht zu interessieren, wie der Abend war. Als ich zur Begrüßung den Kopf zur Wohnzimmertür hereinstecke, höre ich nur ein „Pssst" von der Couch. Er schaut eine Quizsendung im Fernsehen und möchte nicht gestört werden.
„Gute Nacht."
Ein undeutlich gemurmeltes „Gute Nacht" kommt zurück.
Schade, denke ich enttäuscht. Ich hätte gerne noch ein bisschen geplaudert.

Meine Mutter freut sich, als ich ihr am nächsten Tag ausführlich von meinen Erfahrungen bei Aerobic berichte. „Hast du Bekannte getroffen?"
„Zwei Patientinnen waren dabei. Vor Jahren wäre es mir unangenehm gewesen, weil ich mich beobachtet gefühlt hätte. Gott sei Dank bin ich selbstbewusster und gelassener geworden. Mir gehen durch unsere Reise in die Vergangenheit viele Dinge durch den Kopf. Wir hatten doch früher ganz viel Gemüse im Garten!?"

„Ja, das war Papas Steckenpferd. Anfangs war ich froh, dass er eine gute Beschäftigung gefunden hatte, die ihn zufrieden machte und die einen Beitrag zu unserer Ernährung leistete. Aber im Laufe der Jahre wurde es eine extreme Marotte. Er baute immer mehr an."

„Wir müssen die Erdbeeren erst wiegen." Papa arbeitete im Garten, als ich ein bisschen naschen wollte.
„Du weißt doch, dass ich alles aufschreibe."

„Er trug jedes Gramm fein säuberlich in ein Buch ein", ergänzt meine Mutter. „Gurken, Bohnen, Erbsenschoten, Stachelbeeren, Erdbeeren, später Kirschen, auch Salat. ‚Solche Mengen?', hatte Onkel Erwin gestaunt, als Papa ihm die Kladde zeigte. ‚Das ist der gute Dünger', entgegnete er stolz."

> Papa brachte von unterwegs Kuhmist von Bauern mit oder von einigen seiner Gastwirte, die eine kleine Landwirtschaft hatten. Er transportierte den Naturdünger in großen Folien, hinten in seinem Kombi.
> „Iiiiii, das stinkt!" Wir hielten die Nasen zu, als er uns zur Schule mitnahm.
> „Aber die leckeren Erdbeeren schmecken euch!", konterte Papa.

„Die Fülle an Obst und Gemüse konnten wir nicht verbrauchen", unterbricht meine Mutter meine Gedanken. „Wir fingen an einzuwecken. Die Zeit fehlte dann an anderer Stelle. Der Salat war voller Ungeziefer. ‚Salat brauchst du nicht mehr anzupflanzen', war mein unbedachter Einwand. ‚Wenn ich arbeite, kann ich nicht stundenlang den Salat waschen und putzen. Den kaufe ich günstig vom Markt.' Ich ahnte nicht, dass ich Papa damit gekränkt hatte. Er sagte nichts. Aber von da an war sein Gärtnerhobby beendet. Ich konnte ihn nicht mehr umstimmen."

Gern fuhr ich zu Onkel Erwin und Tante Lotte nach Neuß. Wir hatten noch keinen Fernseher und durften dort Kinderstunde gucken. An diesem Sonntag winkte uns Onkel Erwin gleich auf die Veranda. „Ich habe eine Überraschung!"

„Oh, Stelzen! Die sind ja riesig."

„Ich habe sie selbst geschnitzt", erklärte er stolz.

Etwas wackelig machten wir die ersten Gehversuche, die Höhe gab ein erhabenes Gefühl.

„Schade, dass wir keine Kinder bekommen haben", meinte Tante Lotte. „Erwin macht so gerne Quatsch mit den beiden. Guck mal, er probiert es doch tatsächlich selbst mit den Stelzen."

„Was ist eigentlich mit deinem Patent für die Obstpflückmaschine?", kam Rudolf auf ein ernsteres Thema zu sprechen.

„Ich bin nah dran."

Wie in Schlesien tüftelte er auch jetzt noch an irgendwelchen Erfindungen.

„So können wir auf keinen grünen Zweig kommen", meinte Tante Lotte leicht genervt. „Aber für Erwin ist es auch ohne Durchbruch die Erfüllung."

Er hatte sich schon Maschinen für die Schreinerei patentieren lassen, auch ein klappbares Bett, und stellte seine Erfindungen auf Messen vor, bisher ohne Erfolg.

„Eines Tages gelingt mir der große Durchbruch." Über sein Gesicht huschte ein zufriedenes Lächeln, die buschigen Augenbrauen hoben sich und die Ohren, mit denen er wackeln konnte, dehnten sich entspannt nach hinten.

„Wie weit ist eigentlich unser Lastenausgleich, Käthchen?", fragte er mich. „Ich könnte ein bisschen Geld gerade gut gebrauchen." Tante Lotte seufzte.

„Eure Besitzverhältnisse sind kompliziert, und es kann noch einige Zeit dauern", antwortete ich ihm.

Ich arbeitete inzwischen bei der Kreisverwaltung im Ausgleichsamt. Vertriebene bekamen nach dem 1952 in Kraft getretenen Ausgleichsgesetz eine kleine finanzielle Entschädigung für verlorenen Besitz im Osten, finanziert mithilfe einer langfristigen Vermögensabgabe der Einheimischen.
Schwägerin Lene erschien ein paar Tage später schon wieder in meinem Büro. Groß und kräftig, wie sie war, baute sie sich vor mir auf, keine freundliche Begrüßung, keine persönlichen Worte.
„Ich muss unbedingt zu deinem Chef!" Gerade in dem Moment kam Herr Kieser zur Tür herein.
„Ich verstehe überhaupt nicht, was da so lange dauert!", begann sie gleich ihre Schimpftirade. Er zog die Augenbrauen hoch, seufzte, warf mir einen bösen Blick zu und nahm sie mit in sein Büro.
„Den Namen Löwe kann ich langsam nicht mehr ertragen", musste ich mir später anhören. Das ging so über mehrere Wochen.
Schließlich hatte ich genug davon. „Ich sitze zufällig hier", wurde ich energisch. „Schlesien kenne ich überhaupt nicht. Ich habe damit nichts zu tun. Und übrigens - ich frage Sie auch nicht nach Ihren Privatangelegenheiten."
Ich wusste von einer Kollegin, dass Herr Kieser einen hässlichen Rosenkrieg mit seiner Noch-Ehefrau führte und eine junge Geliebte hatte.
‚Weiß sie wohl etwas!?', las ich in seinen Augen. Nie wieder äußerte er sich mir gegenüber kritisch in der Angelegenheit.

Als im Ausgleichsamt der Ansturm der Bearbeitungsfälle abgeklungen war, wurde das Jugendamt ein neuer interessanter Be-

reich für mich, aber auch belastend. Ich musste lernen, Probleme nicht mit nach Hause zu nehmen, was ich anfangs nicht schaffte. Die Schicksale von Scheidungskindern, die zwischen den Eltern hin- und hergerissen wurden, ließen mich nicht los.

‚Da wäre ein bisschen weniger Egoismus angebracht', dachte ich oft. ‚Warum nehmen sich viele Menschen so wichtig in ihrer gekränkten Eitelkeit, und warum geht es immer nur um Geld?'

Trotz aller Schwierigkeiten in unserer Ehe war ich mir sicher, dass so etwas euch erspart bleiben sollte.

„Es war die Zeit, als wir ein gebrauchtes Klavier kauften, schwarz lackiert, ähnlich wie das bei uns zu Hause. Dinge, die ich in Ostpreußen so geschätzt hatte, versuchte ich auch für euch zu ermöglichen. Papa war mächtig stolz, wenn du bei den Schlesiertreffen Weihnachtslieder vorgespielt hast."

„Und wir waren gespannt auf die Nikolaustüten mit Nüssen, Äpfeln und Mandarinen, dazwischen versteckt in buntes Stanniolpapier eingepackte Schokoladenfiguren und Süßigkeiten, für uns eine Kostbarkeit."

„Aber irgendwann wolltet ihr nicht mehr zu den Treffen."

„Das wirkte alles so hinterwäldlerisch. Das Frühlingsfest, an dem die Kinder mit buntgeschmückten Stäben und Liedern wie ‚Sommer, Sommer, Sommer, ich bin ein kleiner Pommer' in Schlesien von Haus zu Haus gegangen sind und jetzt bei den Treffen von Tisch zu Tisch, um Süßigkeiten zu bekommen, muteten fremd an. Und es hat penetrant nach Kölnisch Wasser gerochen."

Ich mochte die Veranstaltung schließlich auch nicht mehr.
Die Vertriebenenverbände pochten in ihrer politischen Zielsetzung auf Zurückholung der verlorenen Gebiete. Die beschwörenden Reden bei den Treffen berührten mich unangenehm. Sie standen konträr zur Entspannungspolitik.

In der Familie sprachen wir oft über Ostpreußen, über den Schmerz, die Heimat verloren zu haben. Leider waren solche Sentimentalitäten in der Gesellschaft nicht erwünscht. Die Geschichten aus der „kalten Heimat" wurden mit Argwohn verfolgt. Es galt als „ungebührlich", das selbst erlittene Leid zu thematisieren und sich als Opfer zu fühlen. Allein das vom NS-Terror der Welt zugefügte Unheil war existent.

Ich fühlte mich hier im Westen wohl, mit den lieben Menschen um mich herum, aber ich erinnerte mich gern an mein Zuhause, wo ich meine Kindheit verbracht hatte, die sorgloseste Zeit meines Lebens.

Der Verstand sagte „Ja" zur Entspannungspolitik, die Entwurzelung jedoch schmerzte jahrelang.

Erst Jahrzehnte später wurde es möglich, differenzierter darüber zu sprechen und von allen Seiten auszuleuchten, nicht zuletzt durch die bewegende Rede des Bundespräsidenten am 8. Mai 1985: „Der 8. Mai 1945 war ein Tag der Befreiung, der uns alle befreit hat von dem menschenverachtenden System der nationalsozialistischen Gewaltherrschaft. Bei uns selbst wurde das Schwerste den Heimatvertriebenen abverlangt ... Um ihrem schweren Schicksal mit Verständnis zu begegnen, fehlte uns Einheimischen oft die Fantasie und das offene Herz. Aber es gab alsbald auch große Zeichen der Hilfsbereitschaft ... Ihre Kinder und Enkel bleiben auf vielfältige Weise der Kultur und der Liebe zur Heimat ihrer Vorfahren verbunden. Das ist gut so, denn das ist ein wertvoller Schatz in ihrem Leben ..." (Richard von Weizsäcker).

43

1964

„Bringst du Oma ein paar Lebensmittel rüber?", fragte meine Mutter an einem Nachmittag, als sie aus der Stadt kam. „Du kannst dann gleich die Stopfsachen mitnehmen." Dieses Mal war es eine Tüte voller Strümpfe.

Oma war oft allein, aber ausgerechnet, als ich sie heute besuchte, saß Fräulein Nuhr bei ihr.

‚Hoffentlich bleibt sie nicht mehr lange, ich möchte Oma für mich haben.'

Fräulein Nuhr wohnte im selben Haus. Sie stammte auch aus dem Osten, aus einer begüterten Familie, und hatte das Schneiderhandwerk gelernt. Die Eltern starben auf der Flucht.

„Hunger, Kälte und die Resignation wegen des Verlustes unseres wunderschönen Zuhauses trieben sie in den Tod."

Fräulein Nuhr sah plötzlich unendlich traurig und verbittert aus. „Ich blieb allein zurück."

Ihre einzige Verwandte war eine Cousine in Köln, die sie nach dem Krieg aufsuchte.

„Bei mir kannst du nicht bleiben", war nach kurzer Begrüßung deren klare Aussage. Es gab eine kleine Mahlzeit, die Adresse der zuständigen Behörde und zehn Reichsmark in die Hand.

„Wir gingen ohne Umarmung auseinander. Als ich wieder auf der Straße stand, wusste ich nicht, ob meine Enttäuschung größer war oder meine Wut. Die Behörde hat mich schließlich nach Moers verfrachtet."

Weil Fräulein Nuhr chronisch krank war, wurde eine Arbeitsunfähigkeit bescheinigt. Nur hin und wieder nähte sie für Privatleute, so auch für uns.

Sie war eine Frau mit Ausstrahlung, groß gewachsen, mit blonden selbstgefärbten Haaren, die sie sich kunstvoll zur Hochfrisur steckte.

Sie verstand es, sich für wenig Geld extravagant zu kleiden. Die Stoffe suchte sie geschmackvoll aus, gern mit auffälligen Mustern. Daraus nähte sie aufwändige Schnitte. Von den Stoffresten machte sie ein breites Band für ihr Haar oder eine Schärpe, als Gürtel getragen.

Fräulein Nuhr passte nicht in das Bild einer kranken, bedürftigen Frau und war bei Ärzten und Ämtern wegen ihrer kritischen Art und des selbstbewussten Auftretens unbeliebt.

Da sie einen Stichtag verpasst hatte, verzögerte sich ihr Lastenausgleich. Sie lebte vom Sozialamt, „es ist erniedrigend", hatte sie doch andere Zeiten erlebt, aber niemand schaffte es, ihr das Selbstbewusstsein, die Würde und den Lebensmut zu nehmen.

Die Freundschaft zu Oma war eine Freundschaft zwischen zwei Menschen, wie sie ungleicher nicht hätten sein können, zumindest oberflächlich betrachtet. Oma, still, bescheiden, unauffällig, auf Harmonie bedacht, Fräulein Nuhr, aufgebrezelt, laut, betont selbstbewusst, kämpferisch, provozierend. Beide waren tolerant und herzensgut, so dass sie trotz der Gegensätze zueinander fanden und sich aufeinander verlassen konnten.

Oma machte ihr gern eine Freude, obwohl sie selbst wenig hatte.

„Haben Sie wieder für mich mit gekocht, Frau Lenkeit?" Fräulein Nuhr nahm den Topf mit Rouladen freudestrahlend entgegen und drückte Oma.

„Wenn ich mein Geld vom Lastenausgleich bekomme, revanchiere ich mich."

Dann wurde sie schwer krank, Oma pflegte sie vier Wochen. Sie ahnte, dass es mit der lieben Nachbarin bald zu Ende gehen würde und versuchte, ihr jeden kleinen Wunsch von den Augen abzulesen.

„Kaiserschmarrn habe ich ewig nicht mehr gegessen. Lecker!" Und dann ein liebevoller dankbarer Blick.

Fräulein Nuhr ist schließlich im Krankenhaus gestorben. Sie wollte am Sterbebett noch etwas regeln, verlangte einen Stift und Papier, aber es ging nicht mehr.

Ihr umfangreicher Lastenausgleich wurde drei Wochen nach ihrem Tod ausgezahlt. Besagte Cousine, die sie damals weggeschickt hatte, erbte alles!

Der Testamentsvollstrecker fragte Oma, was sie haben wolle für ihre Pflege.

„Ich habe sie doch nicht für Geld gepflegt", meinte sie entrüstet.

„Fünfhundert DM stehen Ihnen aber mindestens zu."

Die nahm Oma mit einer leichten Verlegenheit und machte Magda und meiner Mutter eine Freude damit.

Papa belieferte weiter Gaststätten und Restaurants und hatte eines Tages Förderer eines Reitervereins kennengelernt.

„Ich habe die Kinder und mich als Mitglieder angemeldet", berichtete er am Abend.

„So spontan?", fragte meine Mutter erstaunt. „Ist es nicht zu teuer?"

„Ich habe mir alles angesehen", versicherte er. „Die Kinder schwärmen doch immer vom Reiten, es gibt dort genügend Vereinspferde."

„Papa war euch immer zugetan und auch stolz auf seine beiden „hübschen blonden Mädchen."

„Ich weiß noch genau, dass du nicht gerade begeistert warst. ‚Ich hätte Tennis spielen schöner gefunden', war dein Einwand. Und dann die häufige Diskussion, wenn Gudrun aus deiner Sicht zu viel Zeit dort verbrachte."

„Ich fahre gleich zum Stall." An diesem Tag war Gudrun fest entschlossen. Sie wollte meinen Ermahnungen bezüglich Schule entgehen.

„Das kann ja nichts werden, wenn du nur im Stall bist!" Ich war ärgerlich, als Gudrun mit einer schlechten Klassenarbeit nach Hause kam.

Sie meinte fröhlich: „Ach, Mutti, schimpf doch nicht, Hauptsache, ich bin gesund und munter."

„Beneidenswert unbekümmert, oder wie siehst du es heute?", frage ich meine Mutter. „Zumal Gudrun ihre Ziele erreicht hat."

Ja, ein bisschen mehr Leichtigkeit würde uns beiden vielleicht guttun.

Jahre später bot der Reitverein Gelegenheit, uns dem anderen Geschlecht zu nähern.

Ich verliebte mich unsterblich in den acht Jahre älteren Reitkollegen Gerd.

Schon mehrere Dienstagnachmittage war er im Verein aufgekreuzt und hatte beim Plaudern mit Umstehenden am Rande der Reitbahn unverhohlen Blickkontakt zu mir gesucht.

‚Das bilde ich mir nur ein', war ich anfangs skeptisch. Sein strahlendes Lachen wirkte umwerfend auf mich.

Von Weitem erkannte ich seine Stimme und war dann wie elektrisiert.

‚Hoffentlich bleibt er noch, bis wir mit dem Reiten fertig sind', wünschte ich mir. Er blieb immer häufiger, und ich fieberte immer mehr. Ich wählte bewusst für die Reitstunde den Pullover, der meinen gerade weiblich gewordenen Körper am besten betonte.

An diesem Abend waren Gerd und ich ins Gespräch vertieft, als Gudrun signalisierte, dass unser Vater zum Abholen da sei.

1969

„Ich kann dich später nach Hause bringen", hörte ich Gerd sagen.

„Ich bleibe noch", entschied ich ohne zu zögern.

Gudrun guckte irritiert. „Du musst es ja wissen", und weg war sie.

Gerd lächelte und nahm das Gespräch wieder auf. Er schien nicht zu bemerken, dass es in mir tobte.

‚Was habe ich da gerade entschieden!? Er ist schon zweiundzwanzig, ich gerade mal vierzehn!'

Meine Gedanken schwirrten umher, so dass es mir schwerfiel, mich weiter auf unser Gespräch zu konzentrieren.

„Wir dürfen nicht so spät fahren." Ich war aufgeregt.

„Dann machen wir uns jetzt auf den Weg", war seine Antwort.

Gerd legte den Arm um mich, als wir zu seinem Auto gingen. Mein Herz beschleunigte.

‚Ich bin so unerfahren', ging es mir durch den Kopf. ‚Was erwartet er wohl von mir? Hoffentlich mache ich nicht alles kaputt.'

Und dann gewann mein Begehren nach Nähe, nach Zärtlichkeit den Kampf gegen das schlechte Gewissen.

Von diesem ersten Abend an ließ ich mich oft von ihm nach Hause fahren. Ich war dankbar, dass meine Eltern ihm und mir großes Vertrauen schenkten und unserer zarten Liebe nichts entgegensetzten.

„Ich wollte dich zu keinem Zeitpunkt überfordern", wird Gerd mir später sagen, und das steigerte meine Zuneigung. Auch Jahre später war ich ihm dankbar, dass er mich mit großer Sensibilität und Freude an die Liebe und Sinnlichkeit herangeführt hat.

„Wir haben schon so viel aus meinem Leben erzählt", meint meine Mutter nachdenklich, „nur was unsere Ehe betrifft, fällt mir das Reden schwer. Es schmerzt immer noch und ist so schwer zu begreifen."

Ich verstehe sie gut. Meine wunderschöne Kindheit ist durch die Streitigkeiten der Eltern stark belastet worden.

Bilder tauchen immer wieder auf, in denen ich meine sonst so starke Mutter hilflos sehe, ängstlich, als mein Vater abends nach Hause kam von seiner Tour, nicht mehr nüchtern, und Streit provozieren wollte. Meine Mutter ging ihm aus dem Weg.

Aber später, als Gudrun und ich schlafen gingen, entbrannte ein heftiger Streit. Mit Herzklopfen habe ich im Bett gelegen. Durch die Wand hörte ich laute Wortfetzen, Gepolter, das leise Weinen meiner Mutter und unbestimmte Geräusche, die mir Angst machten. Ich tappte barfuß an Gudruns Bett.

„Was sollen wir machen?"

Ich sah im Schein der Straßenlaterne, die unseren Zimmern die Dunkelheit nahm, ihre ängstlichen Augen, ihr ernstes Gesicht. Sie zuckte mit den Schultern. „Lass erst mal."

Wir saßen angespannt, aufrecht Seite an Seite auf ihrem Bett, bis uns kalt wurde. Unser Vater beruhigte sich langsam.

„Ich versuche zu schlafen", flüsterte ich. „Gute Nacht", und schlich zurück in mein Bett.

Viele Stunden vergingen, bis ich zur Ruhe kam und einschlief.

Es war schwer, am nächsten Tag zur „Normalität" zu kommen. Ich saß in der Schule, ohne ein einziges Wort der Lehrer richtig wahrzunehmen. Ich war über mein Buch gebeugt und versuchte, meine Gedanken aus dem Nebel zu fischen.

44

2001

An unserem letzten Abend in Griechenland gibt es ein Wiedersehen mit Bernd, dem „Lebenskünstler". Er ist gerade von einem Kurztörn zurück. Wie immer sieht er entspannt aus. Im Laufe des Abends kommt er darauf zu sprechen, dass er kurz nach seinem Ausstieg aus dem Berufsleben an Krebs erkrankt war.

„Ich hatte alles super überstanden, aber jetzt hat die Krankheit mich wieder eingeholt."

Er sagt es ohne jede Verzweiflung, in seinen Worten ist Zuversicht. Trotzdem bin ich geschockt, tief berührt.

„Du musst nicht weinen", tröstet er mich, „mir geht es langsam schon wieder besser."

An diesem Abend ist er genauso humorvoll und zufrieden wie immer. Er genießt jeden Tag. Bernd sitzt nahe unseren Kindern und deren Freunden, erzählt mit den jungen Leuten und hört amüsiert zu.

„Ich würde gerne mit einigen guten Kumpels auf einer, ich nenne es mal ‚Insel', leben", höre ich gerade Philipp sagen. „Jeder hat die gleichen Rechte, die gleichen Pflichten. Wir wären Selbstversorger und würden außerhalb erarbeiten, was wir zum Leben brauchen. Vielleicht würden wir ein Zeichen setzen, mit wie wenig man glücklich sein kann."

„Es ist schön, dass ihr Visionen habt." Bernd ist mittendrin.

Spät in der Nacht nach köstlichem Zaziki, Keftedes, Choriatiki und Moussaka, genügend griechischem Wein und guten Gesprächen dann die Verabschiedung.

„Ich freue mich auf unser Wiedersehen", meint Bernd.

Ich spüre einen Kloß im Hals.

„Wir werden noch viele solch schöner Abende haben." Er drückt mich fest und zaubert durch seine positive Ausstrahlung den erneuten Anflug von Traurigkeit sofort weg. „Bis bald."

„Das ist ein korrekter Typ", meint Florian am nächsten Tag.

„Ein bisschen anarchisch, ein bisschen skurril, aber tolerant und offen für alles."

„Der Abstand vom Alltag hat gutgetan", erzähle ich meiner Mutter beim Wiedersehen. „Erst beim Innehalten kann man den Blickwinkel verändern und neue Gedanken und Ideen entwickeln."
„Hast du schon konkrete Pläne?"
„Ich denke, dass ich mir einen freien Tag gönne. Zeit ist das kostbarste Gut. Und ich werde wieder konsequent autogenes Training machen. Das hat mir damals gutgetan, als die Kinder klein waren und ich als Mutter und Zahnärztin in ständiger Anspannung war."
„Das hört sich vernünftig an." Meine Mutter wird nachdenklich. „Vielleicht hätte ich auch ab und zu mehr an mich denken müssen ... Und was sagt Jörg zu deinem Vorhaben?"
„Er findet es gut und möchte auch einen Tag weniger arbeiten. Warum nicht ... Ich habe das Gefühl, dass er zu schätzen weiß, wie gut es ihm in unserer Beziehung geht, und er ist stolz auf seine Familie."
„Das war ich auch immer", meint meine Mutter. „Deshalb konnte ich vieles ertragen.
Ich habe in den letzten Wochen oft über unsere Ehe und über Papa nachgedacht.
Er war wohl stark von seinem strengen und herrschsüchtigen Vater geprägt. Seine Mutter, achtzehn Jahre jünger, musste sich dem Vater unterordnen, das alte Rollenklischee."

Er selbst duldete auch kaum Widerspruch. Ich hätte es gerne gehabt, über Meinungsverschiedenheiten in Ruhe zu sprechen, das war mit ihm nicht möglich. Entweder wurde er böse, besonders wenn Alkohol im Spiel war, oder er verließ das Haus. Ich hatte ihn noch lieb und versuchte, die glücklichen Zeiten lebendig zu halten, aber es wurde zunehmend schwerer.

1959

Unsere große Liebe bekam immer mehr Kratzer, dann auch richtige Wunden. Rudolfs krankhafte, völlig unberechtigte Eifersucht gehörte dazu, insbesondere auf Lothar.

„Du musst nicht von dir auf andere schließen." Aber meine Entrüstung ließ er nicht gelten.

Bei Lothars Besuch mit Tante Lenchen und Cousine Meta im Uhl hatten wir ein Wiedersehen geplant.

„Das nächste Mal treffen wir uns bei mir in der Trinkhalle", schlug Meta vor.

Vier Wochen später nahm ich den Bus nach Duisburg und ging das letzte Stück zu Fuß. Lothar wartete schon. „Meta ist nicht da, nur ein Stellvertreter."

„Wir hinterlegen eine Nachricht", schlug ich vor. „Vielleicht kommt sie noch nach."

Lothar und ich gingen in ein nahegelegenes Hotel Kaffee trinken. Ein Café gab es nicht. Wir sprachen über unsere Heimat Ostpreußen, über frühere Zeiten.

„Ich habe immer noch Sehnsucht nach der Schönheit der Landschaft", wurde Lothar sentimental. „Und nach der Hilfsbereitschaft und Gastfreundlichkeit der Menschen."

Ich gab mich der frohen Stimmung hin, ihm zuzuhören und einen Menschen zu erleben, der die gleichen intensiven Empfindungen hatte wie ich.

Als ob Lothar versuchte, sich in meinen Gemütszustand hineinzuversetzen – er hatte Rudolf als schwierigen Menschen kennengelernt -, meinte er beiläufig: „Andere Frauen waren entgegenkommender als du."

‚Hat er das Gefühl, dass ich es bereute, mich nicht für ihn entschieden zu haben?'

Später gesellte sich Meta zu uns. „Ich musste dringend zum Arzt", entschuldigte sie sich. „Aber ich denke, ihr hattet keine Langeweile."

Lothar bedankte sich in einem Brief für die Bewirtung in Moers und den schönen Nachmittag in Duisburg. Zwei Sätze schrieb er in Stenografie. "Ich möchte sehen, ob ich es noch kann. Kannst du es mir korrigiert zurückschicken?"

Rudolf war außer sich vor Wut. "Was habt ihr für Geheimnisse?!"

Auch, dass wir im Hotel nur Kaffee getrunken hatten, konnte er sich nicht vorstellen, und zum ersten Mal in meinem Leben musste ich – ausgerechnet von dem Menschen, den ich bedingungslos liebte oder geliebt hatte – Gewalt erleben ...

Kurze Zeit später kam noch einmal ein Brief von Lothar, den ich kurz las, dann in meine Handtasche steckte. Rudolf fand ihn, tobte schrecklich ... und nahm den Brief an sich. Jetzt hatte er seine Adresse.

Er schrieb Lothar bitterböse zurück. "Ich bin fünfzig Jahre, habe eine Familie, die ich liebe, und ich möchte nicht, dass Sie mir meine Frau wegnehmen. Ich fordere Sie auf, das Briefeschreiben zu unterlassen, ansonsten fühle ich mich gezwungen, es Ihrer vorgesetzten Dienststelle zu melden."

Lothar schrieb ein letztes Mal: "Es ist schade, dass dein Mann dich nach so vielen Jahren nicht besser kennt."

"Damals, in Ostpreußen, träumte ich von der großen romantischen Liebe mit einem Typ Mann, der das Herz sofort höherschlagen lässt. Der Typ war Lothar nicht.

Aber hätte ich mit ihm ein leichteres Leben gehabt? Auf jeden Fall wart ihr immer mein Trost. Der Gedanke, dass es euch nicht gegeben hätte, hat alle meine Zweifel weggewischt."

"Du hättest nie so große Gefühle wie mit Papa erlebt ..."

Ich bin fasziniert von dem Gedanken, dass meine Mutter, die ich immer vernunftbestimmt erlebt habe, von tiefen Gefühlen, von der Sehnsucht nach der himmelstürmenden Liebe geleitet war. In solchen Momenten vergleiche ich ihre Beziehungsebene mit meinem eigenen Leben ...

„Apropos Untreue, weißt du noch", frage ich meine Mutter, „wie wir stundenlang damit beschäftigt waren, zerrissene Briefe aus Papas Papierkorb wieder zusammenzusetzen?"

„Ja, stimmt, das hatte ich schon vergessen. Rudis Untreue hat mich gequält. Ich musste Klarheit bekommen."

„'Was machst du da?' Ich wunderte mich, als du vor Papas Papierkorb gekniet hast mit lauter Schnipseln. ‚Ich möchte das Zerrissene zusammensetzen', war deine Antwort. ‚Au ja, ich helfe.'"

„Erst wollte ich es nicht zulassen, aber die knifflige Arbeit machte mich nervös, ich hatte keine Zeit und Ruhe dafür. Du warst eine große Hilfe, und einfühlsam, obwohl du noch so klein warst."

„Mir hat das Zusammensetzen Spaß gemacht. Es war wie Puzzle legen, und ich entwickelte Ehrgeiz. Als ich allerdings merkte, wie betroffen du warst, als einzelne Sätze entziffert waren, kamen mir Zweifel, ob meine Hilfe sinnvoll war, und ich schämte mich für meinen übertriebenen Eifer."

1964

Rudolf hat wohl nie verkraften können, dass er nach dem Krieg nicht richtig Fuß fassen konnte. Er legte Wert auf Wohlstand und Ansehen. In Schlesien war er schon in jungen Jahren erfolgreich. Er hatte ein großes Auto und den Ruf eines gutsituierten „Jungunternehmers". Im Westen gab es wenig Grund für ihn zu prahlen.

Konsum stand an unterster Stelle. Jeder Pfennig wurde umgedreht, um die Baukredite bedienen zu können. Dem Naturell von Rudolf entsprach das einfache Leben nicht, auch nicht, dass ich als Frau intern die Fäden in der Hand hielt und durch meinen Beruf selbstbewusst geworden war. Es keimte Hass.

„Gibt's nichts zu essen?" Er torkelte in die Küche. „Was machst du nur den ganzen Tag?!

Als ich nicht sofort reagierte, wurde er drängender. „Ich will was Warmes essen! Hast du es nicht verstanden!?" Und er kam ganz nah heran. *„Ich kann auch deutlicher werden!"*

Er lauerte auf ein unbedachtes Wort. Doch ich war auf der Hut und erfüllte ihm seinen Wunsch nach der warmen Mahlzeit.

„Wenn ich bei dir in der Küche saß bei seinem Heimkommen, erlebte ich es in großer Anspannung mit. Ich hasste die Alkoholfahne. Wir tauschten Blicke, krausten die Nase hinter seinem Rücken mit fragendem Blick, der sagte: ‚Hat er getrunken?', waren dann beide vorsichtig in dem, was wir sagten. Aber trotz allem ging es nicht immer friedlich ab …"

Es gibt schmerzliche Erinnerungen, sehr negative Gedanken, die ich als Kind meinem Vater gegenüber gehegt habe.

> An jenem Tag kam ich freudig aufgekratzt vom Spielen nach Hause. Ich hatte mit Christel einen dicken Baum mit einem Plateau entdeckt, den wir uns zu einer Baumhöhle herrichten wollten.
>
> „Wir treffen uns in zwei Stunden wieder, jeder bringt eine Decke mit und Sachen zum Einrichten."
>
> Da erst merkte ich an den Gesichtern meiner Eltern, dass etwas nicht stimmte. Das Haar meiner Mutter war zerzaust. Ich entdeckte Spuren von Blut an der Zimmertür. Der charakteristisch metallische, unangenehme Geruch war mir sofort aufgefallen.
>
> Von einer Minute auf die nächste war meine Stimmung eine andere. Ich stellte beunruhigt Fragen. Mein Vater schwieg und achtete auf jedes Wort meiner Mutter. Sie deutete den Streit nur an, aber als ich ihr sagte, ich wolle noch einmal los, spürte ich ihre Angst, mit meinem Vater allein zu sein.
>
> „Soll ich lieber zu Hause bleiben?" Meine Mutter nickte traurig.
>
> Ich rief Christel an, dass ich nicht kommen könnte.
>
> „Na, Ute, was hast du heute gemacht?", sprach mich

plötzlich mein Vater in weichmütigen Ton an. Ich reagierte bockig.

‚Wie kann er so tun, als ob nichts gewesen wäre?!' Ich hasste ihn und fühlte mich einmal mehr als Verbündete meiner Mutter.

Es gab die andere Seite meines Vaters, die gesellige, humorvolle, gut gelaunte. „Das Leben muss doch Spaß machen."

Am Anfang unserer Praxistätigkeit sprachen mich Patienten an.

„Der Herr Löwe, das ist doch Ihr Vater?! Wir haben so manchen schönen Abend zusammen verbracht und auch öfters über den Durst getrunken. Er ist witzig, ein großartiger Mensch!"

Stolz auf den Vater sein zu können, tat gut, und es war auch ein winzig kleiner Beitrag in dem Prozess, ihn innig in meinem Herzen zu bewahren.

Es gab als Kind für mich nichts Größeres, als mit ihm in den Ferien „auf Tour" zu fahren.

Morgens halfen Gudrun und ich, das Auto zu beladen, und dann ging es los von Kneipe zu Kneipe.

„Hast du deine Töchter mitgebracht?", fragte Herr Deseler, den wir nachmittags besuchten.

„Ja, sie haben Ferien und helfen mir heute", meinte Papa.

„Was kann ich denn für die jungen Damen tun?" Der Wirt war freundlich.

„Bring den beiden eine Limo." Papa wusste, dass er uns damit eine Freude machte.

„Möchtet ihr Nüsse?" Wir zogen sie aus einem Automaten und fingen sie, wie Papa es uns vorgemacht hatte, auf einem geknickten Bierdeckel auf.

Herr Deseler setzte sich kurz an unseren Tisch und fragte nach der Schule. Wir waren schüchtern und erzählten wenig.

„Du kannst ruhig sagen, dass du die Beste in der Klasse bist", prahlte Papa. „Ja, Kinder wie die Bilder", fuhr er fort. Und dann sein Kommentar: „Ganz der Vater."

Beim nächsten Kunden nahm er uns nicht mit hinein. „Ihr könnt im Auto warten, der Meier ist nicht so kinderfreundlich."

Papa blieb lange weg. Wir wurden schon ungeduldig. „Das ist langweilig", nörgelte ich. „Und außerdem habe ich Hunger."

„Am liebsten würde ich nach Hause laufen." Gudrun war sauer.

„Tut mir leid", entschuldigte sich Papa, „dass es so lange gedauert hat. Ich habe ein paar Stammkunden getroffen, die wollten unbedingt, dass ich eine Runde Skat mitspiele."

Zur „Versöhnung" brachte er uns das größte Eis „mit dem zarten Schmelz" mit, das wir öfter auf der Eistafel sehnsüchtig betrachtet, aber niemals ernsthaft zum Kauf in Betracht gezogen hatten.

Wir freuten uns schon auf den Tag, wenn wir wieder mitfahren durften. Diese schönen Momente mit ihm brachten uns den Vater näher und ließen die Zweifel an seiner Güte und seiner Warmherzigkeit eine Zeitlang vergessen.

Doch konnten wir ihm wirklich grenzenlos vertrauen oder würde er sich gegenüber unserer Mutter wieder so schrecklich verhalten?

45

1962

Zwei Jahre schon wohnten wir in unserem Sechsfamilienhaus.

„Es ist doch schade, dass das restliche Grundstück so brachliegt", begann Rudolf eines Abends das Gespräch. „Ich würde gern noch ein kleines Haus bauen."

‚Habe ich gerade richtig gehört?!' Ich traute meinen Ohren nicht, mein erstaunter Blick animierte Rudolf zum Weiterreden.

„Ich habe unterwegs einen Architekten getroffen. Der würde es planen."

Dieses Mal war er der Mutigere. Wir hatten keinen großen finanziellen Spielraum mehr.

„Ich kenne einige Handwerker, die machen es günstig für uns."

Im ersten Moment nahm ich seinen Vorschlag skeptisch auf, dann aber freute ich mich, dass der Ehrgeiz in ihm entflammt war. Auch für mich war der Gedanke an ein weiteres Projekt verlockend.

Und so kam es, dass peu á peu, so wie das Geld reichte und die vom Skatspielen bekannten Handwerker Zeit hatten, das Zweifamilienhaus mit Trinkhalle[6] Gestalt annahm.

Papa war ausgeglichen und zufrieden wie schon lange nicht mehr.

„Mir macht das Bauen richtig Spaß". Das ein oder andere Bier mit den Leuten gehörte dazu.

Einige Pausen während der Bauphase inbegriffen – Geld war nicht immer verfügbar – konnten die beiden Mietparteien nach zwei Jahren einziehen, Riebes mit ihrer Tochter – ihr habt ja oft

---

[6] Kiosk

zusammen gespielt – und die älteren Eheleute; der erwachsene Sohn studierte auswärts.

1968

Familie Riebe, die mit Freude den Kiosk zu einer beliebten Anlaufstelle gemacht hatte, brachte uns an diesem Tag die Kündigung.

„Mein Mann hat einen guten Job gefunden, und für mich allein ist es zu viel Arbeit", begründete Frau Riebe den Entschluss. „Aber wir haben uns hier immer wohlgefühlt und unsere Kinder sich gut verstanden."

Ihr wart enttäuscht. „Jutta sehen wir bestimmt nicht wieder."

„Die Trinkhalle können wir beide doch übernehmen", schlug Papa vor. „Ich kündige bei Rupancic und du hörst beim Jugendamt auf zu arbeiten. Musst dann auch nicht mehr so früh aus dem Haus."

Seine Fantasie sprudelte lebhaft: „Wir installieren Automaten, Damenstrümpfe Tag und Nacht, bei Löwe, Körnerstraße 8. Herrlich, wenn wir dann unser eigener Herr sind."

Ich guckte skeptisch.

„Ich mache den Einkauf", schlug er vor, „und bin auch öfters in der Halle."

„Ich sehe nicht ein, dass du schön rumkutschierst und ich ans Haus gebunden bin", wehrte ich mich. „Außerdem bin ich keine Verkäuferin."

Rudolf war erbost. „Immer machst du nur das, was **du** willst!"

Ende November 1968 erhielt ich ein Einschreiben.

‚Ob ein Mieter gekündigt hat, oder was könnte es sonst sein?'

Als ich es bei der Post abholte, fragte der Schalterbeamte ganz komisch: „Was ist los, Frau Löwe?" Es stand der Vermerk darauf: „Nur persönlich an die Ehefrau abzugeben". Ich war ahnungslos.

Es war ein Schreiben vom Rechtsanwalt, Rudolf hatte die Scheidung eingereicht!

Ich fiel aus allen Wolken. Zu der Zeit war die Stimmung gut, und von Scheidung war selbst in schwierigen Jahren nie die Rede.

Gudrun war aufgeregt, weil Rudolf sie als Zeugin angegeben hatte, völlig unverständlich für mich.

„Ich sage gegen meine Eltern nicht aus", stellte sie entschieden fest.

Als ich mit Rudolf reden und eine Erklärung von ihm haben wollte, weil ich völlig konsterniert war, meinte er nur schnippisch: „Du wirst schon wissen, warum!"

Ich bekam eine Aufforderung vom Jugendamt der Stadt, dort zu erscheinen. Unangenehm, da ich ja selbst beim Kreisjugendamt arbeitete.

‚Warum nur bist du so nervös!?', konnte ich meine Unruhe selbst nicht verstehen. ‚Du hast doch nichts zu verbergen.'

Dort geriet ich an eine blasierte Person, die sich in ihrer Funktion unangemessen aufspielte. Sie guckte sich Gudruns Zeugnis an mit der spitzen Bemerkung: „Das ist ja nicht gerade gut". Ich war gekränkt. Zu deinem sehr guten meinte sie kühl: „Das ist okay."

Jetzt reichte es mir. Ich unterdrückte nur mühsam meinen Drang, ihr die von mir empfundene Geringschätzung ihrer Person entgegenzuschleudern. Ein kurzer Wortwechsel, dann war ich draußen.

Ich atmete tief durch, um dem Spuk zu entkommen.

‚Wie viel habe ich schon einstecken müssen während der Ehe, Frauengeschichten reichlich, und jetzt von seiner Seite die Scheidung! Unfassbar!'

Aber ich wollte an unserem Traum von einer glücklichen Familie festhalten. Ich sprach mit Rudolf, dass er die Scheidung zurückziehen solle. Er verschob den Termin.
Immer wenn ihm etwas nicht passte, drohte er mit der Scheidung. Es war eine schlimme Zeit.
Zum 4.3.1970 war wieder ein Scheidungstermin angesetzt.

Ich hänge eigenen Gedanken nach.

> Damals war ich hin- und hergerissen. Einerseits gefiel mir die Vorstellung außerordentlich, endlich friedlich nur mit meiner Mutter und Gudrun leben zu können.
> ‚Ich könnte sicher sein, dass nichts Schlimmes passiert', träumte ich. Die Unberechenbarkeit meines Vaters brachte immer wieder schreckliche Stunden voller Angst um meine Mutter und zerstörten meine Hoffnung auf entspannte Harmonie.
> Dann beschlich mich aber das Gefühl, ein Verräter zu sein. ‚Was wird aus Papa?' und ‚Würden wir uns ganz fremd?'
> Ich habe nicht mit meiner Mutter darüber gesprochen. Meine Schuldgefühle, mir eine Trennung zu wünschen, waren groß.
> ‚Er ist zu uns Kindern ja großzügig und freundlich. Wie kann ich so hartherzig sein?!'

„An euch ist diese Zeit bestimmt auch nicht spurlos vorbeigegangen." Ich schaue meine Mutter an und nicke nur stumm.
„Schließlich schrieb ich einen langen Brief an Papas Rechtsanwalt", fährt meine Mutter fort, und ich spüre noch heute so wie damals ihre Betroffenheit.
„An manche Sätze erinnere ich mich wörtlich. ‚Ich nehme doch an, dass Sie Ihren Beruf der gerechten Rechtsprechung wegen gewählt haben', begann ich. Ich schilderte den Verlauf unserer Ehe. Ich wäre nicht mehr bereit, den Termin zu verschieben,

entweder ziehe er die Scheidung endgültig zurück, oder ich nähme mir auch einen Anwalt und dann gäbe es kein Zurück mehr. Ich habe immer wieder überlegt, ob dieser Schritt richtig sei. Den Moment, als mein Brief in den Kasten fiel, werde ich nie vergessen. War damit das endgültige Ende besiegelt? Kurz darauf wurde das Scheidungsverfahren eingestellt."

Ich denke heute, dass meinem Vater sein gefühltes Versagen zu schaffen gemacht hat und dass ihm durch den Erfolg meiner Mutter und ihr Durchsetzungsvermögen sein Scheitern noch stärker deutlich wurde.

Heute erinnere ich mich gern an seine positiven Seiten, seinen Humor, seine Schlagfertigkeit, Fantasie und Lebenslust.

Die Erzählungen meiner Mutter und die zärtlichen Briefe von früher verstärken das positive Bild.

Im Laufe der Jahre spüre ich, dass es mehr Gemeinsamkeiten mit ihm gibt als ich mir als Kind hätte vorstellen können.

46

Die Taschen sind gepackt, es geht für drei Wochen nach Griechenland. Wir mögen das Land, die Liebe der Griechen zu ihrer Heimat, die sich in kleinen, gepflegten Dörfern ausdrückt mit wunderschönen Gärten. Alles sieht freundlich aus, blau und weiß gestrichen.

Die einfache Lebensart, die enorme Gastfreundschaft, die Zufriedenheit der Menschen, Sonne, Sand und Meer, einsame Strände, bezaubernde Natur faszinieren uns. Von früheren Reisen kreuz und quer durch das Land während der Semesterferien mit Begegnungen von warmherzigen Menschen in abgelegenen Dörfern sind wunderschöne Erinnerungen geblieben.

Jahre später machten wir mit unseren Kindern, zu der Zeit noch im Vorschulalter, einen Segeltörn im Ionischen Meer.

Tagsüber hatten wir kurze Etappen, immer mit Unterbrechung in einer vom Wind geschützten Badebucht, mit Kurs auf die nächste Insel. Dort aßen wir dann abends im Hafen, bummelten noch spät durch die Gässchen, schauten in winzig kleine Innenhöfe, bunt gemischte Kübelpflanzen, manche leicht vertrocknet, aber noch Früchte oder Blüten tragend, hübsch anzusehen in dem warmen Licht der langsam untergehenden Abendsonne, Familien beim gemeinsamen Essen, hier und da ein freundlicher Gruß zu uns herüber, den wir genauso herzlich erwiderten, griechische Kinder, die uns, und besonders Steffi und Florian, neugierig anstrahlten.

Plötzlich meinte Florian: „Können wir nicht auch mal hier wohnen? Es ist so gemütlich."

„Ja, das wäre schön!" Steffi war sofort dabei.

„Ihr habt Geschmack." Jörg und ich schauten uns amüsiert

an. Erstaunlich, dass Kinder schon ein Gespür entwickeln für Herzenswärme und Lebensart.

Wie schon erwähnt, haben wir inzwischen ein Fleckchen gefunden, das wir unser Eigen nennen können. Wir sind wieder auf dem Weg in unser Häuschen auf dem Peloponnes.

2000

Obwohl die Sonne uns früh weckt und das Meer vom Schlafzimmerfenster in der Ferne lockt, schlafen wir erst einmal bis zehn Uhr weiter. Welch ein Luxus, sich noch ein paar Mal umdrehen zu können, endlich keine Termine, einfach tun und lassen, was man möchte.

Die Kinder genießen es genauso. Ihre Freunde sind auch wieder hier in ihrem Ferienhaus, Halbgriechen, die in Deutschland leben.

Im Moment erholen sich Florian und Steffi von der anstrengenden Zeit zu Hause, wo sie neben der Schule ständig auf Achse waren. Jetzt ist relaxen angesagt, kein „stylen", mittags noch in Schlafklamotten herumhängen.

Auf einmal ist viel Zeit da, Zeit mit der Familie, Zeit für Gespräche. Es wird geblödelt, natürlich auch gezankt, aber man findet wieder mehr zueinander, die Kinder untereinander und auch wir zu unseren beiden Heranwachsenden.

„Hat die Dortmunder Oma eigentlich kein Interesse an uns?" Die Frage kommt unvermittelt und überrascht sowohl Jörg als auch mich. Steffi schaut nachdenklich. „Sie stellt uns nie Fragen und nimmt uns auch nicht richtig in die Arme."

Jörg zögert. „Sie ist halt so, mir gegenüber auch." Er weicht aus.

Nur ein einziges Mal vor vielen Jahren haben wir uns intensiver über seine Kindheit, seine Wurzeln unterhalten, und er hat sich über die fehlende Warmherzigkeit seiner Mutter beklagt. „Mir hat immer etwas gefehlt", meinte er traurig. „Schade, dass mein Vater so früh gestorben ist. Mit ihm hätte ich mehr Nähe entwickeln können."

„Das würde vieles in unserer Beziehung erleichtern", war meine Antwort.

Niemand hat ihn die Sprache der Gefühle gelehrt, dachte ich damals, die Fähigkeit zu sagen, wie es einem geht, wie man den anderen wahrnimmt.

Ich weiß nicht, ob Jörg zu einem späteren Zeitpunkt noch einmal über dieses Gespräch nachgedacht hat.

Ich genieße den intensiven Gedankenaustausch mit den Kindern. Im Urlaub fällt es leichter als im termingefüllten Alltag, entspannt zuzuhören, aufmerksam zuzuhören, zu versuchen nachzuempfinden, was sie uns erzählen, ohne gleich Einwände oder gute Ratschläge bei der Hand zu haben. Vielleicht, wenn überhaupt, ist ein kleiner Hinweis oder eine Frage hilfreich, um Anregung zur eigenen Lösungsfindung zu geben.

Es gibt viele entspannte Abende, an denen wir auf der Terrasse sitzen, die Hitze des Tages ausklingen lassen, bis es perfekt angenehm ist. Wir genießen den Blick auf die hügelige Landschaft mit Olivenhainen, Schafherden, in farblich wechselndes Abendlicht getaucht, als ob ein besonders begabter Lichttechniker sein Können unter Beweis stellen möchte.

„Ich muss an das Knottenkino in Südtirol denken. Die Idee, auf einem Aussichtspunkt Kinosessel zu platzieren und den Wanderer das Bergpanorama wie ein Naturkino mit ständig wechselnden Eindrücken genießen zu lassen, ist genial. Und hier haben wir auch Naturkino vom Allerfeinsten."

„Du wirst Oma immer ähnlicher", kommt die überzeugte Meinung von Steffi. „Sie kann auch stundenlang von der Natur schwärmen, besonders von der ostpreußischen Landschaft. Aber als ich sie mal gefragt habe, ob sie noch einmal dorthin fahren möchte, hat sie heftig abgelehnt. ‚Nein, ich möchte alles so in Erinnerung behalten, wie es damals war.'"

Die Ferien sind schon halb vorbei, ich bin wieder mit dem Mountainbike unterwegs. Die Temperatur am frühen Abend ist ideal für Ausflüge mit dem Rad, die kurvigen Straßen fast ohne Autos, so dass ich entspannt die Landschaft auf mich wirken lassen kann.

Gerade habe ich mich im türkisschimmernden Meer von der Fahrt erfrischt und sitze nun an einem unserer Lieblingsplätze, einer einsamen Bucht. Keine Menschenseele, das Plätschern der Wellen ist eine wunderschöne Geräuschkulisse. Ich lasse glückselig meinen Blick schweifen, die Sonne spiegelt sich im türkisklaren Wasser. Es ist so kitschig schön, wie es sich anhört.

Ein leichter Wind ist angenehm auf der Haut.

Ich hole meinen Schreibblock heraus und beginne mit ein paar Gedanken. Ich fühle mich wohl. Ich weiß nicht, wie lange ich dieser wundersamen Versunkenheit verharrt bin, als ich plötzlich niesen muss und eine Stimme nicht weit von mir "Jia sou" (griechische Begrüßung) ruft.

Ich schaue auf in ein freundlich lächelndes Gesicht, habe gar nicht gemerkt, dass ein Grieche inzwischen hier Fische angelt.

Die Stimmung ist fantastisch. Ich könnte ewig so sitzen.

Am nächsten Tag fahren die Kinder mit Freunden und deren Eltern zu einem abgelegenen Strand einige Orte weiter. „Bis heute Abend. Wir wollen bis zum Sonnenuntergang bleiben."

Ich nehme ein Bad im Pool. Heute ist der erste sehr heiße Tag, das Wasser noch erfrischend. Ich schwimme vom Haus weg in Blickrichtung auf das entfernte Meer, genieße das weite Panorama des Tals, das Zirpen der Zikaden, den intensiven Geruch von Thymian, Oregano, Lavendel und Minze. Obwohl ich keine Wasserratte bin, packt mich plötzlich ein leichter sportlicher Ehrgeiz, und ich schwimme Bahn für Bahn, immer wieder der herrliche Blick, bis ich ermüdet aus dem Wasser steige. Mit einem wohligen Gefühl lege ich mich in die Hängematte, wo mein Buch schon bereit liegt. Der warme Wind streichelt meine abgekühlte Haut. Die Sonne berührt mit ihren kräftigen Strahlen meinen ganzen Körper, durchströmt jedes einzelne Körperteil. Die Gedanken entspannen sich, streifen die Vergangenheit.

Ich spüre, wie die Lust größer wird. Jörg sitzt ein paar Meter weiter im Liegestuhl. Sein sonnengebräunter Körper in lockeren Badeshorts gefällt mir immer noch.

Ich versuche, einen Blick zu erhaschen. Hat er eine Antenne für mein Empfinden? Fühlt er auch so? Macht er sich Gedanken über uns, wie sie sich mir jetzt auch wieder aufdrängen? Bremst der Alltag unsere Lust aufeinander oder signalisiert uns zu wenig die Gefahr, dass wir uns voneinander wegbewegen könnten?

Besser die Vorstellung, dass die vertrauten Gefühle – wenn auch durch viele kleine Verletzungen in der Harmonie gestört und von Unachtsamkeiten zugedeckt – aus ihrem Schlummer geweckt werden können. Geweckt werden sollen!

Ich krabbele aus meiner Hängematte. „Bist du auch so müde!?"

Jörg scheint meinen verschmitzten Ausdruck bemerkt zu haben. Er lächelt unsicher, und folgt mir nach unten ins Schlafzimmer. Die Kinder sind am Strand, wir haben Zeit ...

Abends telefoniere ich mit meiner Mutter.

„Heute war Tante Magda da, wir haben von früher geredet. Sie kann sich an manches gar nicht mehr erinnern. Vieles weiß sie aber noch, als ob es gestern war. Wir haben beim Schwelgen in Erinnerungen so herzhaft gelacht!"

Ich höre ihre Begeisterung heraus und bin glücklich. Nach anfänglichen Zweifeln scheint es meiner Mutter richtig Spaß zu machen, ihr Leben Revue passieren zu lassen.

„Tante Magda hat sich köstlich über die Episode mit den Hühnern amüsiert. Dass sie schon einmal mit dem Leben abgeschlossen zu haben schien, kann man bei ihrer Fröhlichkeit kaum glauben."

Zwei Tage später, ich sitze auf der Veranda. Es geht ein angenehmer Wind, der Himmel ist strahlend blau. Florian liegt noch im Bett (14 Uhr!), es ist gestern spät geworden.

Bis drei Uhr waren wir in der Freiluftdiskothek, haben unter sternenklarem Himmel getanzt, Freunde von uns mit ihren Kindern auch dabei.

„Ihr habt vielleicht peinlich getanzt", muss ich mir heute von Steffi anhören, „völlig abgedreht."

Ich schmunzele. Solche Sprüche kenne ich schon. Ich genieße, dass wir unvergessliche Momente im Urlaub, speziell in Griechenland, gemeinsam mit den Kindern erleben und dass wir als Paar Schritte aufeinander zu machen und wieder Nähe spüren.

‚Dass es noch möglich ist, einander zu begehren und dass es Freude macht, gemeinsam Pläne zu schmieden, sind für mich Signale, die die Sicht wieder freigeben auf das Positive, was im Alltag untergeht.'

Im Gespräch gestern erfuhr ich, dass eine befreundete Familie, beide Ende dreißig, noch einmal Nachwuchs bekommen, Zwillinge. ‚Das muss ein schönes Gefühl sein!'

Lange habe ich gebraucht, um dieses Thema abzuhaken. Und jetzt plötzlich der verlockende Gedanke, doch noch einmal gemeinsam ein Kind zu umsorgen.

Vielleicht ist es auch mein Alter, das Bewusstsein, dass es die „letzte Gelegenheit" für Nachwuchs sein würde.

„Könntest du dir vorstellen, noch einmal Vater zu werden?", frage ich Jörg mit leichter Euphorie.

„Für mich ist die Familienplanung abgeschlossen."

Jörgs Statement ist eindeutig und ein bisschen zu schroff. Ich hätte es mir anders gewünscht.

Es gibt die schönen Glücksmomente und meine große Dankbarkeit für das Gute in meinem Leben, aber ich kann nicht leugnen, dass ich mich mit Jörg oft einsam fühle. Reden wäre wichtig für mich und der Schlüssel zum Glück!

Jetzt habe ich es mir gerade auf unserer Holzbank im Schatten hinter dem Haus gemütlich gemacht, mit Kissen, frisch gepresstem Orangensaft, Büchern, Schreibzeug. Der Wind ist warm, aber dennoch erfrischend, nur die Füße werden von der glühenden Sonne bestrahlt. Der Himmel ist wolkenlos blau, die zu Hunderten zirpenden Zikaden zusammen mit dem Wind die einzige, aber intensive Geräuschkulisse. Ab und zu ein entferntes Motorgeräusch, wenn ein Auto unten am Berg entlangfährt.

Neben mir liegt mein Schreibblock, ein Stift.

Ich fühle mich so ruhig im Moment, so im Einklang mit der friedlichen Landschaft, sanfte Olivenhaine, ganz oben auf der Kuppe eine Herde weidender Schafe, die aber nur selten ein Blöken vernehmen lassen. Die Hitze hat auch sie träge gemacht.

Steffi hat sich ins Haus verzogen, müde vom Toben im Pool. Jörg werkelt irgendwo im Haus herum. Ich schließe die Augen und lausche der Natur.

Der Wind ist heftiger geworden. Hier und da knarzt eine halb geöffnete Tür. Jetzt erst spüre ich, wie mich die letzten Wochen der Hektik und Arbeit geschlaucht haben, und ich genieße die innere Ruhe, die über mich kommt.

Ich werde schläfrig. Ich lege den Block beiseite, das Buch, und strecke mich auf der Bank aus. Ich höre auf zu denken, liege nur da und spüre den Wind auf meinem Körper.

Durch Steffis Frage „Fahren wir gleich zum Strand?" werde ich wach.

47

2000

„Irgendwie macht es wieder Spaß, so mit allen in der Schule zusammen zu sein", meint Steffi, als sie mittags nach Hause kommt.

„Hatten die anderen auch schöne Ferien?"

„Sonjas Eltern haben sich getrennt." Steffi ist sichtlich betroffen.

„Und was sagt Sonja dazu?"

„Ihr geht es nicht gut. Sie hat mir gerade eine SMS geschrieben, dass sie nicht wie geplant mit in die Stadt geht. Sie ist ganz unten."

Steffis Augen füllen sich mit Tränen.

„Hast du noch ein bisschen Zeit zu reden?", fragt sie. Ich nehme sie in den Arm.

Wir hocken lange in der Küche und sprechen über viele Dinge, über Beziehung, über Sichtweisen, Wertschätzung, Egoismus, über Toleranz, über positives Denken.

„Ich glaube, Egoismus ist ein schlechter Begleiter in der Familie. Es ist wichtig, sich selbst zurückzunehmen und den anderen Aufmerksamkeit, Wertschätzung und Liebe zu schenken.", sage ich.

„Sonjas Vater hat seine ganze Freizeit im Fitnessstudio und auf dem Golfplatz verbracht. Er findet sich unwiderstehlich. Das hat Sonja oft genervt. ‚Wir sind keine richtige Familie', hat sie schon vor Monaten geklagt. ‚Noch nicht einmal Urlaub machen wir mehr zusammen.'"

Ich spüre, dass Steffi sich gerade besonders wohlfühlt, dass sie dankbar ist, in unserer Familie geborgen zu sein.

Genau solche Momente bestärken mich in dem Empfinden, den richtigen Weg zu gehen, den Weg in der Familie. Und anzukämpfen, wenn Zweifel und Leere sich breit zu machen drohen. Ich drücke Steffi innig.

„Weißt du, welches Jubiläum heute ist?", fragt mich meine Mutter.

Ich schüttele den Kopf.

„Ich bin schon zwanzig Jahre Rentnerin. Da habe ich vorhin an die Anfänge gedacht, an die Umstellung, die ich aber schon sehr bald genossen habe."

„Zuerst war doch deine längst überfällige Operation, zu der wir dich drängen mussten."

„Ja, ich wollte meine Arbeit nicht unterbrechen. Aber direkt bei Beginn der Rente ließ ich das große Geschwulst entfernen."

Rudolf begleitete mich ins Krankenhaus. „Du kannst ruhig schon nach Hause gehen", wollte ich seine Geduld nicht strapazieren.

„Nein, ich bleibe, bis du ein Zimmer hast. Dann bist du hier nicht so verloren."

Beim Abschied kamen ihm die Tränen. Ich wusste gar nicht, wie mir geschah.

„Mir fällt es schwer, allein zu sein", meinte er traurig. „Ich werde dich vermissen."

Schon seit einiger Zeit hatte ich bemerkt, dass er verändert war und auch, dass er sich in vielen Situationen nicht mehr zurechtfand. An manchen Tagen erkannte er vertraute Nachbarn nicht. Es gab Phasen, da lief alles völlig unauffällig, dann aber Momente, die mich in Erstaunen versetzten.

Cousine Toni kam über das Wochenende zu Besuch.

„Rudolf ist liebenswürdig geworden. Dir gegenüber ist er richtig aufmerksam."

Am nächsten Morgen ging sie Oma besuchen.

„Tante Emmchen kann sich fast gar nicht mehr allein helfen",

meinte sie, als sie zurückkam. Sie hatte meine Mutter beim Anziehen und Fertigmachen beobachtet.

„Hat Toni übertrieben?", fragte ich Tage später meine Mutter, die sich noch nie beklagt hatte.

„Dieses Mal leider nicht", war ihre Antwort.

„Willst du nicht zu uns ziehen oder soll ich abends kommen?"

„Es wäre schön, wenn ich nachts nicht allein sein muss. Ich bin ängstlich geworden und bekomme manch schreckliche Bilder nicht aus dem Kopf. So stark hat mich die Vergangenheit noch nie eingeholt."

Also machte ich mich abends auf den Weg, Rudolf ging mit. „Ich begleite dich, es passiert so viel!" Er verabschiedete sich jedes Mal gerührt, als ob wir uns lange Zeit nicht sehen würden.

„So geht es nicht mehr weiter", meinte er nach fünf Tagen. „Ich kann auch nicht mehr allein bleiben, deine Mutter soll bei uns wohnen."

Meiner Mutter fiel der Schritt schwer, da sie an alte Zeiten dachte, als sie zu uns gezogen war. Es war die Zeit, als Streit mit Rudolf keine Seltenheit war und meine Mutter eines Abends – verängstigt durch lautes Toben von ihm – aus ihrem Zimmer kam und beschwichtigen wollte.

„Halt du dich raus", hatte Rudolf sie angeschrien und zurückgedrängt. „Am besten du suchst dir eine Wohnung."

Noch im selben Monat war sie ausgezogen.

„Es ist besser so", unterstützte ich die wankende Entscheidung und versuchte, ihre Ängste abzuschwächen. „Du kannst mir nicht helfen, und bestimmt entspannt sich alles."

Die damaligen Konflikte noch im Kopf, meinte meine Mutter skeptisch: „Es bleibt mir ja jetzt nichts anderes übrig."

Die meiste Zeit saß sie in Gudruns ehemaligem Kinderzimmer auf ihrem Sessel, um nicht zu stören. Sie döste viel und wirkte erschöpft.

„Für deine Mutter ist es doch gemütlicher, wenn sie mit im Wohnzimmer sitzt", *stellte Rudolf fest und holte sie liebevoll auf unsere Couch.* „Welche Sendung möchtest du gucken?" *Er war aufmerksam und sensibel.*

,Wie früher', *dachte ich wehmütig.*

„So viel Arbeit für mich", *meinte er zu mir, als wir zu Mittag aßen.* „Es schmeckt gut. Jetzt ruh dich doch mal aus!"

Ich hatte das Gefühl, dass meine Mutter die Harmonie erleichtert wahrnahm und ruhig einschlafen konnte. Sie wurde zweiundneunzig Jahre alt.

Für mich war Omas Tod ein Schock, weil ich mich nicht verabschieden konnte. Wir waren auf Hochzeitsreise, und erst auf dem Rückweg erfuhr ich, dass sie fünf Tage zuvor gestorben und am Tag vor unserer Rückkehr beerdigt worden sei.

Die Niedergeschlagenheit blieb über Wochen hartnäckig.

Ich habe Oma sehr geliebt. Es war so rührend, wenn sie, noch allein wohnend, in ihren Pantoffeln – meist im Begriff, ihre Schürze abzunehmen, wenn es geklingelt hatte – mit dem immer gleich freundlichen gütigen Lächeln die Tür öffnete. „Na, Utchen, schön, dass du da bist."

Nie vergaß sie, von ihren aufgesparten Kostbarkeiten etwas anzubieten. „Nimm noch eins, Ute. Das schmeckt doch gut." Sie selbst nahm höchstens ein kleines Stückchen.

„Ihre wachen Augen, ihre rosige Gesichtsfarbe, ließen sie trotz weißer Haare jünger erscheinen", ergänzt meine Mutter.

„,Die stammt noch von der herrlichen Luft in Ostpreußen', sagte sie scherzend, wenn sie darauf angesprochen wurde."

Oma strahlte eine enorme Ruhe und Zuversicht aus. Das tat mir gut. Sie hörte immer voller Aufmerksamkeit zu.

„Ausgerechnet heute bin ich mündlich in Geschichte drangekommen und hatte mich wegen Papas Geburtstag wenig vorbereitet."

„Ärger dich nicht, Utchen. Davon hängt doch nicht die Seligkeit ab."

Oder wenn ich mich über Kleinigkeiten aufregte, meinte sie trocken: „Es hat schon ärger in der Welt gebraust", und schon war es mir leichter ums Herz.

Später hatten wir viele andere Interessen, so wie unsere Kinder jetzt auch. Ich besuchte sie eher selten, aber die starke Zuneigung blieb bestehen. Sie gab uns nie das Gefühl, dass wir zu wenig Zeit für sie hatten.

„Die letzte Woche ist im Flug vergangen, ich hatte so viel zu tun", meinte Oma und schmunzelte dabei schelmisch.

Sie holte ihr Knüpfzeug heraus.

„So weit schon?!" Ein großes Stück des Teppichs war fertiggestellt. Ich war erstaunt, was Oma mit Genugtuung feststellte. „Dabei war Fräulein Nuhr oft zu Besuch und hat mich von der Arbeit abgehalten." Ihr trockener Witz gefiel mir. Sie schlurfte in ihren Pantoffeln zum Schrank und kramte wie gewohnt nach etwas Süßem.

Dann erzählte Oma mir von einem Hausbewohner im Stockwerk über ihr, Witwer, fünfundsiebzig Jahre, der ganz offensichtlich „auf Freiers Füßen" war.

„Ich weiß nicht, wo er die Damen immer kennenlernt. Gestern traf ich ihn zusammen mit einer ganz aufgetakelten, recht jungen Frau, er selbst sah in seinem schäbigen grauen Mantel unpassend neben ihr aus. Sie redete mit Händen und Füßen auf ihn ein, während er sie nur anhimmelte." Oma lachte.

„Bei uns zu Hause hieß es: ‚Will der liebe Gott einen Narren haben, lässt er einem alten Mann die Frau sterben.'"

„Es vergeht kein Tag, dass ich nicht an Oma denke", fährt meine Mutter fort. „Sie hatte kein leichtes Leben, aber ihre wunderbare Ehe trug sie getrost durch alle Stürme. Oft tauschten meine Eltern kleine zärtliche Gesten aus, unauffällig, aber ich spürte, wie sehr sie sich mochten, wie sensibel sie miteinander umgingen. Oma war so ein herzensguter Mensch, von allen geachtet, die sie wirklich kannten. Schön war es, dass du nach der Assistenzzeit nach Moers zurückgekommen bist und ihr eure Praxis gegründet habt. Auch Papa war stolz auf dich. Tageweise war er gut zurecht und redseliger als gewöhnlich. ‚Ich habe manches falsch gemacht, aber ich habe dich doch immer geliebt.' Tragisch, dass er es nicht früher einmal zu mir gesagt hat, es hätte geholfen. Über einen langen Zeitraum behielt die Macht meiner liebevollen Gefühle zu ihm auch in Krisensituationen die Oberhand, meine tiefe Zuneigung zu Papa baute immer wieder Brücken. Aber irgendwann wurden die Brücken marode. Die Liebe war nicht mehr groß genug, um sie zu kitten. In den letzten Jahren war ich froh, dass die Harmonie zurückgekehrt war, tragischerweise erst, als der schleichende Prozess der Demenz Papa veränderte."

„Was, glaubst du", möchte ich wissen, „ist beständiger: Eine Partnerschaft entsprungen aus tiefen zärtlichen Gefühlen, allerdings mit vielfältigen Schwierigkeiten im Alltag, oder eine funktionierende Beziehung, die mehr vom Kopf her gesteuert wird?"

„Es kommt wohl individuell darauf an, was einem wichtiger ist. Starke Gefühlsmenschen könnten in einer gut funktionierenden Ehe ohne große Emotionen und intensive Gespräche schlecht leben, denke ich. Und jeder Mensch verändert sich. Ich bin im Laufe meines Lebens durch Enttäuschungen härter, verstandesorientierter geworden und dadurch nicht mehr so offen für Gefühle. Es geht aber auch genau umgekehrt ..."

Meine Mutter guckt mich an.

„Seit einiger Zeit ist in deinen Augen das Strahlen verschwunden", höre ich sie plötzlich sagen. „Aber dann entdecke ich es doch wieder, und das beruhigt mich. Du findest deinen Weg, Utchen, das hast du immer geschafft."

Einige Minuten sitzen wir uns stumm gegenüber.

„Als Papa im September 1982 den Schlaganfall erlitt, meinte der Arzt, es entscheide sich in den nächsten zehn Tagen. Er erlebte die Geburt des ersten Enkelkindes nicht mehr", bricht meine Mutter traurig das Schweigen.

„Für mich war es eine schwere Zeit. Einerseits berührte mich Papas Zustand mehr als ich mir jemals hätte vorstellen können, andererseits war ich tief bewegt, dass Gudrun Mutter geworden war. Das kleine Geschöpf war wie ein Wunder, für Gudrun ein Trost in der Traurigkeit. Und ich entdeckte ein Gefühl, dass ich zuvor nicht kannte und nicht akzeptieren wollte: Neid. Neid auf Gudrun, Neid auf das wunderbare Mutterglück, das ich noch nicht hatte, Neid auf den mir fehlenden Trost in dieser nie erahnten Lebenskrise, die durch die Konfrontation mit dem Tod, mit Papas Tod, ausgelöst war. Die Endgültigkeit ist so gnadenlos, aber mit dem heutigen Abstand weiß ich, dass die schönen Erinnerungen bleiben und dadurch auch der Verstorbene weiterlebt. Obwohl wir zu dem Zeitpunkt noch keinen Nachwuchs geplant hatten, reifte der Entschluss, doch bald ein Kind bekommen zu wollen."

„Das war ja dann für dich doppelt schwer, dass ihr so lange auf euer Wunschkind habt warten müssen."

„Ja, fast fünf Jahre." Meine Gedanken schweifen ab.

> Es war eine wirklich schwierige Zeit. Ich konnte schlecht darüber reden, vor allem nicht über meine Neidgefühle Gudrun gegenüber, der ich das Glück doch eigentlich so sehr gönnte.
>
> Jörg versuchte, das Problem kleinzureden. „Wir können unsere Freiheit genießen und ohne Rücksicht alles machen."
>
> ‚Denkt er wirklich so?', kam mir der Gedanke. Jörg ließ sich nie ganz in die Karten schauen.

An einem Samstag bummelten wir durch die Stadt. Unerwartet plötzlich und vehement drängte er, nach Hause zu gehen.

„Die vielen Kinderwagen und glücklichen Eltern nerven mich."

Ich schaute ihn an, und da wurde mir bei dem Anblick seiner unendlich traurigen Augen klar, dass er genauso litt wie ich. In stillem Einvernehmen trotteten wir nach Hause.

„Warum gehen wir nicht offener mit unseren Gefühlen um?", fragte ich ihn abends und nahm ihn in den Arm.

„Es fällt mir schwer."

An dem Abend ließ Jörg es zu, dass wir unsere Gedanken gegenseitig nachspüren konnten, dass unsere Seelen sich begegneten. Es wurde ein langer besonderer Abend, den ich als tiefes Erlebnis in Erinnerung behalten habe und der mir eine Vision davon gab, wie unsere Beziehung an Nähe und Kraft wachsen könnte.

Später würde ich gewahr werden, dass Jörgs tiefe Gedanken- und Gefühlswelt wieder in einem unsichtbaren Kasten verschwand, der sich so nie wieder für mich öffnete. Ob er selbst den Zugang pflegt, ist eine Frage, auf die ich keine Antwort weiß.

48

„Weißt du noch, wie wir beide am Küchentisch saßen und die Wehen immer heftiger wurden?", frage ich meine Mutter. „Wir warteten, dass Jörg in der Praxis fertig würde. Es war Freitag, er wollte mitkommen. Dann hat sich Florian so beeilt, dass du mich zu Fuß bis zum Krankenhaus begleitet hast. Jörg kam gerade rechtzeitig, um Florian in die Arme zu nehmen und ihn in einem Eimer von seiner Käseschmiere zu befreien. Das Foto ist eines der emotionalsten."

„Abends dann ein euphorischer Schwiegersohn, der mit mir ins Krankenhaus ging. ‚Es ist das schönste Kind der Welt!'"

„Die weitere Familienplanung überließen wir dem Zufall – und es wurde eine schnelle Überraschung. Florian war acht Monate alt, als ich wieder schwanger wurde. Auch dieses Mal war ich von euphorischer Freude erfüllt, ohne einen Hauch von Bedenken zu haben. Insgeheim amüsierte ich mich, als ich gegen Ende der Schwangerschaft in der Stadt war und beobachtete, dass Leute mitleidige Blicke warfen. Florian fiel durch seine Lebhaftigkeit auf. ‚Und dann noch eins!', las ich in den Augen anderer."

„Wie lange hast du nicht in der Praxis gearbeitet?"

„Es waren insgesamt nur vier Wochen. Für dich war es sicher eine echte Herausforderung mit den beiden."

„Ja", erinnert sich meine Mutter schmunzelnd. „Wenn ich abends nach Hause ging, war ich erschöpft, besonders zu späterer Zeit, als beide munter auf den Beinen waren, aber ich war und bin dankbar, alles miterleben zu dürfen. An einem Tag war schlechtes Wetter, und Florian und Steffi waren sich einig: ‚Lass uns zu dir rübergehen, Oma.' Ein Karton voll altem Geschenkpapier mit den herrlichsten Motiven war ein richtiger Schatz für die beiden. Sie schnitten mit großer Ausdauer aus, beklebten selbstgebastelte Tüten und waren stolz auf ihre wunderschönen Werke. Und dann Rollenspiele. ‚Du bist jetzt der Verkäufer, Oma'. Im nächsten Moment war ich Lehrerin oder Fahrgast im Zug, wenn Florian der Schaffner sein wollte. Als sie älter wurden, gab mir ihre grenzenlose Fantasie häufig Anlass zu schmunzeln. Florian war vier, Steffi drei Jahre alt, als sie ‚Seereise' spielten. Sie hatten einen großen Karton als Schiff, beide saßen quietschvergnügt darin, Florian sang, ‚Heute an Bord, morgen geht's fort'. Steffi schaute ihn mit großen Augen an, fixierte ihn für ein paar Sekunden, um dann auf ihre Weise mitzuträllern. Plötzlich meinte Florian: ‚Steffi, wenn du Seehunde siehst, schmeiß sofort den Ball raus. Die machen immer so tolle Kunststücke.' Sie nickte beflissen. Später: ‚Ich muss mal die Landkarte gucken, sonst wissen wir nicht wohin. Ich gucke mal, also, nach Norden.'"

Mir fallen köstliche Aussprüche ein.

> „Du Mama", meinte Florian. „Wo wir Thilo und Andy getroffen haben und wo der Mann geschimpft hat, da will ich nicht mehr hin, aber", fügte er hinzu, „es gibt ja noch so viele schöne Länder."
> Wochen vorher waren wir auf einem Campingplatz in Frankreich gewesen und ein Bauarbeiter hatte mit den Kindern geschimpft, weil sie ein paar Steine auf den Weg geworfen haben.
> Steffi, zwei Jahre alt, kam ins Zimmer. „Mama, wunkeln." (schunkeln) Sie wackelte mit ihrem kleinen Po hin und her und sang vergnügt „So ein Tag, so wunderschön wie heute".
> „Jetzt ist es aber Zeit zu schlafen", machte ich dem bunten Treiben ein Ende.
> Florian breitete an der Treppe die Ärmchen aus und lachte verschmitzt. „Flo Lawiner!" Schlawiner hatte ich einmal gesagt, als er zu faul war, selbst zu laufen.

„Würdest du sagen, dass es die schönste Zeit mit Jörg war, als die Kinder klein waren?"

„Es war für uns beide Familienglück pur, das kann man auf den unzähligen Fotos aus dieser Zeit erkennen. Aber ich denke, wir hatten auch vor den Kindern in unserer Zweisamkeit intensive gute Jahre mit vielen glücklichen Stunden."

Abends, zu Hause, schwirren meine Gedanken wieder in die Vergangenheit. Jörg und ich verbrachten die meiste Freizeit gemeinsam, und sehr viel auf dem Tennisplatz.

„Wie schafft ihr es, euch beim Match nicht zu streiten?", fragte mich eine Frau aus dem Verein. „Die wenigsten können als Paar miteinander spielen."

Eine solche Denkweise war uns fremd. Wir sahen uns nicht als Konkurrenten, hetzten uns in sportlicher Begeisterung gegenseitig über den Platz und konnten manches Mal vor Lachen nicht weiterspielen.

In der Praxis waren wir als Team engagiert und zufrieden mit unserem Erfolg.

„Alles richtig gemacht", sagte Jörg, während er auf eine Schlagzeile in der Tageszeitung zeigte und grinste. Von da an war es unser geflügeltes Wort.

„In dieser Woche sind wir ja dauernd auf Achse." Ich war gerade dabei, mich nach der Praxis zurecht zu machen.

„Ein Tag Pause würde mir auch gefallen", meinte Jörg. „Wir sollten uns dann wenigstens am Wochenende ausruhen."

Der Abend im Tennisverein wurde lustig. Jörg hatte durch seine schlagfertige Art schon viele Kontakte geknüpft. Ein flotter Spruch, eine gelassene Reaktion, eine witzige Bemerkung, ich fühlte mich wohl an seiner Seite. Die Fahrt auf dem Fahrrad nach Hause wurde von unserem schallenden Gelächter begleitet.

Ich selbst war in den ersten Jahren in manchen Situationen unsicher, noch nicht ganz angekommen, auch mit mir selbst nicht immer zufrieden. Ich wollte alles perfekt hinbekommen, auch die Doppelrolle als Zahnärztin und Mutter, dazu noch eine attraktive Frau an der Seite eines coolen Mannes sein, was nicht immer gelang.

In der Zeit gab es des Öfteren Frustfuttern mit ärgerlichen Folgen.

„Warum hast du bei dem Wetter eine kurze Hose an, Mama?", fragte Steffi, fünf Jahre alt.

„Weil sie in die langen nicht mehr reinpasst." Jörg ließ ungern einen Joke aus. Ich war traurig.

„Lass uns mal heute zu Rolf gehen", schlug Jörg an einem Tag vor, als wir unerwartet früh in der Praxis fertig waren. „Deine Mutter ist ja noch mit den Kindern beschäftigt. Vielleicht hat er schon schöne Sommersachen."

Rolf war ein befreundeter Herrenausstatter. Die beiden Männer mochten sich und spielten sich auch heute in ihrer Schlagfertigkeit die Bälle zu.

Es wurde besonders dynamisch, als eine attraktive Frau in den Laden kam, die ein Geschenk erwerben wollte.

„Ihr Mann muss ein toller Typ sein", setzte Rolf sofort seinen ganzen Charme ein.

„Ich suche etwas für meinen Vater", war die amüsierte Antwort.

„Oh, dann ist sie wohl noch zu haben", mischte sich jetzt Jörg ein.

Die „umworbene" junge Frau genoss es sichtlich, gleich von zwei charmanten Männern hofiert zu werden. Ich kam mir recht fehl am Platze vor.

‚Das Outfit würde mir auch gefallen', beobachtete ich mit leichter Bewunderung die junge Frau und spürte zugleich Eifersucht. ‚Momentan könnte ich so enge Sachen gar nicht tragen.'

Ich kam mir in ihrer Gegenwart wie ein graues Mäuschen vor. Nach zwei Schwangerschaften war der Kampf um eine zufriedenstellende Figur ein schwieriger mit unbekanntem Ausgang.

Das ist jetzt schon lange her, und der Abstand zu der zweifelnden jungen Frau ein riesengroßer. Im Laufe der Jahre veränderte sich mein Selbstbewusstsein und mein Äußeres beachtlich.

Modemensch Rolf sah ich erst ein paar Jahre später zufällig auf dem Tennisplatz wieder.

„Oh, lange nicht gesehen!" Seine Tonlage, sein wertschätzender Blick, es war ein Riesenkompliment.

49

„Sollen wir nicht mal woanders hinfahren?", schlage ich bei der Urlaubsplanung vor. „Ihr kennt Deutschland noch ganz wenig."
„Ich habe Bastian schon versprochen, dass er nach Griechenland mitfahren kann." Florian protestiert heftig.
„Sonja weiß auch schon Bescheid." Steffi solidarisiert sich mit ihm.
Auch in den letzten Herbstferien waren wir zu sechst unterwegs, der Urlaub ein Traum.

Wir verleben wieder entspannte Wochen ohne große Unternehmungen, die Kinder machen selbst ihr Programm.
Einen wunderschönen Abend mit fast philosophischen Gesprächen empfinde ich als einen der Höhepunkte des Urlaubs.
Bernd, der Aussteiger, ist auch dabei. Er schwärmt wieder von seinem jetzigen Leben, von Griechenland und speziell von der Melancholie der Griechen.
„Sich der süßen Melancholie hinzugeben, bedeutet mitunter, schwermütige Nachdenklichkeit zuzulassen, ja, zu genießen, um aus der Phase des Innehaltens Kraft zu schöpfen. Gerade auch überstandene Krisen lassen den Menschen zu dem werden, was ihn ausmacht, was ihn stark macht, unverwechselbar, und die Wertschätzung für die kleinen Glücksmomente bekommt eine größere Bedeutung."
„Und man hat durch Krisen die Chance", ergänzt Silvia, „an der eigenen Resilienz zu arbeiten, sie zu stärken und der Leichtigkeit ein Stück näherzukommen."
Ich genieße es, dass Steffi und Florian aufmerksam zuhören, Sonja nickt nachdenklich.

Als Jörg und ich uns am nächsten Tag noch einmal über den Abend unterhalten, meint er: „Bernd ist ein Vorbild für mich.

Ich will mich auch nicht bis fünfundsechzig kaputtarbeiten, dass dann vieles vielleicht nicht mehr geht, was ich jetzt erleben könnte."

Sein einfaches Fazit des Abends ...

Ganz beiläufig erfahre ich von seinem gebuchten Flug nach Griechenland ausgerechnet in der hektischen Vorweihnachtszeit. Zwei Wochen muss ich den Patientenansturm zum Jahresende allein bewältigen.

Ich fühle mich im Stich gelassen.

Das Thema „Frühzeitiger Ruhestand" beschäftigt uns von Zeit zu Zeit.

„Aber für einen gemeinsamen Ausstieg sind Steffi und Florian noch zu jung", werfe ich ein. „Wir haben Verantwortung und können sowieso nicht monatelang in Griechenland leben."

Jörg schweigt.

„Siehst du es nicht auch so?", möchte ich wissen.

„Mach doch nicht aus allem ein Problem", ist Jörgs Kommentar. Dann geht er ins Haus, um sich noch ein Bier zu holen.

Abends im Bett wirbeln viele Gedanken in meinem Kopf.

Ja, Toleranz und Freiraum sind wichtig in einer Beziehung. Ich möchte Jörg nicht einengen. Aber bedeutet Familie nicht auch Rücksicht und mitunter Verzicht auf eigene Interessen? Heißt Liebe nicht, dass man intuitiv den Partner miteinbezieht in seine Überlegungen?

„Jetzt bleibt das Haus erst einmal länger verwaist?", fragt meine Mutter beim Wiedersehen und sticht genau ins Wespennest. Ich erzähle ihr von Jörgs Plänen.

Das Gespräch nimmt seinen Lauf.

„Ich glaube, Jörg hat ein Problem mit deinem gewachsenen Selbstbewusstsein", meint meine Mutter plötzlich.

Ich stutze.

„Ja, früher hast du ihn mehr um Rat gefragt, auch wenn es um die Kinder und um organisatorische Dinge ging. Jetzt ist er ja oft in Griechenland, und Steffi und Florian sagen mir, ‚das besprechen wir lieber mit Mama.' Er hat die starke Position eingebüßt, was er bestimmt nicht gut findet."

„Er selbst schickt die Kinder oft zu mir aus Bequemlichkeit. Den pubertären Auseinandersetzungen geht er lieber aus dem Weg. Aber du könntest recht haben mit deiner Einschätzung. Letztens konnte ich gar nicht verstehen, dass er wütend auf mich war. ‚Hast du den Kindern gesagt, dass ich auf der Hauptschule war?', fragte er. ‚Ja, aber genauso, dass du das Abitur auf dem zweiten Bildungsweg geschafft hast und viel Disziplin brauchtest.' Jörg schaute mich missbilligend an. ‚Das war nicht nötig!' Es hatte sich ergeben, weil ich sie zu mehr Fleiß motivieren wollte, und ich habe ihnen erklärt, dass es ungleich mühevoller ist, Abschlüsse später zu machen."

„Das bestätigt doch meine Theorie, dass er meint, dir gegenüber ins Hintertreffen zu geraten."

„Ich reiße die Verantwortung und Führungsrolle bestimmt nicht an mich, aber oft heißt es: ‚Fragt die Mama.' Oder bei Problemen legt sich Jörg während unserer Praxis-Mittagspause auf die Couch. ‚Könnt ihr nicht mal etwas leiser sein, ich brauche meine Ruhe.' Was ich brauche, ist nicht relevant. Hauptsache, der Herr Doktor kommt entspannt in die Praxis zurück."

„Mir brauchst du es nicht zu erklären." Meine Mutter kennt uns beide gut. „Weißt du noch, am Anfang eurer Praxistätigkeit, da war es genau andersherum. Du hast dich beklagt, dass nur Jörg wegen Behandlungsterminen und zahnmedizinischer Ratschläge angesprochen würde. ‚Keiner vom Tennisverein kommt mal auf den Gedanken, dass ich auch Zahnärztin bin.'"

Stimmt, es war aber halbwegs okay für mich. Zu der Zeit fühlte ich mich manchmal unsicher und wenig kommunikativ. Mir war es sogar recht, wenn Jörg die Führungsrolle innehatte und ich unauffällig folgen konnte.

„Das ist lange her". Meine Mutter schmunzelt dabei.

In der Form nicht mehr vorstellbar, aber Jörg in der Rolle des starken Partners, der sich für die Familie engagiert, hätte meine Zuneigung lebendiger gehalten. Ich mag keine Lethargie.

Vielleicht gebe ich ihm inzwischen tatsächlich das Gefühl, nicht mehr so wichtig zu sein, aber er hat sich ja selbst in die Rolle manövriert ...

Letztens reagierte er gereizt, weil ich mich mit einem männlichen Tennispartner verabredet hatte.

„Du hättest ja fragen können, ob ich nicht Lust zu spielen habe."

Stimmt eigentlich ... Aber unsere gemeinsamen Aktivitäten sind immer weniger geworden, Jörg hat sich mehr dem Golfen verschrieben.

‚Beziehung ist in der Tat nicht einfach!'

„Lass uns lieber beim Erzählen entspannen. Letztens saß ich in Griechenland über unseren Aufzeichnungen, da meinte Steffi: ‚Du erzählst gerne mit Oma?' Ich nickte. ‚Wir auch!'"

Meine Mutter strahlt.

„Ich genieße es, wenn sie kommen. Beide sind offen und erzählen, was sie bewegt. Wir reden auch von früher, aus meiner, eurer und ihrer Kinderzeit."

„Du tust ihnen auf jeden Fall gut. Wenn sie durch den Garten rennen und die Wendeltreppe hochstürmen, sind sie immer auffallend gut gelaunt. Mir kam die Idee, sie sollten einmal aufschreiben, was ihnen zu dem Thema ‚meine Oma' einfällt. Hier kurze Ausschnitte."

‚Ich liebe meine Oma über alles. Wenn ich zu ihr komme, fühle ich mich in ihrem im Sommer angenehm kühlen und im Winter warmen Zimmer geborgen.
Wenn sie lacht und ihre Arme in die Luft reißt – auf die Frage, „Wer hat Lust zum Karten

spielen?" –, kommt sie mir um 20 Jahre jünger vor.
Meine Oma ist für ihr Alter noch sehr munter. Wenn man sie besuchen kommt, hat sie immer etwas zu erzählen, auch sehr viel von früher, das interessant ist. Sie erzählt oft voller Begeisterung von ihren Pflanzen im Garten.
Sie ist voller Lebensfreude.
Sie hat gute Ideen.
Sie zeigt uns ihre große Freude über jeden Besuch und bietet mir immer Schokolade und zu trinken an.
Sie ist extrem sparsam.
Ich kenne jede einzelne Geschichte aus dem Krieg.
Ich mag meine Oma sehr.'

„Schöner kann man es nicht sagen!"

„Na ja", erwidert meine Mutter lachend. „Mit der Munterkeit ist es nicht mehr ganz so weit her."

„Schade, dass du dir nicht mehr zutraust, mit uns nach Griechenland zu reisen und wir manche wunderschönen Augenblicke nicht teilen können, gerade weil du die Natur so schätzt. Im letzten Urlaub habe ich ja tagsüber viel am Haus gesessen und geschrieben. Ich bin dann oft gegen 18 Uhr – im Herbst geht die Sonne früh unter – mit dem Mountainbike zu unserem Lieblingsfleckchen, der Bucht, in der wir Nicki ‚gefunden' haben, gefahren. Die Stimmung ist gegen Abend besonders überwältigend. Es gibt einen kleinen Sandstrand dort, lieber aber sitze ich zehn Meter entfernt an der Felseinbuchtung und höre das Wasser unaufhörlich plätschern und gluckern. Ich war oft weit und breit allein. Der Sonnenuntergang dort ist nicht zu übertreffen. Unglaublich friedlich und wunderschön kann die Welt sein."

„Ja, so wie ich sie als Kind in Ostpreußen erlebt habe. Ich glaube, davon zehre ich heute noch, und die Erinnerung lässt mich nie mehr los. Schon für euch, erst recht für die Enkel, ist Ostpreußen ein fremdes Land. Ich freue mich, wenn es nicht in Vergessenheit gerät und bin froh und dankbar, dass ihr keinen Krieg miterleben musstet und hier eure Heimat fandet. Ich wünsche mir, dass die Menschen endlich zur Vernunft kommen und in Frieden leben!"

Ende

Epilog

Nach dem letzten Griechenlandurlaub reifte in Jörg der Entschluss, ein Leben als Aussteiger für eine längere Zeit auszuprobieren.

Ein Jahr später, am gestrigen Tag, nahm er das Flugzeug um 6 Uhr von Düsseldorf nach Athen. Seine Abfahrt um 4 Uhr mit dem Taxi zum Flughafen bekam ich nur im Halbschlaf mit. Ich mag keine großen Abschiede.

Die Zeit wird zeigen, ob wir uns langsam abhandenkommen oder die innere Bindung auch aufgrund vieler gemeinsamer Jahre, gemeinsam gelebter Zeit, gemeinsamer Kinder, schöner Erinnerungen, so groß ist, dass sie ein halbes Jahr Trennung übersteht und im besten Fall sogar dadurch wächst und die Beziehung wieder lebendiger werden lässt.

„Panta rhei", sagt der Grieche, alles ist im Fluss ...
Und das Leben bleibt spannend.

Es wäre mein Wunsch gewesen, dass unsere Beziehung diese Chance gehabt hätte. Doch die Realität gestaltete sich leider ganz anders:

Fünf Monate sind nach dem letzten Griechenlandurlaub vergangen. Ich suche das Gespräch mit Jörg. Irgendetwas stimmt nicht.

„Kann es sein, dass du dich immer mehr von der Familie zurückziehst?"
„Ja, ich bin am liebsten allein."
„Dann müssen wir aber doch darüber reden!"
„Ich habe mir überlegt, eine Wohnung zu nehmen."
Der Boden wird mir unter den Füßen weggerissen. Es folgt

ein kurzes Gespräch, dann blockt Jörg ab. Unglaublich, nach so vielen gemeinsamen Jahren nur ein paar Sätze der Erklärung!

„Ich brauche Zeit für mich, Zeit zum Nachdenken. Mehr Ruhe."

„Du hast doch auch jetzt ganz viel Raum und Zeit für dich, vielleicht mehr als die meisten anderen Familienväter."

„Ich möchte ausziehen!"

Nach einer schlaflosen Nacht spreche ich ihn erneut an: „Ich komme schlecht mit der Situation zurecht. Ich kann dein Verhalten nicht verstehen, weil dein Statement immer war: ‚Wenn wir es nicht schaffen, wer dann …?'"

Jetzt versuche ich, an seinem Blick, seiner Haltung etwas abzulesen. Aber er wirkt versteinert.

„Bitte lass uns noch einmal zusammensetzen und in Ruhe reden", mache ich einen erneuten Versuch. „Die Familie kann dir doch nicht unwichtig sein."

„Wir haben doch gestern alles gesagt!"

Vier Wochen später ist Jörg ausgezogen. Er wollte nicht reden, nicht für die Familie kämpfen. Er hatte zwei Monate vorher eine Frau kennengelernt.

„Ich will jetzt so leben."

Ich spürte seine Angst, durch ein Gespräch vielleicht wankelmütig werden zu können.

Auch in dieser schweren Lebenssituation ist meine Mutter eine liebevolle Gesprächspartnerin. Wieder einmal bin ich von ihrer Stärke überwältigt. Für ihre Generation bedeutet eine Trennung eigentlich ein Drama.

„Warum hast du mir nicht eher einmal von euren Problemen erzählt?", ist die lieb gemeinte Frage.

„Weil keine wirklichen Probleme da waren." Es hat sich das Klischee der Midlife crisis auf schlimmste Art erfüllt.

Es ist tragisch, wenn leichtfertig etwas Bestehendes weggeworfen wird, ohne es mit dem Inhalt der gegenüberstehenden Waagschale wertschätzend geprüft zu haben.

Mit meiner Mutter kann ich vieles aufarbeiten, Bedeutung der eigenen Kindheit, Herzensbildung, Liebe, Sensibilität, Stellenwert der Familie, Verantwortung für die Kinder, Wertschätzung des Partners, Rücksicht, Glück oder vermeintliches Glück.

Ich bin dankbar für meine Verwurzelung und dass unsere Kinder genauso den starken Halt in der (Rest-)Familie finden. Wir schaffen es!

3 Jahre später

Wir haben das Trauma überwunden.

Manche Verletzungen müssen noch heilen, aber die Verwurzelung bedeutet sicheren Halt in der Familie.

Gewartet habe ich nicht.

Die Liebe, die ich nicht wagte zu beanspruchen, habe ich gefunden, als die Zeit reif und ich bereit war, den Traum zu leben.

Eine Umfrage in jüngster Zeit ergab, dass ein hoher Prozentsatz der heute 20-Jährigen nicht mehr weiß, wo Ostpreußen lag.

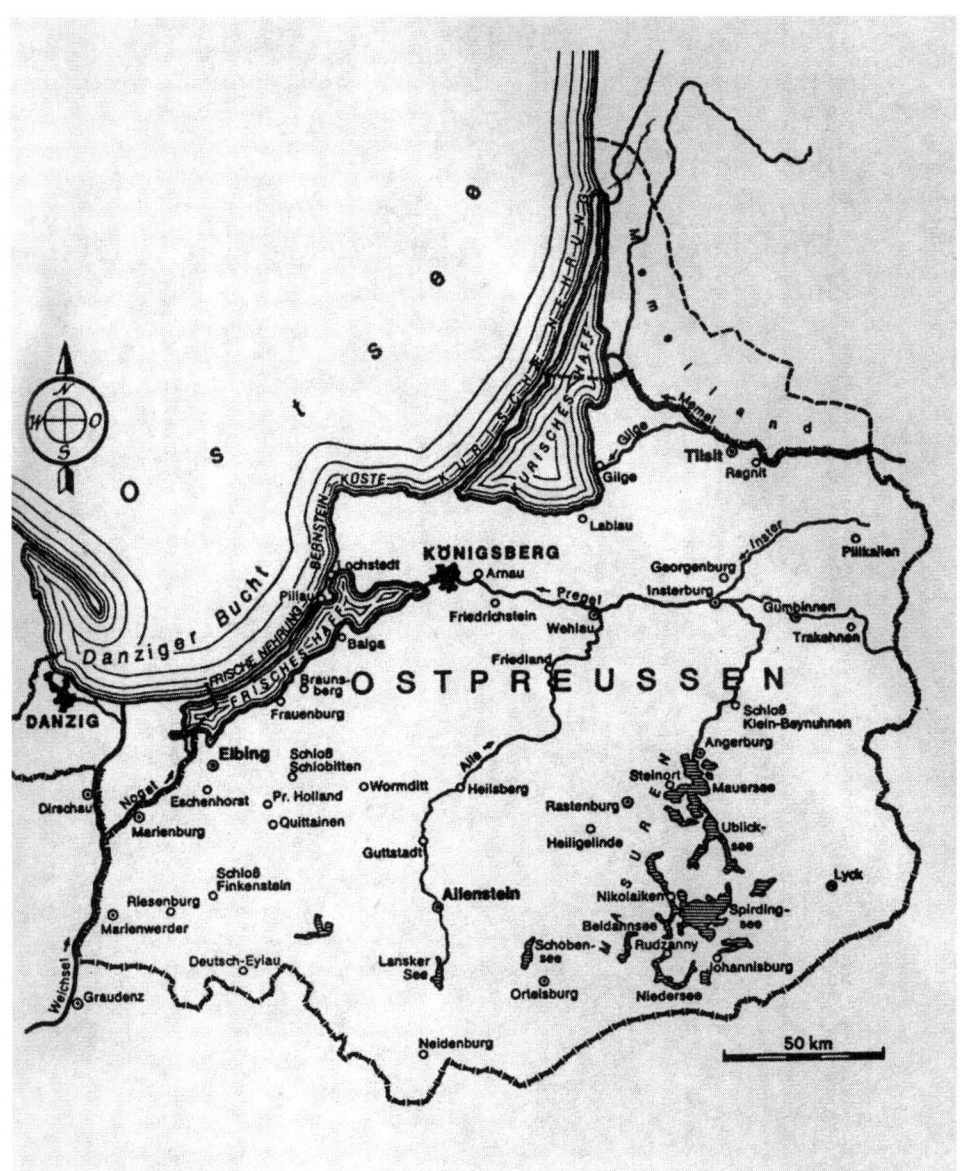

Emma und Hans Lenkeit

Geburtstagsfeier im Familienkreis

Im Ohl

Im Park

Im Allgäu

Hochzeit einer Cousine meiner Mutter

Über die Autorin

Luisa Lenkeit ist ein Pseudonym. Die Autorin Dr. Ute Loewe stammt ursprünglich aus Moers. Nach dem Studium der Zahnmedizin heiratete sie 1981 und eröffnete ihre eigene Praxis, in der sie bis 2019 tätig war.